『おもてなし幻想』への称賛の言葉

「顧客努力を減らせば、顧客ロイヤルティは高まり、売り上げも伸びる」

——ダニエル・F・バリスティエーリ、
マスターカード　グローバルサービス&エクスペリエンス部門　副社長

「ほとんど努力を要せずに読める、著者の実践的アプローチこそ、まさにこのグローバルなチャンスに取り組むために私たちに必要なものだ」

——デイヴィッド・トンプソン、
フュージョン・コンタクトセンター・サービシズ　専務取締役

日々私たちに、時間をかけて注目するに値する洞察を提供しようという
意欲をかきたててくれる世界中のＣＥＢメンバーのみなさまへ

THE EFFORTLESS EXPERIENCE
CONQUERING THE NEW BATTLEGROUND FOR CUSTOMER LOYALTY

おもてなし幻想

デジタル時代の顧客満足と収益の関係

マシュー・ディクソン
ニック・トーマン
リック・デリシ
共著

神田昌典
リブ・コンサルティング
日本語版監修

安藤貴子
訳

実業之日本社

THE EFFORTLESS EXPERIENCE by MATTHEW DIXON, NICK TOMAN, RICK DELISI

This edition published by arrangement with Portfolio , an imprint of Penguin Publishing Group, a division of Penguin Random House LLC through Tuttle-Mori Agency, Inc., Tokyo.

まえがき

日本の「おもてなし」は、単なる「おせっかい」だった？

監修者・神田昌典

日本の「おもてなし」は、単なる「おせっかい」だった？

まずは、この本を読む価値を
あなたに手間をかけることなく、シンプルにお伝えしよう。

パラパラと本書をめくってみると、数ページごとに図表が目に飛び込んでくる。

総図表数61点、しかも、そのひとつひとつは、顧客9万7176人を対象とする調査の分析結果を凝縮したエッセンスだ。

一点一点が、ひとつのプレゼンテーションの題材になるほどの情報価値がある。

原書“The Effortless Experience（努力いらずの経験）”を手にしてからというものの、私は講演会で、本書の調査結果を引用することが多い。なぜなら本書は、複雑に絡みあって動けなくなった組織を動かし、顧客が買い続ける事業へ改革するために必要な、データの宝庫だからである。また、そうしたインパクトのある情報を、原題のとおり〝努力いらず〟で、伝えられるからだ。

たとえば今、あなたにご覧いただきたいのは、42ページの図1・3「カスタマーサービスがロイヤルティ与える影響」だ。今までのビジネス常識では、期待以上のサービスを提供すれば、顧客ロイヤルティ——すなわち顧客であり続ける期間や、顧客がもたらす価値は、著しく高まると考えられている。しかし調査結果は、それが幻想だったことを明らかにする。顧客の期待を上回るサービスの提供は、ロイヤルティにとってほとんどメリットがないというのだ。

さらに幻想だったのが、カスタマーサポートと顧客とのやりとりは、ロイヤルティを高めるという常識だ。図1・5「カスタマーサービスが顧客ロイヤルティに及ぼす影響」（52ページ）によれば、カスタマーサポートと顧客とのやりとりが発生すれば、ロイヤルティを高めるどころか、4倍もの悪影響を及すという。

誤解をおそれずに言うなら、顧客の期待を超える「おもてなし」は、業績にはほとんど関係がなかったということだ。統計的分析によれば、顧客ロイヤルティを高めるのは、「顧客に手間をかけさせないこと」。それだけが、有意な相関関係を示したという。

本書はこのように、いままでビジネスで常識と思われてきた通念を、次から次へと覆していく。

その結果——、私たち日本人にとって、大きな疑問を突きつけることになった。
今まで顧客満足を高めるために取り組んできた「おもてなし」とは、いったい何だったのか？

営業ノウハウを突き詰めた先に、見出した領域

研究結果によれば、顧客サービスはそこそこでよく、顧客に手間をかけさせないことが重要だということだ。「ならば、この本は、おもてなしを止めろというんだな」と、早急な結論を下すのは、ちょっと待ってほしい。なぜなら本書が見出そうとしているのは、「顧客の期待を超えるサービスは必要か、必要なしか？」という単純曖昧な問いの答えではなく、「顧客満足と収益とのバランスを保たなければならない中で、カスタマーサービスは、どんな行動にどれほどの労力を費やすべきか？」という、具体的行動をもたらす問いの答えだからである。

これは「働き方改革」を進めていくうえで避けては通れない大切な問いだろう。

いままで長時間働くことが美徳とされた環境下で高められてきた日本の「おもてなし」は、もはや次の段階へと進化しなければならない。そのための糸口をつかむために必要なデータの宝庫が、あなたが手にしている本書なのである。

頁をめくりはじめると、掲載されている事例の多くはサービスオペレーションに関わるものなので、本書ノウハウは、顧客サポート業務やコールセンター業務に携わるものを対象とするように思えるかもしれない。しかし、この顧客ロイヤルティを高めるノウハウは、経営者・経営幹部はもとより、マーケターや営業スタッフこそ読むべきだと、私は考える。

実際に、中核となる著者のマシュー・ディクソン氏は、いままで『チャレンジャー・セールス・モデル』（海と月社）『チャレンジャー・カスタマー』（未邦訳）というセールス分野の良書を次々と出してきたコンサルタントである。しかし、どんなにセールス手法を極めて新規顧客を獲得したところで、顧客の流出がとまらなければ、業績はあがらない。そこで、「どうすれば顧客との取引関係が長期的に持続するようになるのか？」――この関心の先に、ディクソン氏らは、サービスオペレーション分野の研究をはじめたのに違いない。つまり営業分野の専門家が、顧客ロイヤルティを高めるために見出した突破口が、本書の原題である『努力いらずの経験』だったわけだ。

「感動サービスよりも、顧客の手間を省くべき」という結論は、おもてなしを誇りとしてきた日本的ビジネス慣習を真っ向から否定するように思える。だから、この分析手法自体に異議を唱える人や、米国とは事情とは異なるから、日本には当てはまらないとする見解も現れることだろう。しかしながら、よく読んでみれば、本書はおもてなしを否定するどころか、むしろ今までのおもてなしを、事実に基づく新しい手法で、さらに次のレベルに引き上げていくことがわかるだろう。

このように、おもてなしを否定しているわけではない本書に、あえて私たち監修者たちが『おもてなし幻想』という邦題をつけたのには、理由がある。「幻想」というぐらいに、いままでの「おもてなし」を見直していかなければ、インバウンド需要が今後も伸びていくなか、日本のビジネスは、間違った方向性に突き進む危険性があると考えたからだ。

たとえば日本の、とくに都内のタクシーは、とくかく清潔で綺麗。運転手のマナーは超一流だ。しかし「シートベルトをお締めください」「お忘れ物はないでしょうか」「どのルートで参りましょうか」など、マニュアル化されたセリフを、何度も繰り返す。おもてなしの本質を理解していないから、もはや「おもてなし」ではなく、「おせっかい」に成り下がってしまっている。

外国人の立場から見てみよう。タクシーから降車するとき、驚くほど多くの決算手段はあるけれど、自分が使えるものは現金しか使えない。仮に使えるカードや電子決算があったとしても、サイン伝票や領収書が印刷されるのをじっと待っていなければならない。乗車して降車するまで、いっさい何の手間もかからないUBER（ウーバー）を体験している外国人からみれば、日本のタクシーは、丁寧だけれど、手間を強いるのだ。

働き方改革下で、「新しいおもてなし」を生み出す突破口――経験工学

これは、タクシー業界だけの話ではない。

あなたの業界でも同じような悪習がないだろうか？

もしあるなら、より一層のおもてなしを積み重ねていくのではなく、どれだけ顧客の足元から不便を取り除けるか？　それに目を向けなければ、「おもてなし日本」は、私たちの意図とは逆に、顧客の流出を加速させてしまうことになりかねない。

この愚かな間違いを犯すまえに私たちは、働き方改革下での、新しいおもてなしの方法は、何なのかを考えなければならない。そのきっかけとしては、本書の調査研究は、格好の材料をくれる。とくに第4章で展開されている「経験工学」という考えは、コミュニケーションという仕事の本質にかかわるものであるため、顧客サービス担当、営業スタッフをはじめとして、すべてのビジネスパーソンにしっかりとお読みいただき、身につけていただきたい内容である。


あなたよりも一足先に本書を精読し、得られた衝撃はあまりにも大きかったため、

あと30ページは、この前書きを書き続けたいのではあるが――、おせっかいだ、と言われる前に、この画期的な研究結果を、膨大な手間をかけて生み出した、素晴らしい著者たちにバトンを渡すことにしたい。

日本のおもてなしを、新しいステージへと導く研究結果の数々を、これからご提示いただくことにしよう。

日本語版監修者・神田昌典

Contents

〔注〕本文中に登場する
［1］［2］などの数字は、
巻末の「注釈」の番号です。

序文

2012年7月16日、ザッポスのカスタマーサービス担当者シーア・ラブスは、リサと名乗る顧客からの電話を取った。靴の話に始まり、映画、好きな食べ物など、会話は生活の他の分野へと広がっていった。2人はさらに話し続けた。途中でシーアはトイレ休憩を取り、再び電話に戻った。気が利く同僚が食べ物を持ってきてくれた。結局2人の会話は9時間37分にも及んだ。「ただ電話をかけて、話がしたいだけの人もいるのです」と、別のカスタマーサービス担当者が説明してくれた[1]。

ノースカロライナ州のノードストローム（編注：米国の百貨店チェーン）では、警備員が床を這い回りながら必死で何かを探している1人の女性を見つけた。婚約指輪から落ちたダイヤが見つからないという。警備員の他に2人の社員が加わって、辺りをくまなく探すも、なかなか見つからない。長時間探しまわった結果、ようやく掃除機のゴミ袋の奥深くに埋もれていたダイヤが発見された[2]。

ある晴れた日の夕方、マウイ島カパルアのフォーシーズンズホテルでは、バーテンダーが、新婚カップルが月がとてもきれいだと話しているのを耳にした。翌朝、カップルの部屋を誰かがノックした。驚いたことに、それは米国航空宇宙局（NASA）の長官で、宇宙服を2着掲げ、ほほえみながら「スペースシャトルに乗ってみませんか？」と言った。「月の石を入れる袋を持っていくといいですよ」

いや、最後のは作り話だ。

しかし、他の2つは事実である。似たような話をあなたもきっといくつも聞いたことがあるだろう。今やカスタマーサービスは花盛り。多くのカスタマーサービス・リーダーはきっぱりと、自分たちの目標は「顧客を喜ばせる」ことだと言う（ちなみに、「顧客を喜ばせる」というフレーズは、この厳しいビジネスの世界の流行語としては実に奇妙な響きがある。ついでに、「従業員を魅了」したり「ベンダーを気持ちよく」させたりすることまで目指さなければならないのだろうか）。

カスタマーサービスという業務が最高のサービスの提供を目指すべきなのは言うまでもない。顧客を驚かせ、その記憶に残るようなすばらしい、これでもかというほどのサービス、すなわち、顧客を喜ばせるサービスを。

価値のある目標である。しかし、これがまったくの間違いだとしたら？

実際のところ、顧客を喜ばせるサービスにまつわるストーリーが急速に広まり、カスタマーサービス・リーダーを魅惑して、より常識的で効果的な使命から目をそらさせているとしたらどうだろう？

ストーリーがあまりに心に残り、説得力がありすぎるために、私たちの思考がゆがめられることがある。たとえば、ユーチューブでスターを「発掘する」という現象を考えてみよう。数年前、ジャーニーというバンドのリード・ギタリストであるニール・ショーンは、アーネル・ピネダというフィリピン人がジャーニーの曲をカバーしている動画を偶然目にした。歌が衝撃的にうまかったため（編注：脱退したリードボーカルのスティーブ・ペリーそっくりにカバーしていたため）、彼はジャーニーの新しいリードボーカルに迎えられた。若いカナダ人歌手ジャスティン・ビーバーもユーチューブで発掘された（この話は知っている人も多いと思う）。

こうしたユーチューブの話には、私たちがストーリーに求めるすべてのものが備わっている。一旗揚げた好ましいヒーロー。予期せぬ発見というドラマ性。感動のシンデレラストーリー。だが、すばらしい物語をすばらしい戦略と混同してはいけない。ジャスティン・ビーバーがネットで見出されたからといって、駆け出しのラッパーはユーチューブ動画の制作に全財産をつぎ込むべきだということにはならない。それは宝くじの論理だ（**誰かに当たるのなら、僕にだって当**

たるかもしれないじゃいないいか)。

同様に、大衆が強烈なカスタマーサービス話を好むからといって、カスタマーサービス・リーダーがそれを提供するよう自分の部署に発破をかけるべきでもない。こうしたストーリーを作るなんて、ユーチューブでスターになれるわけがないのと同じくらいにあり得そうにないことだというのではない。実際カスタマーサービス担当者に、9時間電話の相手をする程度の訓練を施すことは可能だろう(「5桁の郵便番号は？ ありがとうございます、バークリー様。では、子ども時代のお話から伺いましょう」)

むしろ問題は、「顧客を喜ばせること」はやる気を喚起するものの、見当違いの目標だという点だ。ほとんどの企業はノードストロームやザッポス(編注：米国の大手アパレル系通販会社)のように、サービスを売りにしているわけではない。クレジットカード会社や電力会社に、「顧客を喜ばせる」努力をしてほしいだろうか(個人的には、ほんの8秒前にスマホに打ち込んだばかりの口座番号を、もう1度電話口で繰り返さずにすめばそれでよしだ)。

おそらくカスタマーサービスは、攻撃――顧客を喜ばせるために全力を尽くす――よりも**防御**――イライラや遅延を防止する――に力を入れるべきだろう。サービスの至高の目標が、顧客を喜ばせることではなく、**安心**させる――問題をすばやくスムーズに処理して、ホッと肩の力を抜いてもらう――ことだとしたら?

これからみなさんには、ビジネスがテーマの探偵小説を読んでいただく。これまで大切にされてきたカスタマーサービスについての真実を系統的に調査し、しばしばその嘘を暴いていく。本書は理想的なビジネス書だ。実用的なアドバイスにあふれ、調査の十分な裏づけがあり、読み出したら止まらない。

カスタマーサービス部門は顧客を喜ばせるべきか、安心させるべきか。読んでいくうちに、この大きな謎の答えが見つかるはずだ。そしてさらに以下のような心躍る小さな謎に出会うだろう。

・電話を転送されるのと情報を繰り返すよう言われるのとでは、どちらがより顧客をいら立たせるだろう?
・リンクシス社がEメールによるカスタマーサービスの提供をやめたのはなぜか? コストは増えたか、減ったか? 人々は電話に切り替えたか、それともセルフサービスに切り替えたのか?
・「初回解決率」(最初の電話で問題が解決できた顧客の数)を追跡するという賢明に思われる基準は、何百もの企業で使われているが、この致命的な欠陥は何だろう?

ページをめくって、答えを見つけてほしい。そして、本書の内容があなたを喜ばせ、誰かと話したいと思われたら、ザッポスの担当者がお電話をお待ちしていることをお忘れなく……。

——ダン・ハース、

『決定力!』(千葉敏生訳、早川書房、2013年)、(『スイッチ!』(千葉敏生訳、早川書房、2010年)、『アイデアのちから』(飯岡美紀訳、日経BP社、2008年)の共著者

はじめに

喜びに目がくらむ

キリンのジョシーの話を聞いたことはあるだろうか?

ジョシーの持ち主は小さな男の子。家族で訪れたフロリダ州アメリア・アイランドのリッツ・カールトンをチェックアウトしたとき、彼はうっかりジョシーを部屋に置いてきてしまった。ご想像通り、ジョシーの姿が見えないことに気づいた男の子は今にも癇癪《かんしゃく》を起こしそうになった。そこで両親は分別のある親なら誰もがするであろう行動をとる。「ジョシーは『いなくなった』んじゃない。もう少しお休みを楽しんでいるんだよ」と言って聞かせたのだ。男の子を眠らせるためのちょっとした知恵である。

結論からすると、それはまんざら大嘘でもなかった。何しろジョシーはとても大切に扱われていたのだから。

ジョシーを見つけたリッツ・カールトンの清掃スタッフは、ロスプリベンション・チーム

（訳注：ホテルのセキュリティ部門の一部で、ホテルと宿泊客の安全全般に責任を負う。防犯ビデオの確認から救急処置、避難誘導、宿泊客の手伝いまで幅広い職務を担う）に届けた。チームは家族に連絡し、ぬいぐるみがランドリーで見つかったので、自宅に送りますと伝えた。息子の大事なぬいぐるみの居場所がわかったと知った両親が感激したのは言うまでもない。

だが、リッツ・カールトンはたいていの企業がするようにただジョシーを持ち主に返したわけではない。さらにその上をいったのだ。

ロスプリベンション・マネジャーは、ジョシーがホテルに「長期滞在」した記録を残すようチームに指示した。チームは、プールでくつろぎ、（必須アイテムのキュウリのスライスを目の上にのせて）メッセージを受け取り、ビーチでのんびりすごし、新しい（ぬいぐるみの）友達を作り、ゴルフカートに乗って18ホールをプレーするキリンのぬいぐるみの姿を写真におさめ、アルバムを作った。やがて家族の元には、ジョシーとアルバムが、箱いっぱいのリッツ・カールトンの無料アメニティや記念品とともに送り届けられた。

このストーリーは心が温まるばかりでなく、非凡なカスタマーサービス、すなわち**喜びを与えるサービス**とは何かがぎゅっと凝縮されている。それだけではない。あなたがビジネスパーソンなら、このストーリーの本当の意味がわかるだろう。**これは生涯にわたる顧客ロイヤルティ**

の構築にまつわるストーリーなのだ。

ビジネスにかかわる人は、顧客を喜ばせる企業の能力が真に試されるのは、よくないことが起こったとき、つまり問題が発生し、それを解決するために顧客が企業の力を借りる必要があるときだということを知っている。カスタマーサービスはカスタマーエクスペリエンス（顧客体験）の試金石だ。企業の主張、使命、価値のすべてが試される。ビジネス界では、顧客が最も助けを必要としているときに「期待以上の」サービスエクスペリエンスを提供すれば、顧客と自分のまわりにうまく堀を巡らせて、顧客を囲い込みライバルを寄せつけないようにすることができると長年信じられてきた。

だからマネジャーは、顧客が喜ぶ貴重な瞬間をほめたたえるのだ。企業は感謝する顧客からのお礼状やEメールをサービスセンターの壁に貼ったり（たいてい「ウォール・オブ・フェーム」と呼ばれている）、期待以上の働きをした従業員を会社の年次総会で表彰したりする。無私のサービスについてのストーリーは社内の語り草となり、すべての従業員がそこを目指すよう求められる。それだけではない。企業はトレーニングやコンサルティング契約に数百万ドルを投じ、現場のスタッフが常により効果的に「感動の瞬間」を顧客に提供できるよう力を貸す。

キリンのジョシーのストーリーを知ったサービス担当の上級幹部は、深い内省を余儀なくされる。ジョシーのストーリーを初めて聞くなり顔をしかめ、「どうすれば我が社もこうしたエクスペリエンスを顧客に提供できるのか？」、「どうすれば自分の従業員にこのような一味ちがったサービスをさせられるのだろう？」「なぜ我々の会社はこうした気持ちのいいサービスで有名になれないのだ？」といった疑問を口にしないエグゼクティブは、きっと世界中どこにもいない。

知りたいのは、顧客を喜ばせるべきかどうかではなく、どうやって喜ばせるかだ。私たちは顧客に喜びを与えるサービスを提供するのがベストなのは承知している。心の底から確信している。

ただし、問題が1つ。

極上のサービスで顧客を喜ばせることは正しく、直感的には大いに筋が通っているように思えて、その実、ほぼすべての企業にとってジョシーのストーリーはむしろ、サービス戦略が**よりどころとしてはならないことの絶好の見本なのだ。**

大半の企業が、ただひたすら喜ばしい経験を創出し顧客に繰り返し提供するためだけに、何十年ものあいだ時間とエネルギーとリソースを投じてきたというのに、皮肉にも彼らは顧客が**まさしく心から求めている**もの、しかも十分に達成できる再現可能な目標としてずっと自分たちのすぐ目の前にあったものを見逃してきた。それは「**努力いらずの体験**（エクスペリエンス）」だ。

本書はそうしたエクスペリエンスを確立するためのロードマップである。

第1章

顧客ロイヤルティを巡る新たな戦場

あなたの仕事が何かは正確にはわからない。顧客体験管理（カスタマーエクスペリエンス・マネジメント）は極めて幅広く包括的なトピックなので、本書を読むのはきっと、カスタマーサービス・リーダー、マーケター、コンタクトセンター・スーパーバイザー、ウェブデザイナー、コンサルタント、小規模企業の経営者、さらにはCEOなど、さまざまな職業の人だろう。

ただ、9時から5時までのあいだにどんな肩書がついているかはともかく、それ以外の時間のあなたが何者かはわかる。私たち全員がそうであるように、あなたは顧客だ。食料品の買い出しに行き、犬を獣医に診せ、休暇を取る。どのケーブルテレビ会社を使うか、どこで車のオイル交換をしてもらうか、どのクリーニング店にシャツを出すかを選ぶ。どんな製品やサービスを誰から購入するかの決断を、1週間に何十回、いや何百回となくくだす。いつテレビをつけるか、いつ車にガソリンを入れるかなど、ことさら意識せずに決めていることもあれば、新車やノートパソコンの購入時期、自宅の大規模リフォームの業者選びなど、時間を要する重大な決断もある。

そこで、顧客の「立場」に立って次の2つの質問について考えてみてほしい。まず、あなたが取引または購入する理由がまさにその卓越したカスタマーサービスだという企業はどこか？次に、ひどいサービスを受けたせいで購入をやめた、取引を断ったことがある企業はどこか？

2つ目の質問のほうがうんと答えやすいはずだ。では、優れたサービス、「期待以上の」サービスを理由に購入している企業について考えてみよう。特別なレストランやリゾート施設など、ひょっとすると1つか2つは思い浮かぶかもしれないが、ほとんどの人はそれすら難しい。対して、買うのをやめた企業の名をあげるのは、はるかに容易ではないだろうか。不愉快なサービスのせいで取引をやめた企業名を書き出したら、リストの長さは1マイルにもなるかもしれない。サービス窓口が問い合わせを24時間受けつけることだけが取り柄で、結局こちらが仕事を1日休むはめになるケーブルテレビ会社。お気に入りのスーツを台なしにしたうえに弁償を拒否するクリーニング屋。待ちに待った休暇の旅で荷物をなくす航空会社。工事をいつまでも完成させない建設業者。問題を解決するまでに5回も電話をかけなければならない銀行。

なぜなのか？　**なぜ顧客はサービスの優れた会社をほめるより、サービスのおそまつな会社を切り捨てるほうがずっと早いのだろう？**

本書の中心にあるのはこの謎だ。

優しさがあだになる

いろいろな意味で、多くの経営陣がカスタマーサービスを市場における差別化の大きな機会ととらえているのは不思議ではない。

製品のみならずブランド・プロミス（訳注：ブランドが顧客に提供を保証する機能や価値のこと）までもがコモディティ化していることは、21世紀のビジネスの避けて通れない厳しい実情だ。今や、製品の市場投入から、市場での受け入れがピークに達し、あなたの比類なき新しいアイデアを盗んで誰もが自分のものだと言い出すようになるまでは、ほんの一瞬。あなたが自分の特色を生かせると思う何かを見つければ、ライバルたちはたちどころにそれとそっくり同じ製品またはサービスを世に出すか、同じことを主張する。顧客が取引相手の会社を区別できないのも無理はない。私たちが勤務するＣＥＢが実施した最近の調査によると、顧客は企業ブランドの20％程度しか完全に異なるものとして認識していない（図１・１参照）。それ以外の８割は、顧客の目にはほとんど差がないおおよそ似たり寄ったりのものに映っているのだ。

同じものだらけの世界では、製品、どうかするとブランドによって群を抜くチャンスはあまりにも少ない。そこで、差別化を図るために多くの企業が目を向けてきたのがカスタマーサービスである。これには日常的なサービスの定期的な提供だけでなく、具体的には、たいてい電話またはウェブで提供されることの多い問題解決の経験までが含まれる。カスタマーサービスやコンタクトセンター業界向けに書かれた業界紙を読めば、彼らがその点を把握していたことは明白だ。ある雑誌には、「今やロイヤルティを促進するのは主として企業と顧客とのやりとり（インタラクション）である」と書かれている[1]。また別の雑誌は、「顧客ロイヤルティとは継続的

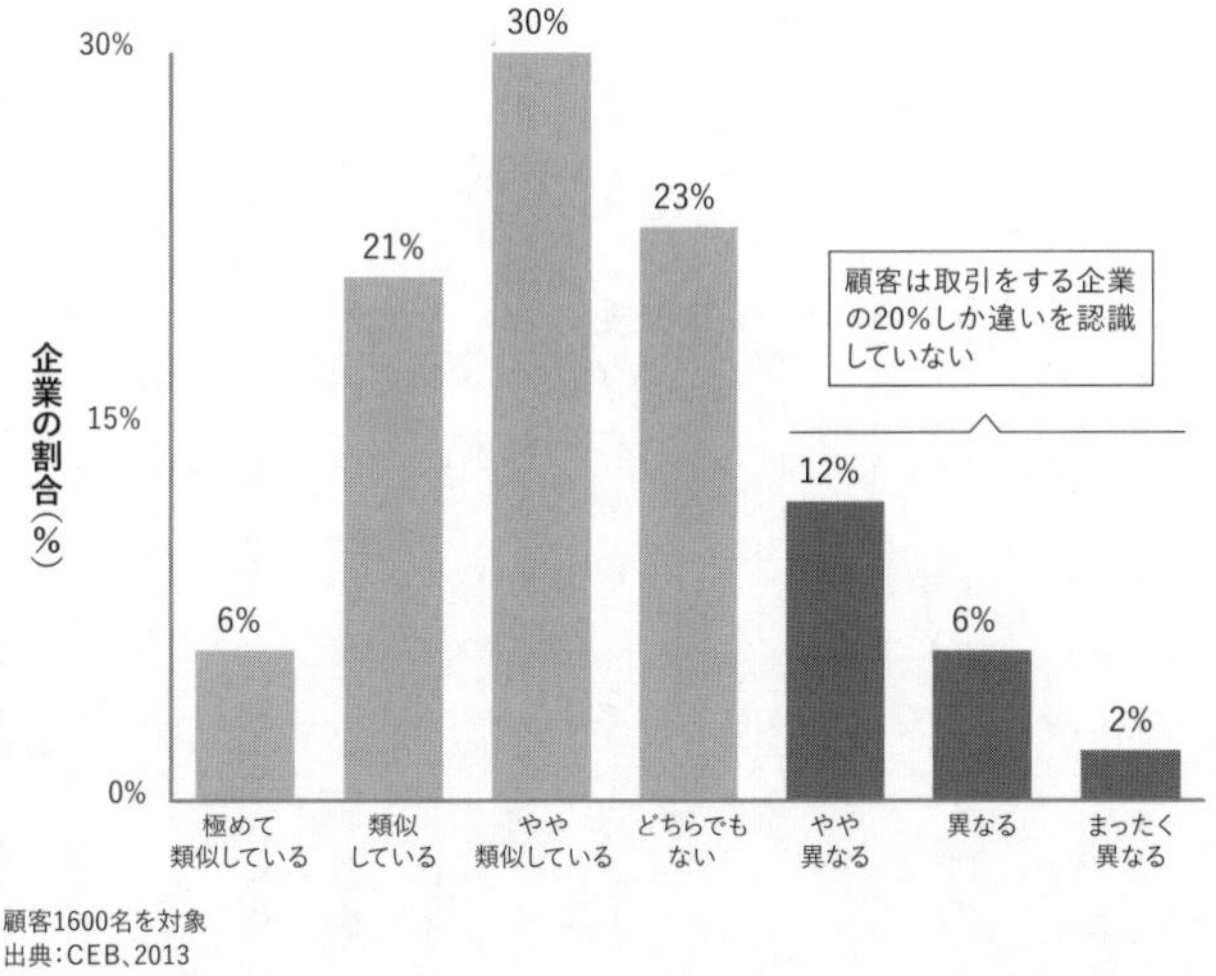

図 1.1　企業の独自性に対する顧客の認識

な関係であり、カギを握るのは言うまでもなく最高のカスタマーサポートだ」と述べている[2]。

しかし、この戦略に意味はあるのだろうか？　企業は上質のサービスを提供することで差別化を図り、顧客ロイヤルティを構築しようと努めるべきなのか？

この問いに答える前に、少し話を戻して、「ロイヤルティ」の意味を定義することにしよう。本書において、とりわけ本章でこれから検討するデータについては、以下の3つの具体的な行動の観点からロイヤルティを定義して、可能な限り広い範囲を網羅する。（1）**再購入**（顧客があなたの会社から引き続き購入すること）、（2）**顧客内シェア**（時間の経過とともに顧客があなたから購入する割合が増えること）、（3）**アドボカシー**（顧客が家族や友人、同僚、見知らぬ人にまであなたの会社をほめること）。

定義の方法からおわかりのように、ロイヤルティはいわゆる顧客の「保持」や「囲い込み」の域をはるかに超えたもので、ロイヤルティが確立していれば顧客は競合他社から購入するはずがない、いや決して購入しようとしない。つまり、彼らは必要に迫られたからではなく、自ら望んで顧客であり続ける。さらに、ロイヤルティの高い顧客はあなたと距離を置いたりしない。むしろ徐々にあなたの会社から購入する額が増え、あなたの会社は取引する価値があると他の人たちにも話してくれる。それが本物のロイヤルティだ。

このコンセプトは企業対消費者間取引（B2C）企業だけに当てはまるわけではない。企業間取引（B2B）企業が顧客に期待することも同じである。当然ながらロイヤルティの獲得はB2Bのほうが難しい。B2B企業は企業顧客（契約に署名する意思決定者）とエンドユーザー（製品またはサービスを使用する人）の双方のロイヤルティを確立しなければならないからだ。これからする話はB2C、B2Bのどちらの事業環境にも共通しているが、全体を通してデータや提言に重要な違いがある場合は、その点を必ず強調するつもりだ。

重要な疑問

過去数年間に、世界中の思いつく限りあらゆる業界のカスタマーサービス・リーダーたちと何百回も話をしてきたが、顧客ロイヤルティについての話は3つの根本的な疑問に集約される。

1. 顧客ロイヤルティを高めるうえで、カスタマーサービスはどの程度重要か？ カスタマーサービスが主要な役割を果たすと誰もが信じているようだが、正確なところはどうか？

2. 顧客ロイヤルティを高めるためにカスタマーサービスができることは何か？ ほとんどの企業は、何らかの形の「非凡なサービス」を作り出そうと努力し、顧客とよりよい関係を築くよう努めている。それが顧客ロイヤルティの強化につながると信じているからだ。ところが、カスタマーサービス・リーダーが言うように、常にそれを実現するのはおそろしく困難である。

3. どうすればカスタマーサービスは運営コストの削減とロイヤルティの向上を両立させることができるか？ 計画段階ではよさそうに思えても、莫大なコストがかかるアイデアは、現在の「少ない労力で大きな成果を目指す」環境でゴーサインが出る可能性はかなり低い。たとえ手堅い投資対効果検討書を作れたとしても、平均的な企業は依然として新しい支出にはひどく保守的だ。どこも限られた予算を割り当てる賢明な方法を模索しているのである。

私たちの方法の概要

これら3つの重大な疑問の答えを探るべく、私たちは定量的調査モデルを作成した。カスタマーサービス・インタラクション（訳注：カスタマーサービス担当者と顧客のあいだのやりとりのこと）の具体的にはどの要素が、ロイヤルティの向上（低下）に最大の影響を及ぼすかを、実際の顧客から直接知りたかったのだ。

私たちは主として、広範囲にわたるカスタマーサービス・インタラクション調査をおこなった。CEBは、各国の400以上の企業をメンバーとする世界最大のカスタマーサービス組織のネットワーク（カスタマー・コンタクト・リーダーシップ・カウンシル）を運営している。これらメンバー企業のおかげで、かつてないほど数多くの企業を対象に調査を実施することができた。

これらの調査ではまず、ウェブサイトまたはコンタクトセンターへの電話を通じて最近カスタマーサービスとやりとりし、その詳細をはっきり記憶している9万7000人超の顧客に、

調査対象の変数のリスト(一部)		
サービス担当者と接したときの経験	**顧客努力**	**"感動"の瞬間**
・担当者の自信 ・担当者の顧客理解 ・担当者の聴く能力 ・1人1人に合ったサービス ・問題の解決方法についての担当者の知識 ・担当者の配慮 ・顧客の精神状態に合わせた担当者の対応 ・担当者の口調 ・担当者の期待設定 ・約束を果たす確実性	・転送回数 ・情報の繰り返し ・初回解決率 ・解決までの連絡回数 ・解決のためのさらなる努力の認識 ・カスタマーサービスへの連絡の容易さ ・チャネル転換 ・解決に要した時間	・"一味違う"サービスを提供する意欲 ・顧客についての知識の応用 ・顧客への期待以上のサービス ・顧客の啓蒙 ・代替品の提供 ・提供された代替品の知覚価値

最近のインタラクションに関するいくつかの質問に答えるよう求めた。その企業に連絡したとき、実際に何が起きたか？　顧客の問題はどの程度的確に解決されたか？　一般的に、これらの質問は３つのカテゴリーに分類される（上の表参照）。（１）サービス担当者と接したときの顧客の経験についての質問、（２）顧客がカスタマーサービス・インタラクションに注がなければならなかった労力の量、またはふまなければならなかった手順の数（私たちはこれを「顧客努力」と呼ぶ）についての質問、（３）顧客に喜ばしい経験を提供する企業の能力についての質問。ではそれぞれのカテゴリーについて手短に見ていこう。

まずはサービス担当者とのやりとりに

ついてだが、私たちはカスタマーサービス担当者（「お客様係」、「オペレーター」などとも呼ばれる）がどのように問題を解決したかを理解しようと努めた。顧客の印象では、担当者は自信を持って応対していたか？　話をよく聞いたか？　顧客の問題に対処するのに必要な知識はあったか？　顧客の問題が何かを明確に把握していたか？　問題に対する責任意識を持っていたか、それとも他の人に責任転嫁したか？

次に、顧客努力の領域では、問題解決までに顧客は何度も企業に連絡しなければならなかったか、他の部署や担当者に転送されたか、何度も同じ話をするはめになったか、問題を解決するのがどれくらい難しいと感じたか、会社への連絡は容易だったか、どこかのタイミングでチャネル転換せざるを得なかったか（たとえば、最初はウェブサイトから連絡したのに、電話しなければならなくなった）、問題解決までに要した時間などについてたずねた。

そして最後に、顧客を喜ばせる「ちょっとしたこと」を企業が実行したかどうかを知りたかった。顧客の問題を解決するために、企業は一歩進んだ努力をしたか？　顧客やその購入歴についての知識の深さを証明したか？　製品またはサービスの新しい知識を顧客に教えたか？　全般的にみて、問題解決の過程で企業は顧客の期待を上回る対応をしたか？

これらの経験ベースの質問に加えて、その後の分析でコントロール変数（訳注：調査対象に影響を及ぼすと思われる、考慮すべき要因）として使用する情報も集めた。それには回答者の年齢、性別、所得、連絡してきた問題のタイプ（簡単か複雑か、サービス、セールスのいずれに関連するか）、性格、連絡する前の心の状態などが含まれる。その他に、企業との取引をやめるのにかかると認識されている転換コスト、企業の広告露出、製品の知覚品質（編注：顧客が製品に対して認識する品質）、知覚価格（編注：顧客が製品に抱く価格イメージ）および知覚価値（編注：顧客が製品に抱く総合的な価値判断）などのコントロール変数のデータも収集した。

企業の観点からは、サービス部門がサービス提供のみをおこなう企業と、サービス提供とセールスの両方をおこなう企業のデータを集めた。また、社内サービス組織、外部に委託されたサービス組織、オンショア、ニアショア（訳注：距離が比較的近い遠隔地の事業所に業務を委託すること）、オフショアのすべての組織を対象とした。さらに、考えられる地理的市場にある主要なすべての業種の、あらゆる規模の企業を調査した。

これらの変数を調整して、企業のタイプの違いによってばらつきがある場合も、カスタマーサービスに固有のロイヤルティの要素を特定することができた。そのため、調査結果は私たちの見つけ出した普遍的真実、すなわちすべての企業に根本的に当てはまる事実を間違いなく反映している。

調査の最後に、エクスペリエンス（体験、経験）の満足度と、調査対象としたカスタマーサービス・インタラクションに基づいた企業に対するロイヤルティの評価を顧客に求めた。具体的には、その企業から購入し続ける、購入の割合を増やす、企業のよさを人に伝える可能性はどれくらいか質問した。

前述の調査カテゴリーは、調査内容をわかりやすく示すためにシンプルな構成にしている。もちろん別の分類方法もあったが、最も重要なのはこれが顧客に関する事実（彼らがどんな人たちでどんなことで助けを求めたか）のみならず、問題が解決されるまでにどんな経験をしたか、その経験についてどう感じたかまで含めた、顧客のサービスエクスペリエンスの包括的な調査である点だ。サービスの視点から考えると、調査のおかげで非常に広範な情報を集め、調査したどの変数が一人一人の顧客ロイヤルティに最も大きな影響を与えたかを解明することができた。言い換えるなら、サービス・インタラクションにおいて顧客ロイヤルティを高める可能性のあるすべての要素のうち、実際に効果があるものはどれかを見つけることができたのである。

調査結果とその意味を明らかにする前に、１つ大事なことを言っておかなければならない。調査では意図的にその範囲をサービス取引とそれが顧客ロイヤルティに及ぼす影響に限定した。言うまでもなく、顧客ロイヤルティは企業のブランドや評判、顧客の友人や家族がその企業に抱いているイメージ、製品の価値と質、そしてもちろんカスタマーサービスなどの、顧客と企業とのすべてのインタラクションの産物である。対象を限定したことで、それぞれのサービス・インタラクションが顧客ロイヤルティ全体に及ぼし得る影響を詳細に理解し、さらには企業経営者が特にサービス・インタラクションの結果として顧客ロイヤルティを最大化するためにとることができる具体的な対策を知ることができた。

この調査全体を通して数百万ものデータポイントを集め、最終的にシンプルながら核心をつく4つの調査結果をまとめた。

社会通念

結果を発表する前に、社会で一般に受け入れられている見解についてしばし考えてみたい。私たちが世界中の数多くの企業に、カスタマーサービスによって顧客ロイヤルティを実現するための戦略を説明してほしいと依頼したところ、**ずば抜けて多かったのが、顧客の期待を上回る水準の満足を提供するよう努力していると答えた企業だ。**

顧客満足がロイヤルティに直結すると企業は固く信じている（信じる＝83％、信じない＝12％、どちらでもない＝5％）。というわけで当然ながら、調査した企業の圧倒的多数（正確には89％）が、期待を超えることにもっと多くの取り組みを集中させる、あるいは今後もこの方向に注力し続けると述べた。ある家電会社のカスタマーサービス担当副社長は次のように語る。「我々の最大の成長機会は、お客様を喜ばせることから生まれます。お客様を喜ばせられなければ、仕事

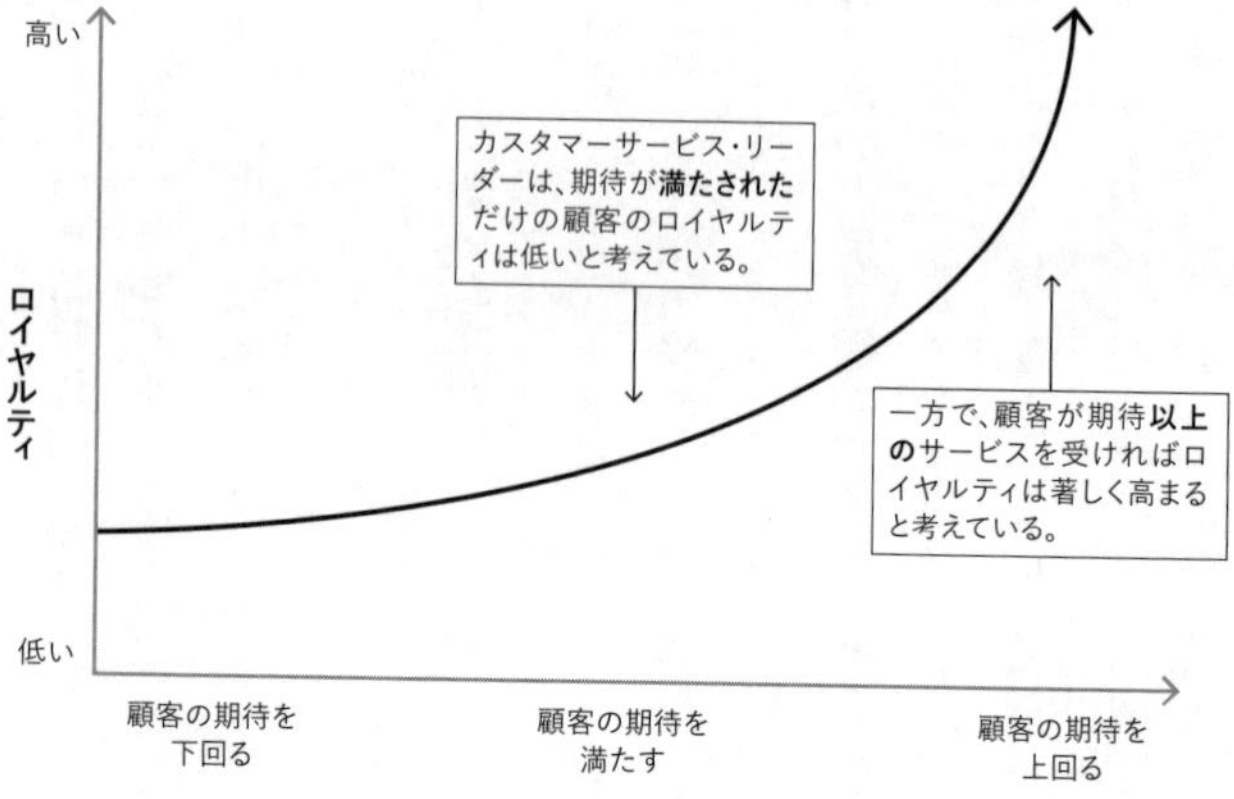

出典：CEB、2013

図 1.2　カスタマーサービスがロイヤルティに与える影響についての企業の認識

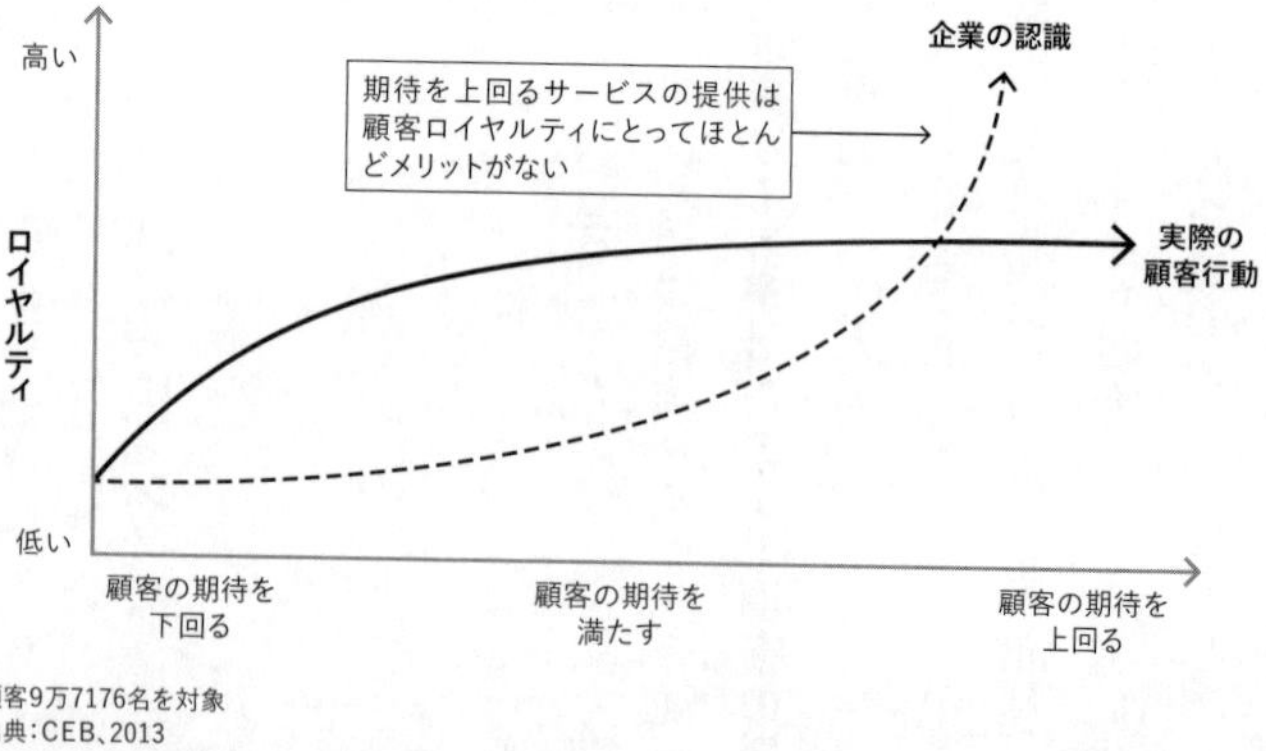

顧客9万7176名を対象
出典：CEB、2013

図 1.3　カスタマーサービスがロイヤルティに与える影響。認識と実際の行動の比較

をしていることになりません」

企業の話からすると、顧客を喜ばせようと努めるのは、ただ気分がいいからというだけでなく、サービスに対する顧客の期待を上回ることで多大な経済的利益が得られると強く信じているからなのだ。

社会通念をグラフで説明すると、図1・2のようになるだろう。カスタマーサービス・リーダーは、期待が満たされただけの顧客のロイヤルティはかなり低いのに対し、期待以上のサービスを受けた顧客のロイヤルティは著しく高まると考えている。顧客の期待を超える企業にはロイヤルティの爆発的向上の見返りが待っているという考えは、やはり世界中の企業にしっかりと根づいている。

要するに、**サービスが顧客の期待を下回れば、ロイヤルティも低くなるというのが共通の認識**なのである。期待を満たし、さらに**期待を上回れば、当然ロイヤルティも向上する。**しかも爆発的に。

この点をふまえて、私たちは4つの主要な結論の1つ目を導き出した。

結論その1　喜びの戦略は割に合わない

経営幹部が顧客の期待を超えるサービスが顧客ロイヤルティの確立に及ぼす力を疑いもなく信じているのに対し、データからはまた別のストーリーが浮かび上がる。9万7000人あまりの顧客の回答を分析してわかったのは、期待以上のサービスを受けた顧客と期待が満たされただけの顧客のロイヤルティには事実上差がまったくないということだ（図1・3参照）。「右肩上がり」でロイヤルティが飛躍的に上昇するのではなく、期待が満たされれば、その後ロイヤルティの伸びはむしろ横ばいになる。

重要な情報は2つ。まず、企業は単に顧客の期待を満たすことのメリットをひどく過小評価する傾向がある。世間では顧客の期待が著しくふくれ上がり、あたかも高まる一方のように思われているようだが、実は顧客はただ約束されたものが手に入ればそれでとても満足していることがわかった。だから何か問題が起こったら、それをあっさりと迅速に解決すればいい。それ以上でも、以下でもない。大半の業界紙の記事や自称カスタマーエクスペリエンスの権威によるプレゼンテーションとはまるで正反対の、驚きの結論だ。

それがコンタクトセンターや他のサービス組織、さらには企業全体のマネジメント方法にどのような意味を持つかについて考えてみよう。大多数の顧客の期待を常に満たしているのなら、あなたは最大限経済的価値の高いことを**すでに実行している**ことになる。

次に、**企業は顧客の期待を上回ることから得られるロイヤリティのメリットをたいそう過大評価する傾向がある。**ロイヤルティの向上を目指して、常に期待を超えるためにどんなリソース、エネルギー、予算などを新たに投入しようと、それに見合った経済的な利益はいっさいもたらされないことが判明している。この事実は明らかにカスタマーサービス・リーダーにとっては衝撃が大きく、社会通念に対抗する挑発的な見解とみなされている。**期待の上をいく――顧客を「感動させる」――ことが顧客のロイヤルティの向上につながらない。**なぜそんなことが起きるのか？　その考え自体意味をなさないように思えるのに、まさしくそれが膨大な数のカスタマーサービス・インタラクションを分析して見つけた結論なのだ。

どの会社にも、注目に値するサービスを実行して顧客の期待を著しく上回った担当者にまつわる伝説的なストーリーがある。サービスを受けた顧客はＣＥＯにその感動を手紙で伝え、その手紙はコンタクトセンターの休憩室の目立つ場所に飾られる。米国のある大手銀行のカスタマーサービス担当副社長は、数時間電話にも出ず契約締結に必要な融資関係書類を完成させたサービス担当者の話をしてくれた。担当者は何とかして公証人を探し、融資書類を顧客にいちばん近い支店に車で届け、署名をもらった。副社長は全員参加の定期ミーティングで何度もこの話をしたので、サービス担当者ほぼ全員一字一句繰り返すことができるほどだという。

確かにこの手のストーリーは印象的だし説得力もあるが、1、2年がたち、それ以降同じ顧客とどれほど多くの取引をしたかふり返ってみたらどうなるだろう? 何しろ、全体として、(ほぼ)「期待通り」の顧客と、「期待を上回った」顧客がもたらす経済的価値が同じであることはデータから明らかなのだから。

データがもの語るのは、**顧客の観点からすると、何か問題が起きたときに心を支配しているのは、解決に力を貸してほしいという感情**だということ。感動させる必要などないから、とにかく問題を解決してそれまでやっていたことを再びできるようにしてほしい。比類なき喜びを生み出し、期待を超えるサービスがほめたたえられる企業で一人前になったカスタマーサービスのリーダーには、ハッとさせられる話だ。

このデータをカスタマーサービス・リーダーに見せると、とっさに返ってくるのはたいてい悲しみの受容段階に似た反応だ。まずは否定から始まり、やがて受け入れる。考えてみよう。何か問題を抱えている顧客を常に喜ばせるには何が必要か? コストのかかる景品、払戻し、ポリシーの適用除外は言うまでもなく、電話でじっくり話を聞くことやエスカレーション(訳注:担当者の判断だけで顧客対応ができない場合に、管理者や他の部門に引き継ぐこと)が現実的である。調査したカスタマーサービス・リーダーの大多数(80%程度)が、顧客の期待を上回るサービス提供戦略には大幅に高い事業運営コストがかかると述べた。企業にもよるが、概算で10~

20％高い。つまり、喜びは高くつくのだ。

そのうえ、喜びにはめったにお目にかかれない。顧客調査によると、期待を上回ったケースはわずか16％。84％という圧倒的多数の顧客は期待以上のサービスを受けていない（それどころか、期待が**満たされない**こともしょっちゅうだ）。喜びはいつも達成するのは難しい目標で、届かないのがふつうである。極めて非凡なものゆえに強く記憶に残るのだ。

しかしながら、結局は基本的能力、プロとしてのサービス、基本を正しく実践すること……こうしたことが何より重要である。おそらく、私たち自身が信じているよりもはるかに。

あなたはこんなふうに思っているかもしれない。「わかった。でも我々の会社はブランド全体で顧客を喜ばせようと邁進してきた。全体戦略は期待を大きく超えることを前提としているんだ」。調査結果を見せたとき、こんな反論をしばしば耳にする。そこで私たちはたずねる。本当に「喜び」の戦略を標ぼうしていると言えますかと。以下の質問のうち、あなたの会社がきっぱり「はい」と答えられるものはいくつあるだろうか。

□カスタマーサービス・リーダーはCEOまたはCFOに働きかけて、サービスチャネルで顧客を喜ばせる能力をサポートするための追加の資金を要請しているか？

□会社は現場のサービス担当者に、顧客の期待を上回るためならコストに関係なくできる限り何でも実行する権限を与えているか？

□製品またはサービスが顧客の期待に応えていなかったら、保証期間外で、もしかすると元の製品の価値を超える場合でも、製品の交換または代替品の提供に応じるか？

□現場スタッフが顧客を喜ばせ、可能な限り最高品質の経験を提供することにエネルギーのすべてを注力できるように、スコアカードから（処理時間とも呼ばれる通話時間などの）生産性測定項目をすべて除外したか？

確かに、なかにはこの高いハードルをクリアする企業もある（たとえば、序文やはじめにで言及した、清掃作業員をはじめスタッフ全員が顧客の問題解決に力を貸すのに予算を使う自由裁量の権限を与えられている、と言われるリッツ・カールトン・ホテル・チェーン）。しかし、何度も言うが、真の喜び戦略を主張する企業の大半は、前述のような質問をされたとたんに勢いをなくす。それに本音では、「喜びを与えるブランド」が本当に顧客の期待を上回っているのか、企業が自ら長年課してきた驚くほど高い期待を満たしているだけではないのか、疑問に思う人がいるかもしれない。モーテル６（編注：米国を中心に１０００ヶ所以上展開しているモーテルチェーン）に宿泊するとき、人は何を期待するだろう？　低価格、清潔な部屋、まずまず適正な基本のサービスであって、リッツ・カールトンレベルのサービスなどではない。それですこぶる満足なのである。

期待とは結局、相対的なものなのだ。

私たちは多くの時間を割いてこうしたずれの根底にある要因について検討した。サービス担当者に問い合わせをする顧客の期待がどんなものであれ、それを上回ることがなぜロイヤルティの向上につながらないのか。データのより深い分析によって、2つ目の結論が導き出された。

結論その2　満足度はロイヤルティの予測因子ではない

マーケティングの学生や、フレッド・ライクヘルド（訳注：ボストンに拠点を置くマネジメント・コンサルティング会社ベイン・アンド・カンパニー　フェロー）によるネット・プロモーター・スコアに関する著名で画期的な調査に代表される、多くのカスタマーエクスペリエンス調査に携わる者にとって、次の調査結果は何ら驚きではないかもしれない。繰り返しになるが、私たち独自のカスタマーサービス・インタラクションの調査によって検証したところ、経営陣のほとんどが満足度とロイヤルティの真の関係を知らないままである。

私たちが実施したグローバルな調査では、顧客の企業満足度調査の結果と将来の顧客ロイヤルティとのあいだに統計的な関係は事実上見られなかった（図1・4参照）。正確には、決定係数は0・13だった（統計の専門家でない方々のために説明すると、決定係数0・0はまったく何の関係も

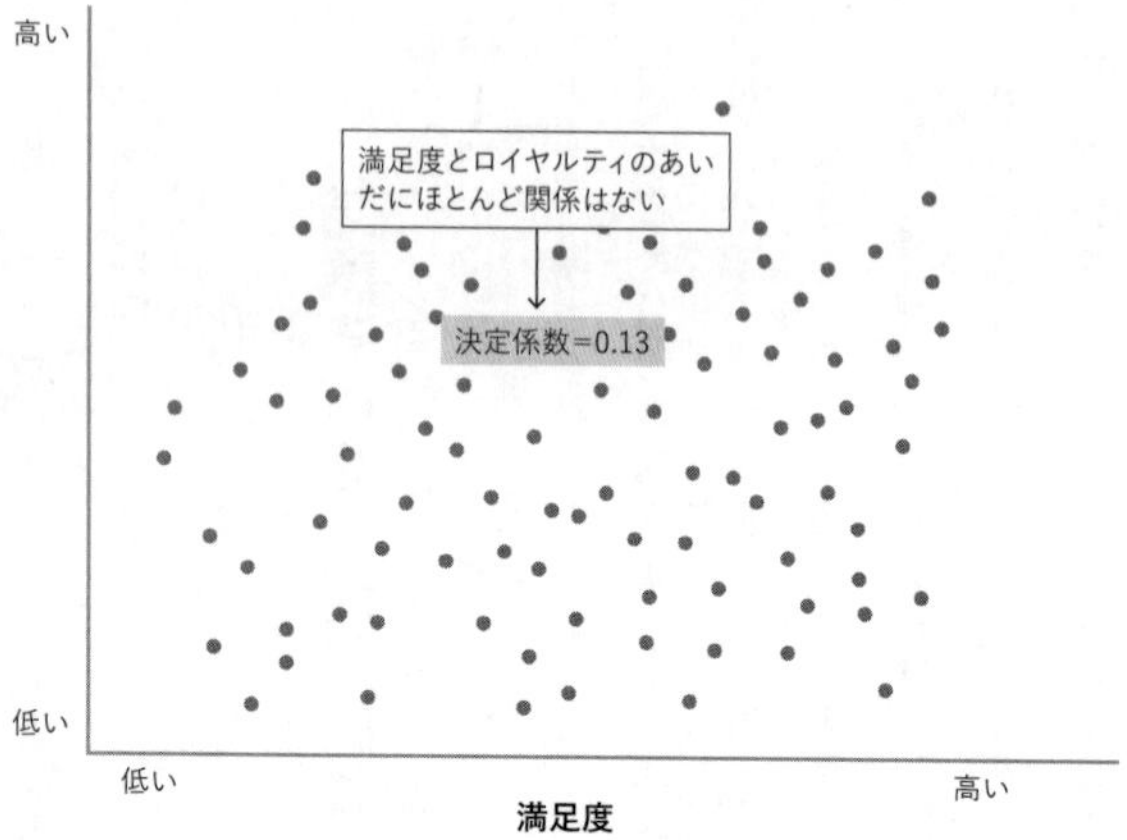

顧客9万7176名を対象
出典：CEB、2013

図 1.4　顧客満足度とロイヤルティの関係

ないことを、決定係数1・0は完璧な相関関係を意味する）。

比較のために調査担当者が示した、「学校でよい成績をとる」と「その後仕事で成功する」の相関関係の決定係数は0・71である。これに対し、経営陣の多くが強い結びつきがあると長い間想定してきた（満足度が実際にロイヤルティを生み出すと信じる人がたくさんいるほどだ）満足度とロイヤルティの相関関係は、どう見ても弱い。

何度も言うが、なぜそんなことになるのだろう？

データを徹底的に調査したところ、サービス・インタラクションには満足したが、その一方で率直なところその企業との取引をやめて他から購入しようと思っていると答えた顧客が20%もいることがわかった。実におそろしい結果である。満足したからといって忠実なわけではないと言うのだ。おまけに、それと同じくらい謎なのだが、満足していない顧客の28%は今後同じ企業から購入する気が十分にあると答えている。

もちろん、後者のほうが結果としてははるかによい。今もって多くの企業が顧客満足度（CSAT）をカスタマーサービスの成果のバロメーターとみなしているという厄介な事実は別にして。残念ながら、CSATスコアの高さは、顧客がこれからずっと忠実でいるか、つまりあなたから再購入するか、購入の割合を増やすか、友人や家族や同僚にあなたを推薦するかの予測因子としてはそれほど信頼性がないことがデータから見てとれる。私たちは何も、企業は顧客を満足させたいと思ってはならないと言っているわけではない。「サービスにどの程度満足しましたか？」という質問に対する答えからは、この先のロイヤルティの高さを確信できないというだけだ。満足度とロイヤルティはイコールではない。もっと言えば高い相関関係もない。

カスタマー・コンタクト・リーダーシップ・カウンシルのメンバーの1人は言う。「我が社のCSATスコア（1〜10）は8・2。8・6や8・8を出すのに数百万ドルのコストをかけたとして、果たしてその結果数百万ドルの利益が得られるだろうか？　そうは思わない。CSATスコアがトップクラスだろうと、競合他社はどこもそうなのだから、存在感を発揮するためには別の方法を見つけなければならない」

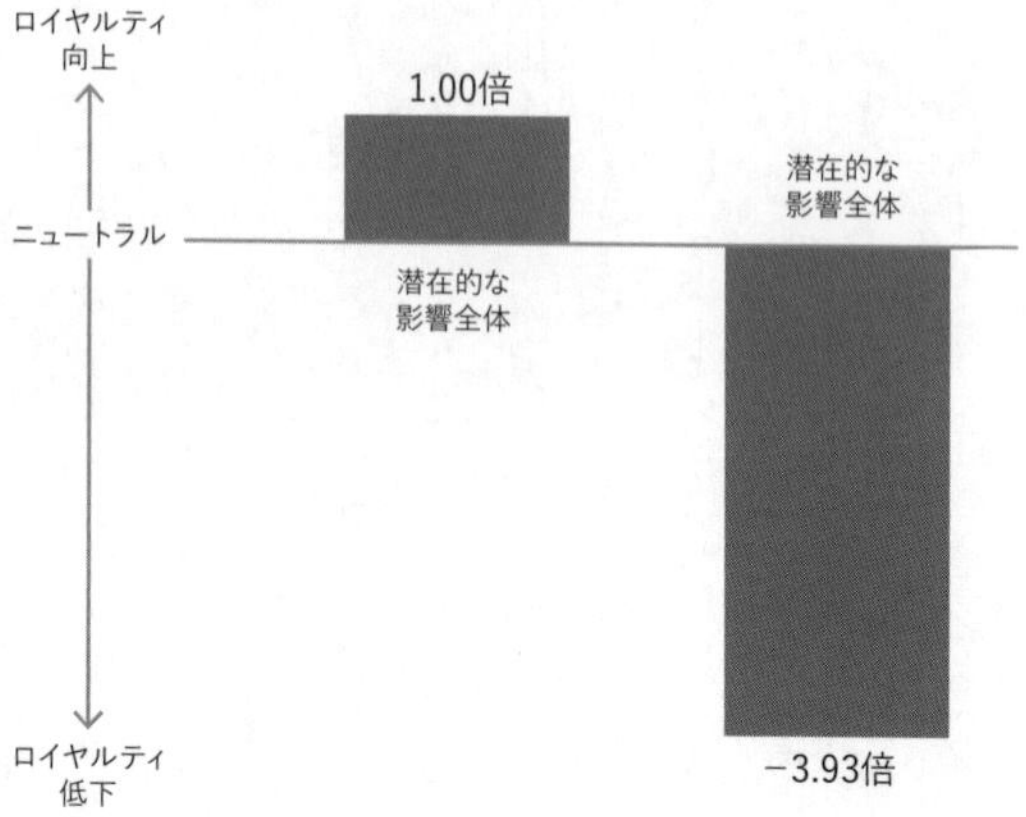

顧客9万7176名を対象
出典：CEB、2013

図 1.5　カスタマーサービスが顧客ロイヤルティに及ぼす影響

ＣＳＡＴは企業では常識とみなされている指標の1つである。私たちが言いたいのは、これが基準として悪いわけではなく、業界の誰もが思い込んでいるような将来のロイヤルティの予測因子ではまったくないということだ。しかもこれは単なる調査結果ではない。現場で他の人々によって検証されてきた事実なのだ。ライクヘルドの著書『顧客ロイヤルティを知る「究極の質問」』によれば、最終的に離れる顧客の6割から8割が、その前の調査では満足、非常に満足と回答していたという[3]。電気通信会社のチーフ・カスタマー・オフィサーはいら立ちを隠さず、ＣＳＡＴについてこう言った。「とにかく意味がわからないし、それを読み解く重要性もわからない。解明は他の誰かに任せておけばいい」

満足度とロイヤルティを区別するのに役立つヒントをくれたのは、金融サービス会社のディレクターだった。彼はおいしいステーキがどれほど好きかを語った。「私の住む小さな街にはステーキ屋が1軒しかない。味はいいけれど、新しいレストランがオープンしたら、絶対にそっちに行くよ。今の店に満足しているかって？　もちろんだとも。忠誠心？　そんなものはないね」

ここまでで私たちは喜びの戦略が割に合わないこと、そして満足した顧客のロイヤルティが必ずしも高いわけではないことを知った。だが、悪いニュースはまだもう1つある。

結論その3　カスタマーサービス・インタラクションは、ロイヤルティではなくディスロイヤルティを促す可能性が高い

私たちはしょっちゅう、益ではなく害になることをしてしまう。カスタマーサービス界の厳しい現実だ。具体的に言うと、調査の結果、カスタマーサービス・インタラクションはロイヤルティよりもディスロイヤルティ（訳注：顧客のロイヤルティを低下させること、失わせること）を促進する可能性が4倍も高い（図1・5参照）。

ある意味これは不公平に思える。そもそも、カスタマーサービスチームはふつう何か問題が起きたあとでなければお呼びがかからない。つまり、カスタマーサービスは顧客をニュートラルな状態——問題が生じる前のスタート地点——に戻すのが務めだ。それが優れたカスタマーサービスなのである。前述したように、大半の企業は往々にして顧客の期待を満たしさえしない。だから顧客のほとんどはカスタマーサービスに連絡すると余計に企業に対するロイヤルティを失ってしまう。私たちはともすれば状況を悪化させる。場合によってはそれがひどくおごとになるのだ。

データはさらに、目も当てられない結果をもの語る。ロイヤルティを失った顧客は、否定的な口コミを流して他の潜在顧客にまでそのディスロイヤルティを波及させる可能性が極めて高い。

顧客ロイヤルティが何かをしっかり理解したいのなら、真剣に考えなければならない質問がある。（よい悪い両方の）最大の影響を及ぼすエクスペリエンスは何か？　満足度調査で顧客はそういうエクスペリエンスをどう評価するか？　さらに、その顧客に知り合い全員に話をしたいと思わせるのに十分な反応を引き出すのはどんなエクスペリエンスか？

データからは驚きの結果が出た。

まず顧客の製品エクスペリエンスから始めよう。よい製品エクスペリエンスをした人の71％

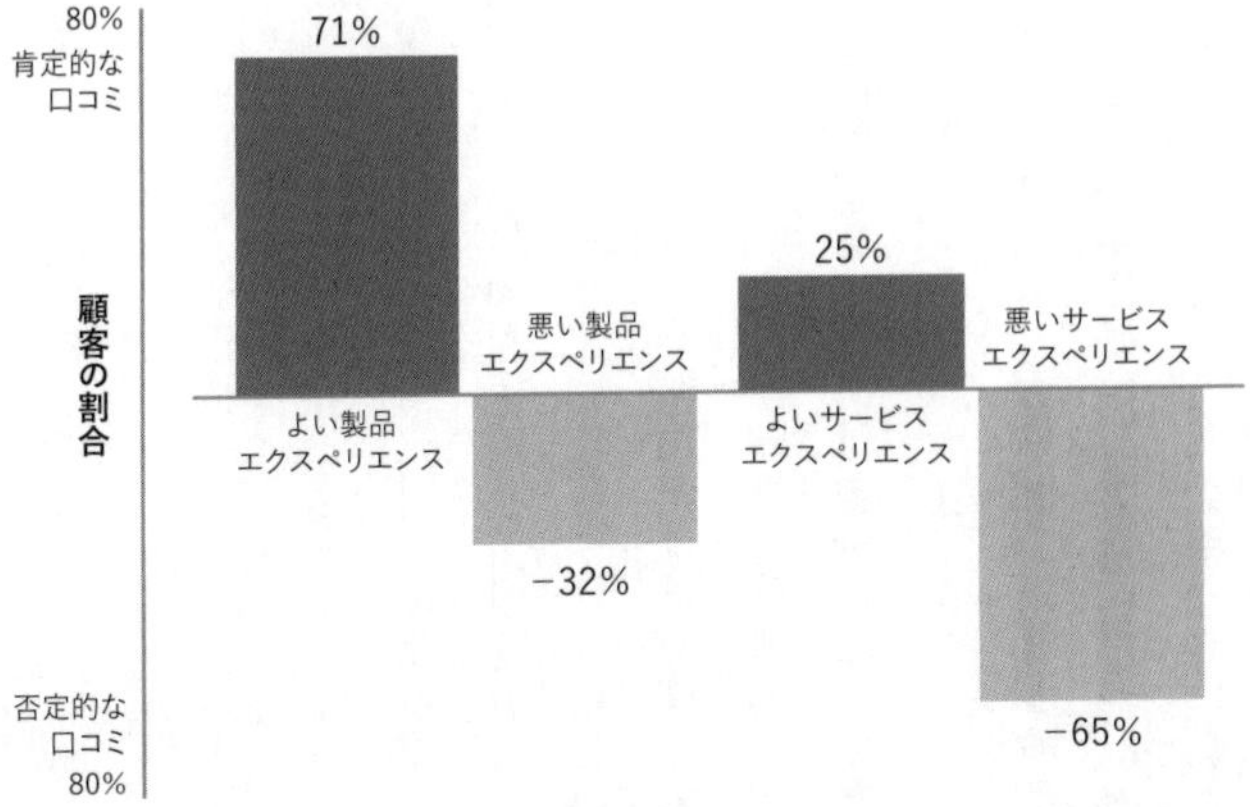

顧客9万7176名を対象
出典：CEB、2013

図1.6　エクスペリエンスのタイプ別にみた顧客の口コミ

が口コミするのに対し、悪い製品エクスペリエンスをした顧客のうち他の人たちにその経験を話したい人の割合はわずか32％だった（図1・6参照）。では、製品エクスペリエンスとカスタマーサービス・エクスペリエンスを比較してみよう。**ひどいカスタマーサービス・エクスペリエンスが否定的な口コミを招く可能性はすこぶる高い。正確には65％だ。**これに対し、すばらしいカスタマーサービスについて顧客が肯定的な口コミをする可能性は25％しかない。データがはっきり示すように、顧客はよいサービスエクスペリエンスについてはめったに語らない。ことカスタマーサービスに関する限り、世間に広まる口コミの大部分は間違いなく否定的なものだ。

これもまたずいぶん不公平なように思えるが、残念なことに、何が人に行動を起こさせるかを考えてみれば筋が通る。人々にあなたの会社について何か言いたいと思わせるものは何だろう？

よい製品エクスペリエンスの場合、口コミはたいていお勧めの形をとる。「この前、こんなおしゃれな新しいガジェットを買ったんだよ！」、「素敵な新しいレストラン／ホテル（あるいは優秀な新しい会社）を見つけたんだ！」。この点は基本的な心理学で説明がつく。何かすばらしいものを知ったとき、人はそれを自分の賢さの証として他の人たちに話したくなる。たとえばもし私があなたに新しくできたおいしいレストランを勧めて、あなたが実際にそこを訪れたとしたら、きっとあなたは私を探してお礼を言うはずだ。手柄は私がほぼ独り占めするようなものである。自分が料理を作るわけでもないのに、**どうしてだか私は、あなたがそのレストランを好きになったのは自分のおかげだと考える。**

対照的に、カスタマーサービスに関しては、かなりの確率で人は嫌な経験しか言葉にしない。心理レベルでは、**サービス・インタラクションで不快な思いをしたとき、それを人に話すのは主として相手に同情してもらいたいからだ。**「私は犠牲者だ」。「失礼な態度をとられた」。「私は賢い人間なのに、あの担当者は私を愚か者扱いした！」。友人や家族ならすぐさま助けにきてくれる。「そんな目にあうなんて大変だったわね。あなたはもっと丁重に扱われていいはず

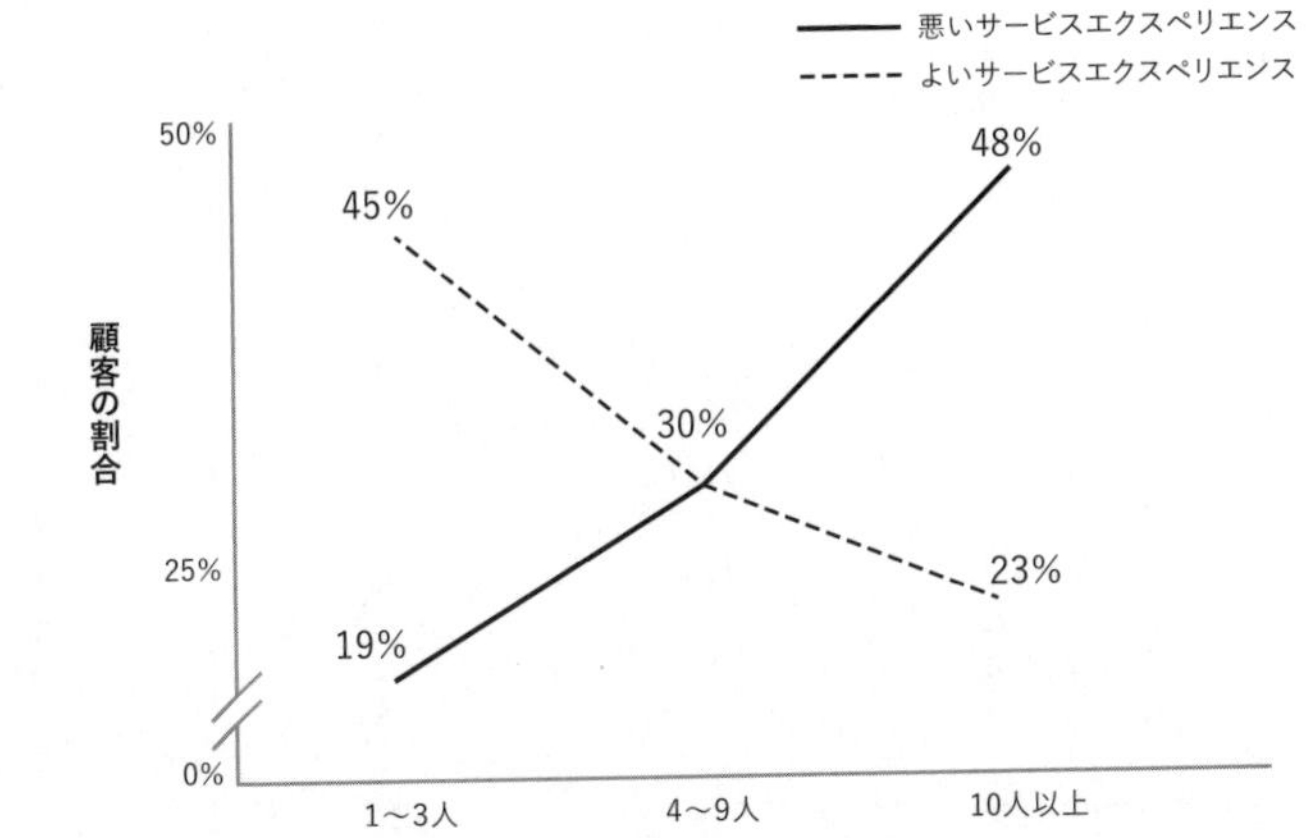

顧客9万7176名を対象
出典：CEB、2013

図 1.7　エクスペリエンス別に見た顧客による口コミの範囲

よ！　かわいそうに」

私たちがいっしょに仕事をしているカスタマーサービス担当副社長が、先日の出張の際のエピソードを話してくれた。副社長はある宿泊客とホテルのエレベーターに乗り合わせた。ああいう人に会ったのは生まれて初めてだった。顔を見るなり、ホテルのレストランのサービスがいかにひどいか激しく批判し始め、他で食事をしたほうがいいと強く勧め、力を合わせてレストランをこの先営業できないようにしようと誘ったという。「最初は食事の予定を変えようと思った。でも、次に頭に浮かんだのは、我が社のサービス組織は顧客から同じような反発をくらったり否定的な口コミを生み出したりするようなまねをしていないかということだった。そうしたら食欲がすっかり失せてしまい、部屋に戻ったよ」と副社長は語る。

こうしたことはすべて、口コミの届く範囲、つまりあなたが自分の意見を言ったときにそれを受け取る人の数を考えてみれば、明確に証明される。

調査から得られたデータによると、企業に対してよい経験をした人のうちでそれを3人以下に話したという人が45%（図1・7参照）だったのに対し、嫌な経験を10人以上に話したと答えた人は48%だった。

加えて、ウェブやソーシャルメディアは顧客にとって自分の意見を主張するとても手軽な手段だという厳しい現実がある。ブログ、ツイッター、フェイスブック、LinkedIn……。これらは例外なく、顧客が声高に何百、何千、いや何百万ものあなたの現在の顧客や潜在顧客に働きかけることを可能にする。有名企業のフェイスブックのページを見てみれば、やたら目につくはずだ。サービスの悪さについて書かれたコメントだらけである。企業に不当な扱いを受けたと感じれば、顧客は世間にその事実をぶちまけて知ってもらおうとする。

それは単なるこけおどしではない。否定的な反応は顧客にとってすこぶる強力な、実は2倍近くの強さを持つ「変化のきっかけ」だという確実な証拠がある[4]。それが明らかに失礼な対応だったかどうかはともかく、サービスエクスペリエンスにげんなりすると、あるいはこれから検討するような「厄介ごと係数」の高い経験をすると、顧客は誰かに、聞いてくれるすべての人に話をしたくなるのだ。

だがどうしても疑問に思わずにはいられない。悪い製品エクスペリエンスなんてものは存在しているのだろうか。これは多分に言葉の意味の話になるため、調査を通じて証明するのは困難だ。では自分自身の経験を思い返してみよう。製品について言いたいことがある――新車のブルートゥースが機能しなくなった、ハワイ行きのフライトがキャンセルになった、保険会社が漏れやすいパイプによって生じた水漏れの損害をカバーしてくれない――としたら、それは製品の問題か、それともサービスの問題に姿を変えるのだろうか？　責任は誰にあるのだろう？

なぜその企業を取引相手に選ぶのか、あるいはなぜ取引をやめるのか、実際に立ち止まって考えたことはあるだろうか？　説明のために簡単な例をあげる。ほとんど誰もが是が非でも避ける航空会社がある。理由は、荷物をなくすうえにそれを見つけるのに10回も電話をかけなければならないからかもしれない。あるいは明らかに利用したフライトのマイレージをつけるのを拒否したからかもしれない。理由は何であれ、彼らはひどいサービスエクスペリエンスを提供して私たちの怒りを買った。では、次に利用する航空会社は何を根拠に選ぶだろう。サービスの評価が最も高い航空会社を選ぶだろうか？　きっと違う。私たちは価格と空席状況で選ぶ――「あいつら」以外の会社のなかから。つまり**私たちは製品を理由に企業を選びながら、サー**

ビスの失敗のせいでその企業から離反することがたびたびあるのだ。

何だか気が滅入るような話に聞こえるかもしれないが、実はこれは戦略を練り直すときに活用すべき、非常に価値のある情報である。客観的に見て、カスタマーサービスはディスロイヤルティを著しく促す要因であり、カスタマーサービスが招きがちな悪いエクスペリエンスは、公の場で発表されるとそのマイナス面が増幅される。したがって明らかに、**カスタマーサービスの役割は顧客を喜ばせてロイヤルティを向上させることではなく、顧客のディスロイヤルティを緩和する**ことだ。

問題は、どうやってそれを実現するかである。

結論その4　ディスロイヤルティ緩和のカギは顧客努力の軽減

データを詳細に分析して、カスタマーサービスのどんな点がディスロイヤルティ効果を助長しているか考察したところ、全体像が驚くほど明確になった。それは率直に言って社会通念とはまったく異なるものだ（図1・8参照）。

顧客のディスロイヤルティを促す具体的要因は、問題解決のために顧客が投じなければならない手間、つまり努力の量に大きく関係していることが明らかになった。

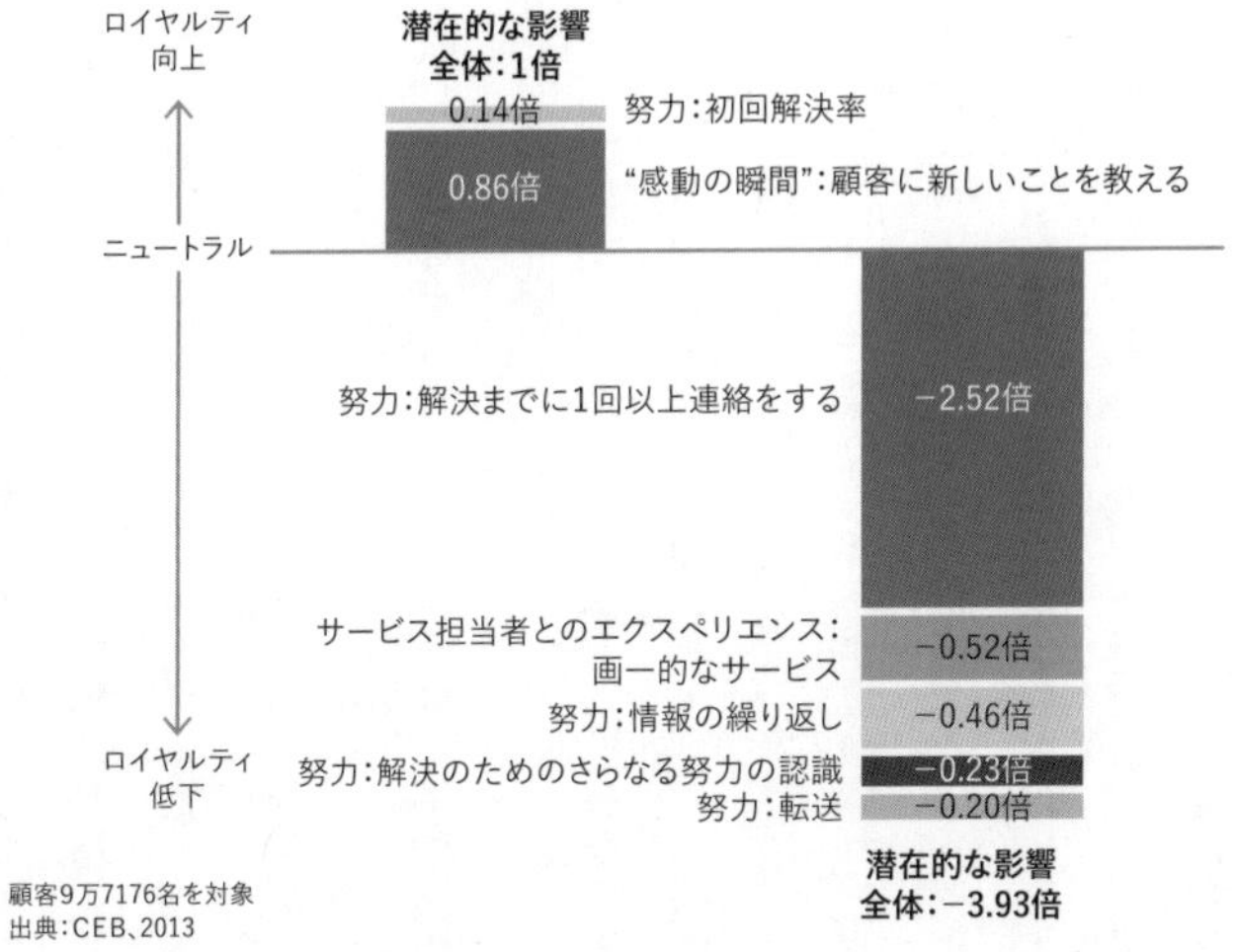

図1.8　ロイヤルティおよびディスロイヤルティを促進するカスタマーサービスの要因

5つのディスロイヤルティ要因の実に4つが、顧客がわざわざ払わざるを得ない努力に関するものである。とりわけ大きいのが問題を解決するのにたびたび連絡をとらなければならないことで、ロイヤルティに多大な潜在的悪影響を及ぼしている。顧客努力における重要性を考えて、カスタマーサービス組織の「究極の目標」である**初回解決（率）（FCR）**（訳注：顧客からの初回の連絡で、顧客の問題や要望が解決すること、その割合）のコンセプト全体について実施した極めて具体的な調査については、1つの章全体を使って考察するつもりだ。調査の結果判明したのは、FCRだけを気にしていると本質が見えなくなるということである。一流の企業はFCRだけにとどまらず、どうすれば製品を使用する際に問題が発生しないよう力を貸せるかを深く考える。顧客の立場で想像してみよう。サービス担当者が将来を見越して、電話を切ったあとに起こる可能性のある問題を解決する方法を提示してくれたおかげで、ムダに電話をかけ直さなくてよくなったなら、どれほど気分爽快か。こうしたコンセプトを私たちは**「次の問題回避」**と呼んでおり、第3章で詳しく検討する。

次に重要なディスロイヤルティ促進要因は「画一的なサービス」だ。顧客は、サービス担当者が十把ひとからげな扱いをする、一人一人に合ったエクスペリエンスを提供しようとしていないと感じている。そんなふうに扱われたらどれほど苦痛か、私たちは顧客として百も承知である。気のないポリシーの読み上げ。心のこもらない共感の言葉。台本通りの「ご愛顧ありがとうございます」。はらわたが煮えくり返るには十分ではないか！

5つのなかでこの要因だけは顧客努力そのものに直接関係がなく、むしろサービス担当者との悪いエクスペリエンスに含まれるように思われる。顧客努力のテーマに合っていないようだが、画一的なサービスによって顧客は何度もカスタマーサービスに連絡をしなければならない。適切な対応をされていないと感じれば（たとえば、責任をきっぱり認めてほしいのにあいまいなことしか言わない。共感を求めているのに「事務的な」態度をとる。または、ひょっとしたら相手の答えが気に入らないだけかもしれない）、顧客は再び電話をしてもっと優秀な人を「探し回る」。こういうことが驚くほど高い確率で起きているのだ。この点については第3章で詳しく見ていく。

情報の繰り返しもやはり顧客のディスロイヤルティを促進する主な要因で、私たちが思うに再問い合わせと密接な関連がある（たとえば、同じ話をもう1度上司に説明する、タッチパッドで入力したそばから口座番号を復唱しなければならない）。

次は「解決のためのさらなる努力の認識」だ。私たちのチームはまる1年をかけて努力認識、つまり（顧客の）受け止め方をコントロールする方法について調査し、この要因が実は見かけよりもずっと影響力があることを知った。多くの企業はエクスペリエンスに対する顧客の認識にうまく対処する多大な機会を逃している。丁寧に作られ練り上げられた言葉の使い方を担当者に指導せず、リソースを従来型のソフトスキル（感じよく、礼儀正しく、プロらしい態度）に集中させて理想に届かない結果に顧客を導いているからだ。言い換えれば、同じことを顧客に伝えるのに言い方はたくさんあって、ディスロイヤルティに拍車をかける言い方もあれば、緩和させる言い方もある。コンタクトセンターをリードするのは、現場スタッフに顧客の受け止め方にうまく対処する力を身につけさせるまさに画期的な仕事だ。この点については第4章の大半を使って掘り下げる。

最後が「たらい回しにされる」である。サービス担当者が最初に電話を受けながらそれを別の部署に転送するのか、顧客が問題をオンラインで解決しようとしたもののうまくいかず、サービスセンターに電話をかけざるを得なくなった（チャネル転換）のかにかかわらず、顧客が他で助けを得るよう方向転換させられることを指す。前述した他の要因に比べればたいした影響はなさそうだが、私たちの知る限りむしろこれこそがカスタマーサービスを変える潜在能力を持つ要因だ。私たちのチームは徹底的な定量的調査をはじめとするリサーチにさらに1年を費やし、顧客のチャネル選好についての理解を深めた。その結果は、カスタマーサービス組織にとってこの数十年で最大の衝撃となった。顧客選好が人によるライブサービス（訳注：電話やEメール、ウェブチャットなどによる企業とのやりとり）によって変わるだけでなく、顧客が望む新しいセルフサーブ式（編注：企業自らが提供する商品やサービスをコントロールする）チャネルを通じた企業とのエンゲージの方法は、大半のサービスリーダーの想定とはまるっきり正反対なのである。たらい回しの悪循環を断ち、サービスチャネルへの投資を顧客が好む新しいものにシフトすることについては、第2章で詳細に検討しよう。

顧客努力とは何かを理解するうえで大事なことがある。再問い合わせからチャネル転換にいたるまで、それぞれの要因すべてを取り上げ、「努力のあまり必要ない（低努力）」インタラクションを経験した（つまり、前述したような嫌な経験をほとんどしていない）顧客と、「多大な努力を要する（高努力）」インタラクションを経験した（つまり、前述の嫌な経験を数多く、場合によっては全部した）顧客のロイヤルティを比較したところ、**企業へのロイヤルティが低い、またはないと**

答えた人の割合は、前者はわずか9％なのに対し、後者は96％にものぼった。

96対9とは！　私たちが実施したすべての調査のなかでも、これほど劇的な差がつく結果は見たことがない。

この事実を私たちは顧客努力評価（第6章で詳しく考察する）という診断ツールを使って数年間追跡調査している。診断結果によると、再購入の意志および肯定的な口コミに関しては低努力のインタラクションを提供する企業がそれ以外の企業を31％上回った。そうした企業は電話チャネルにおける初回解決率で同業他社を29％、ウェブサイトでの問題解決では53％、ウェブチャットによる問題解決では46％、Eメールによる解決では67％上回っている。要するに、顧客努力のあまり必要ない企業が圧倒的に優れたサービスエクスペリエンスを提供し、それによりロイヤルティを飛躍させているのだ。

機会を定義する

これらの調査結果を人間関係に当てはめてみる。顧客努力――顧客のロイヤルティを低下させるタイプの――は、正確なところ現実の生活ではどのように見えるのだろうか？

顧客の目線から、自分に最近起こったサービスエクスペリエンスについて考えてみよう。すばらしいもの、ひどいもの両方だ。それぞれの特徴を書き出して、違いを比べてみる。ひどいエクスペリエンスはどうだろう？　長い時間待たされた？　電話をたらい回しにされた？「申し訳ございませんが、対応しかねます。弊社のポリシーに反します」と言われた？　まさか問題がまだ解決されないでいる？　そのときあなたはどんな気持ちになっただろう？　次に企業の視点から考えてみよう。会社の仕事において、こうしたエクスペリエンスのうちであなたがしばしば自分自身の顧客に経験させているものはいくつあるだろう？　現実世界のサービスの状況を見てみると、コンタクトセンター・チームがよい仕事をしようと努力しても、たとえやりとりがうまくいったように思えるときでさえ、結局はロイヤルティが低下するはめに陥っているのがはっきりわかる。

次のシナリオについて考えてみよう。

- 顧客の問題は担当者が期待以上のサービスを提供して完全に解決した（よさそうに思えるが、分析結果によると将来的なロイヤルティ向上の効果は相対的にはどちらとも言えない）。
- 残念ながら、今回は同じ問題について顧客がかけざるを得なかった2回目の電話だった（大きなマイナス要因）。

もしあなたがこの電話の内容を聞いていたら、こう結論づけたに違いない。「よくやった」。しかし、その瞬間にたどりつくまでに顧客は2度電話をしなければならなかったのだし、再問い合わせがカスタマーエクスペリエンスに著しい悪影響を及ぼすことから察すれば、この顧客のロイヤルティが低下する可能性はやはり非常に高い。つまり、再購入する確率は下がり、購入額が増える確率は下がり、他の人たちにマイナスのことを言う確率が上がるのだ。担当者が期待を上回るサービスをして問題を解決したにもかかわらずだ。1回の電話を聞いただけの人にとっては、予想とずいぶんとかけ離れた反応である。

別の状況について見てみよう。

- 前の顧客とは異なり、この顧客の問題は最初の電話で解決され、データの結果と同じようにそれは大きなプラスの影響をもたらしている。実際、それはディスロイヤルティを緩和するできる限り最善の方法だ。
- 加えて、サービス担当者はその顧客に対する気づかいをはっきりと伝えている（これもやはりよさそうに思えるが、ロイヤルティにとっての効果は実はどちらでもないことがわかっている）。
- しかしながら、担当者の変更があった（マイナス要因）。
- 担当者が変わったせいで、顧客は情報を繰り返し伝えなければならなかった（これもマイナス要因）。

・最終的に、顧客は新しい担当者に前よりももっと画一的な扱いを受けた（極めて大きなマイナス要因）。

前回の電話とまったく同じで、もし誰かがこの電話を聞いていたなら、おそらくこう思うはずだ。**顧客の問題は解決されたのだから、ミッション完了だ。それの何が悪いというんだ？**

ところが、データはまったく異なるストーリーをもの語る。結果だけを見れば確かに顧客は必要なものを手に入れたが、そのためにさらに大きな努力を払わなければならなかったので、あらゆる点を考慮すると、電話終了時点でこの顧客のロイヤルティは下がる可能性がある。これではまずい。

誰一人得をしていないように思えるが、あえて楽天的にとらえるべきだ。つまるところ、ここにあげたのは例外なく、目の前にある光輝く大きな機会をつかむために必要な根拠なのである。満足度ではなく、ロイヤルティを向上させるためにカスタマーサービスを最適化したければ、ディスロイヤルティにつながる問題やハードルや余計な顧客努力を取り除く新しい方法を見つけ出すことに注力すべきなのは明白だ。

つまりこういうことだ。あなたはそうした機会を見つけようと躍起になって頑張る必要はない。データによると、顧客努力を増やす原因は常に発生している。

- 顧客の56％がサービス・インタラクションのプロセスで問題を説明し直さなければならなかったと回答している。
- 顧客の59％が問題を解決するのに適度〜多大なさらなる努力認識が必要だったと回答している。
- 顧客の59％がサービス・インタラクションの途中で担当者が変わったと述べている。
- 顧客の62％が問題解決までに何度も連絡したと回答している。

顧客の報告に基づく上記の結果はおそらくあなた独自の業績データとは必ずしも一致しないだろう。これらの数字を見て、こう思ったのではないだろうか。**よかった、これは我が社のことではないぞ。なぜなら全電話の転送率は10％だし、FCRは85％なんだから。何度も電話する顧客が62％もいるはずがない。**これに関してここでは2つのことを説明するが、そのいずれについても詳細は以降の章で検討する。第1に、今日コンタクトセンターで使用されているほとんどの指標には、ある意味近視眼的であるという欠点がある。つまり物事をはなはだ狭い視野でとらえるため、ともすればサービス組織が実際よりもはるかによく見えがちになるのだ。

まるで背が高くほっそり見えるびっくりハウスの鏡に映して体重を判断するようなものである。1つ例をあげよう。ほとんどの企業は、電話がある担当者から別の担当者に引き継がれる時点で記録される切替データを使って転送率を測定する。ところが、顧客の話を聞いていると、「転送」が意味するものの定義が違っていることがわかる。顧客がウェブサイト（たぶんチャット）でコンタクトを開始し、そのあとでコンタクトセンターに電話しなければならなくなった場合はどうだろう？　顧客の意識のなかではそれが転送なのだ。顧客の電話が音声自動応答装置（IVR）につながり、それからようやくオペレーターと話をするケースはどうか？　それも転送である。再問い合わせ、情報の繰り返し、チャネル転換なども同様だ。小売企業のサービス担当副社長が言うように、「顧客重視を目指していながら、そのために我々がしていることは何もかも、（顧客ではなく）むしろ会社の視点から決められている。我々は気分よく1日を終えるが、果たして顧客はどうなのだろうか？」。

第2に、もっと重要なことに、あなたのデータが異なっているという事実はそれほどたいした問題ではない。本当に大事なのは、顧客が状況をどうとらえるかだ。顧客が転送（担当者変更）されたと思い、あなたの会社ではシステム上それを転送と扱わないとしたら、正しいのはどっちだろう？　所詮、訴えを裁くことのできるディスロイヤルティ控訴裁判所など存在しない。顧客はコンタクトセンター業界で生きているわけではない。彼らの世界は、すこぶる幅広い、そして議論の余地はあろうが、より単純なルールに従って動いている。あなたが物事を簡単にするかしないか。あなたが扱いの面倒な人物かそうでないか。幸いにして、今では私たちは顧客がこれらのことをどう定義するかを把握している。つきつめると、私たちはカスタマーサービスの測定基準を設計し直して、顧客のこうしたものの見方によりぴったり合わせるために議論しようとしているのだ。これは美人コンテストではない――新しい基準で測定したら、最初のうちは前よりも悪い数字が出るかもしれない。重要なのは、上司やビジネスパートナーではなく顧客にとって本当に大事なことが何かを理解できるように測定基準を再構築することだ。つまるところロイヤルティ、ディスロイヤルティはそれによって決まるのだから。

やり遂げる

一言で言うと本書のテーマは**顧客努力を減らしてディスロイヤルティを緩和すること**である。この考えと、多くの人が追求しようとしている戦略――顧客を喜ばせることでロイヤルティを高める――を比較してみよう。現状は厳しく、大半の組織やマネジャーがこの戦略を機能させようと悪戦苦闘している。しかし、効果はない。その理由ももうわかっている。世界中の何千ものカスタマーサービス・インタラクションを調査した結果、カスタマーエクスペリエンスが顧客のロイヤルティを高めるどころか（大幅に）低くするきらいがあること、そしてサービス・インタラクションを通じて顧客のロイヤルティを向上させようというのは難しい戦いであることが明らかになった。さらには、まれに本当に顧客を「感動」させたときでさえ、顧客ロイヤルティが上昇する可能性はたった12％、しかもそれは努力を台なしにするようなミスをいっさいしなかったときに限られることも判明している。喜びの戦略は、言い換えるなら、コートの中央からシュートを打ってバスケットの試合に勝とうとするようなもの。もちろん、たまには成功するかもしれないけれど、常に勝てる戦略では決してない。

対する顧客努力の軽減はそれとはまるっきり異なる。カスタマーサービス・インタラクションの「本質」――顧客のディスロイヤルティを促す――に直接働きかけるのだ。そればかりでなく、努力の軽減は具体的で意味がはっきりしている。「感動の瞬間」がどんなものかは人によって大きく違う可能性がある。喜びはロイヤルティを向上させる効果の低い方法なうえに、あいまいすぎて定義するのがほとんど不可能なのだ。一方、顧客努力を増やす要因――再問い合わせ、転送、チャネル転換――のほうは、白黒の区別がより明白な現実に存在する。顧客は転送されたか、されなかったか。情報を繰り返し説明しなければならなかったか、その必要はなかったか、など。二者択一というその性質から、ほとんどの組織で顧客努力の要因を測定できる。実際すでにもう何らかの方法または形で測定され、サービス部門のどこかでスプレッドシートに埋め込まれているかもしれない。

続いて、現場のスタッフがどう解釈するかという観点から両戦略を比較してみる。月曜日の朝、サービスチームの前に立ち、「さあ、お客様に喜びを与えよう」と言ったら、サービス担当者はその言葉をどんなふうに受け取るだろう? 喜びを実現させるために担当者に何をしてほしいか明言していないとしたら(顧客の希望など一人一人異なるのに、よくそんなことができるものだ)、コストが高くリスクを伴いかねないゲームをすることになる。サービス担当者が席に戻り、電話を受け始めたら、どんなことが起きるだろう? 多くのスタッフは顧客を喜ばせることなどみじんも気にかけない。なぜならそれは実体のない企業用語、つまりよさそうに聞こえるという理由でマネジャーがよく口にする意味のない決まり文句のようなものなのだから。一部の、感覚が麻痺していないおそらく少数のスタッフはあなたの言葉を真剣に受け取り、顧客を喜ばせようとするかもしれない。では彼らはどんな行動をとるだろう? 喜びの戦略とポリシーをわかりやすく文書にまとめているごく少ない企業(たとえばリッツ・カールトン、ノードストローム、ザッポスなど)なら話は別だが、たいていの企業のたいていのサービス担当者は顧客を喜ばせなさいと言われたら、自分のソフトスキルをさらに高め、可能な限り感じよく、相手に共感しなければならないと解釈するだろう。ポリシーにありとあらゆる例外を認め、腹を立てた顧客をなだめるために値引きや払戻しや景品を与えてもいいというお墨つきと受け取る人もいるだろう。喜びは現場のスタッフによって何通りにも（往々にして何の利益ももたらさない意味に）解釈可能なのだ。

だが、顧客を喜ばせようではなく、顧客のためにできるだけ物事を簡単にするよう指示し、そのために、顧客が電話をかけ直さなければならない状況を作らない、自ら対処できるのに顧客を転送しない、顧客に説明を繰り返させない、全員に同じ対応をしないといったちょっとした行動に気をつけるようチームに伝えたらどうだろう。これならサービス担当者が何とかできる。私たちが話を聞いたある担当者の話を引用する。「私の場合、（上司が）物事を簡単にすることに集中しなさいと言ったとき、目の前が明るくなりました。『アハ！』の瞬間でした。私は常日頃、人はサービスが得意かそうでないかのどちらかだと思っていました。世のなかにはサービスに向いている人がいるものだと。でも、顧客の努力を減らすというのは実に具体的なアドバイスです。なるほどと思いました」

さてここで、実際に顧客努力を測定する潜在的な効果について少し考えてみたい。現実に顧客努力を増やす要因を明確に測定できるだけでなく、測定により誰もが目指す顧客ロイヤルティを予測する能力が大幅に高まる。ＣＳＡＴについて検討したとき、顧客の20％が満足はしたがロイヤルティが低いと答えたのを覚えているだろうか？　この数字は誤差の範囲が広いのだが、それは顧客努力を測定してもわからない事実である。第6章で指標と測定の問題についてじっくり掘り下げ、私たちの研究の結果生まれた、すべてのカスタマーサービス指標の測定基準にすべき新しいコンセプト——**顧客努力指標**——を紹介する。

ロイヤルティ曲線をシフトする

カスタマーサービス部門の業績にとって最も重要な成果であるロイヤルティを生み出し、会社を成功させたいと真剣に思うのならば、顧客努力の軽減を新たにサービス戦略の中核にすえなければならない。

私たちはよくカスタマーサービス・リーダーたちと「ロイヤルティ曲線のシフト」(図1・9参照)について話をする。カスタマーサービスの黎明期から、誰もがとにかくカスタマーエクスペリエンス・スコアの正規分布を右側に移動させることに注力してきた。それはすなわち、悪いサービス・インタラクションを排除するのはもちろん、より重要なのは、すべての顧客の期待を上回ることを意味する。それによって、社会通念通りに、カスタマーエクスペリエンス・スコアを伸ばしながら顧客の多くのロイヤルティを向上させることができる。

本章における考察から何も得るものがなかったとしても、少なくとも喜びの戦略は以下の3つの理由から機能しないことはわかったはずだ。

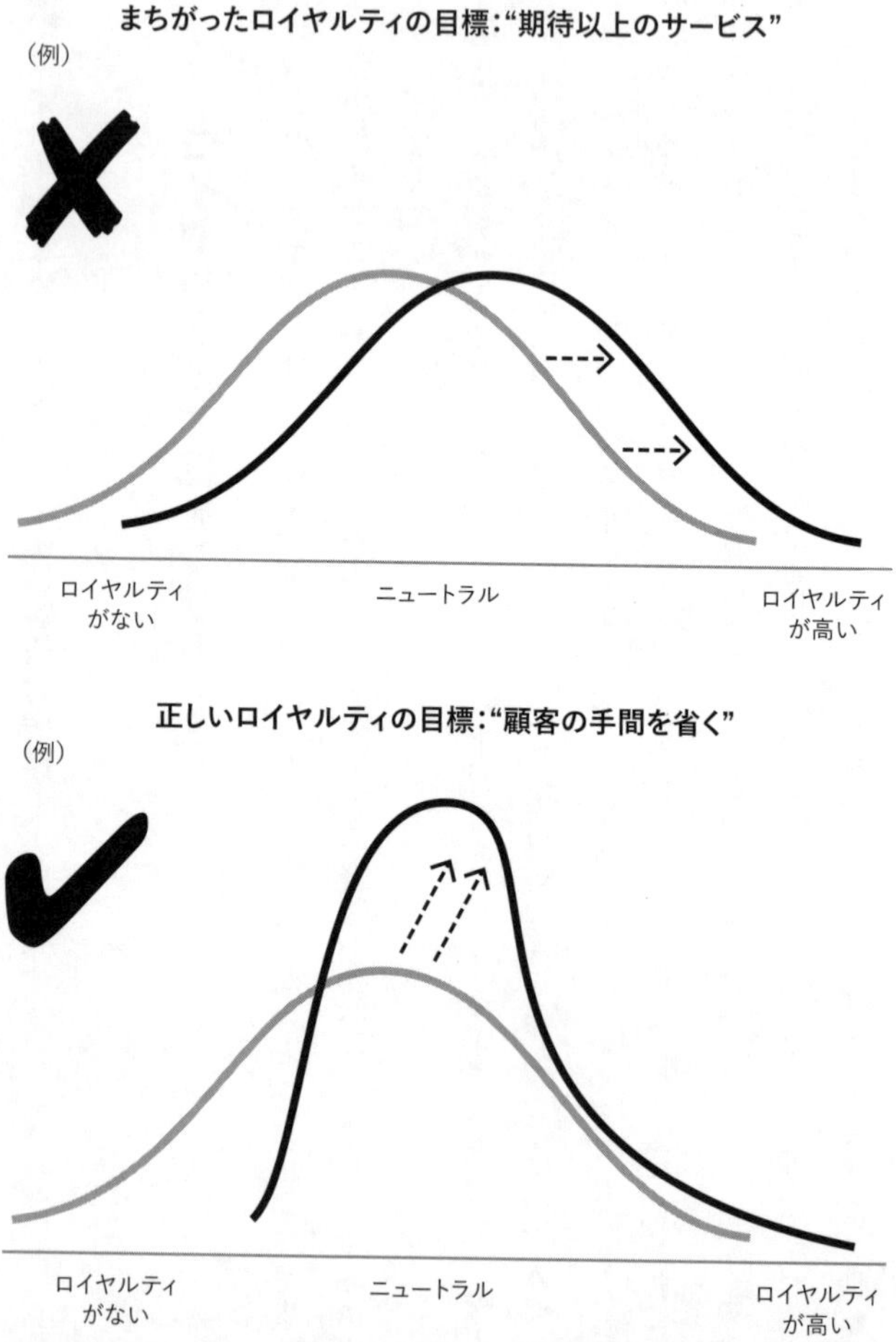

出典：CEB、2013年

図 1.9　カスタマーサービスにおけるロイヤルティ目標の比較
（一般的な目標と推奨される目標）

●顧客を喜ばせられるのはまれで、たとえできたとしても、ただ期待を満たしたときに比べて大幅なロイヤルティの向上にはつながらない。

●カスタマーサービス・インタラクションはロイヤルティと比べディスロイヤルティを促進させる可能性が4倍高い。

●喜びを与えるためのサービスの最適化は、リソース、投資、業績評価指標、インセンティブのいずれも、顧客のロイヤルティを低下させる顧客努力の原因の低減／排除に焦点を当てていない。

対照的に、努力の軽減戦略は顧客にできる最も基本的なサービスの約束の実行である。うまくいかないことがあれば、修正します。助けが必要なときは、確かなサービスで力を貸します。顧客は問題が起きても前向きに生きていきたいだけで、喜ばせてほしいとは露ほども思っていない。よって、あなたがやらなければならないのは顧客の望みを邪魔する障害物を取り除くことだ。顧客の電話はあなたにとっては「このうえなく重要」なものでも、（いろいろな点を考慮すれば）彼らにとってはそうではないので、顧客の生活を速やかにかつ効率的に元通りにするためにできることをし、自信を持って問題が解決されたと言えなければならない。**とにかく、**

顧客努力を減らそう。

顧客努力を引き起こす要因に注目すれば、悪いサービス・インタラクションをなくし、ロイヤルティの低い（ない）顧客をニュートラルの位置に移動させることができる。顧客に「期待以上のサービスだったよ」と言わせるよりも、「おかげで手間がかからなかったよ」と言わせるべきだ。違いがわかるだろうか？　顧客ロイヤルティを低下させる要因を減らさなければならない。そのためのベストな方法が、顧客努力を減らすことなのだ。

言うまでもなく、パズルにはまだもう1つ（大きな）ピースが残っている、と思わないか？　それをすべて実現させるために、何ができるだろうか？

顧客努力をあまり要しないサービスの4つの原則

こうした初期のデータを下敷きに　私たちのチームは顧客努力のさまざまな要因——再問い合わせ、チャネル転換、画一的なサービス、努力の認識など——の数年間に及ぶ調査に乗り出した。そのプロセスにおいて、顧客努力の性質をより深く掘り下げるために新たな定量的調査を数回、加えて顧客努力を減らす画期的な活動を明らかにするためにカスタマーサービス・リーダーたちに数百回に及ぶインタビューを実施した。

これらの作業の詳細については各章で述べるが、ここでは最も重要な、顧客努力をあまり要しないほとんどすべてのサービス組織に共通の4つのベストプラクティスを取り上げる。

1. 顧客努力がそれほどいらない企業は、セルフサービス・チャネルの「有用性」を高めて顧客をそもそも電話せざるを得ない状況に置かないことで、チャネル転換を最小限に抑える。こうした企業は顧客の好みが近年ライブサービスからセルフサービス（訳注：顧客が企業の力を借りずに自分で問題を解決すること、自分で作業すること）へと劇的に変化したことを認識している。ただし彼らはまた、顧客が求めるものは必要のない山ほどのオプション機能ではなく、顧客が望まない限り会社に電話する必要のない、シンプルで直感的な、問題を解決へと導くセルフサービスエクスペリエンスだということもわかっている。

2. 顧客が電話せざるを得なくなったとき、（顧客にとって）努力がそれほどいらない企業は、ただ問題を解決して終わりにしない。彼らはサービス担当者に、**次の問題回避**策を実践して**以降の**電話を食い止めるよう指示する。彼らは初回解決率を目標としていない。顧客の電話は、もっと包括的なイベントベースの問題解決のためのステップに過ぎないのだ。

3. 顧客努力がそれほどいらない企業はサービス担当者にサービス・インタラクションの「感情」面にうまく対応できるよう指導する。そのためにはただ感じよくすればいい（一般的な「ソフトスキル」）わけではなく、人間の心理と行動経済学の原則に根差したさらに高度な**経験工学**戦術を使って、サービス担当者が顧客とのやりとりに積極的に対処できるようにする必要がある。

4. 最後に、顧客努力がそれほどいらない企業は、単なるスピードと効率よりもエクスペリエンスの質を高く評価するインセンティブ・システムを活用して**努力いらずのエクスペリエンス**を提供する権限を、現場のサービス担当者に与えている。彼らは長年サービス組織に染みついた「ストップウオッチ」や「チェックリスト」の文化を手放し、サービス担当者により高度な判断をする決定権と機会を与える。つまり、提供されるエクスペリエンスの質について強い主導権を握るためには、それを提供する人により強い主導権を認める必要があると理解しているのだ。

努力がそれほどいらない企業はこれらのことを実行している。繰り返すが、すべて数多くの独自の定量的および定性的調査によって明らかになった。本書ではこれから、上記の原則を1

つずつ紐解いていき、裏づけとなるあらゆるデータを提示する。そのなかで、原則を正しく実行している企業の事例概要の他、あなた自身の組織を同じように前進させるために活用できるツールやテンプレートを共有するつもりだ。あなたがすばやいスタートを切り、顧客への努力いらずのエクスペリエンスの提供を目指して、現実に目に見える進歩を遂げることは十分に可能だ。そうすれば結果として顧客のロイヤルティ低下は防げる。それはカスタマーサービス業務の最も重大な責任だ。

あなたとあなたの会社へのご褒美は目の前にある。そしてそれを手に入れるための道筋は、これまでよりはるかにはっきりと見えている。

本章のまとめ

- サービスチャネルで顧客を喜ばせることは割に合わない。期待を上回るサービスをされた顧客のロイヤルティは、期待が満たされただけの顧客のそれよりほんのわずか高い程度。

- カスタマーサービスが促すのはロイヤルティではなくディスロイヤルティ。平均的なサービス・インタラクションが顧客のロイヤルティを下げる可能性は、ロイヤルティを高める可能性の4倍ある。
- ディスロイヤルティ緩和のカギは顧客努力の低減である。企業は、問題を解決するために顧客に課される作業量を減らし、喜びを与えるサービスではなくより手間のかからないサービスに注力すべきだ。これには、情報の繰り返しや再問い合わせの必要性、チャネル転換、転送、画一的な対応の回避が含まれる。

第2章

なぜ顧客はあなたと話したがらないのか？

ほとんどの人が何度か似たような体験をしていると思う。空港に到着すると、カスタマーサービス担当者が立っているのが目に入る。だが、ためらうことなくセルフサービスの自動発券機（キオスク）に向かい、席を変更し、搭乗券を印刷する。あるいは、こういう場合。銀行のなかで窓口係が客を待っているのはよくわかっているのに、ATMの列に並ぶ。たいていの顧客がセルフサービスを好むだけでなく、わざわざセルフサービスを使う同様のケースは数えきれない。サービスを受けることや会社とのかかわり方に対する顧客の意識は、この10年で大きく変化した。問題は、大半のサービス戦略がそれに追いつけていないことだ。そのせいで顧客ロイヤルティは低下し、運営コストは増加して、会社は一度ならず損害を受けている。

セルフサービスがこれほど顧客にとって魅力的なのには、さまざまな理由がある。まず、セルフサービスは効率がよい。発券係員よりキオスクのほうが、用事が早く片づく。また、スマホを使えば簡単にできることをカスタマーサービスに頼むのは賢明ではないという方向へ、社会通念も変化した。最近は、空港で列に並んでいるのを人に見られたら恥ずかしいとさえ思うようになった。「**こんな旅慣れないやつらと一緒に列に並ぶなんて、ごめんだよ**」

だが、平均的な企業幹部に、顧客はあなたの会社とどんなやりとりをしたいと思っているかとたずねると、ほぼ例外なく、我が社の顧客はたいてい電話をかけるのが好きだという答えが返ってくる。ほとんどのカスタマーサービス・リーダーがこのように思い込んでいるのだが、その理由は実にわかりやすい。ライブ電話（訳注：自動応答ではなく担当者につながる電話のこと）サービスは、組織において最大の運営コストを占める。会社が最も監視しやすい目に見える媒体であり、ユーチューブや手紙によっておまえの会社とは縁を切ると顧客に脅される原因になることもしばしばだ。一方で、カスタマーサービス・リーダーの大半は、電話サービスで経験を積んで今の立場にいる。

顧客が受けたいと思うサービスと、顧客が受けたがっていると会社が思っているサービスとのこうしたずれは、顧客努力を増やす、最大にして最も表に現れにくい要因の1つを、まさに覆い隠している。その要因は**チャネル転換**と呼ばれ、顧客が最初にセルフサービスで問題を解決しようとしても、結局は電話をかけざるを得なくなる状況を指す。そのせいでカスタマーエクスペリエンスは台なしになるが、このことを十分に理解し、重く受け止めているカスタマーサービス・リーダーはまずいない。実際、サービス・インタラクションの大部分ではチャネル転換が起こっており、それは多くの企業が想像するよりも多い。そして、顧客がチャネル転換するたびに、顧客ロイヤルティに多大な悪影響を与える。

すべての企業がこの問題にスポットライトを当てるべきだという考えに議論の余地はないが、皮肉なことに、まったく当てられていない。それは1つには、大部分の企業はカスタマーエクスペリエンスを掌握する際に、近視眼的なアプローチをとる傾向があるからだ。おおかたの企業は、顧客によるどれか1つのチャネルの使用を追跡することにかけては得意だし優れているのだが、複数のサービスチャネルにまたがるカスタマーエクスペリエンスを追跡するシステムを備えている企業はほとんどない。企業は顧客を「ウェブ顧客」か「電話顧客」のどちらかだとみなす傾向があり、顧客が複数のチャネルにまたがって問題を解決しようとしているとは思っていない。だから、たいていの企業がチャネル転換の発生に気づいてさえいなくても不思議ではないのだ。

経営者あるいはマネジャーに、セルフサービスに関してあなたの会社の最大の課題は何かとたずねると、言い方は少し異なるものの、ほぼ全員から「顧客をセルフサービスに誘導すること」という答えが返ってくるだろう。カスタマーサービス・リーダーは、これによりコスト削減が可能なことを嫌というほど知っている。「我が社の電話による問い合わせ件数は非常に多い。もっとセルフサービス・チャネルを使うように顧客を誘導できたら、多額のコストが削減できるのだが……。どうすればできるだろう?」。だが、こうしたリーダーたちは、**彼らが毎日受けている多量のライブ電話の大半は、すでにセルフサービスを試してみた顧客からのものだとは認識していない。**実際のところ、企業にかかってくる電話の約58%は、一応企業のウェブサイトを見てみたが、何らかの理由で、結局コールセンターに電話することになった顧客によるものだ。さらに、カスタマーサービス担当者と電話で話をする顧客の3分の1以上は、同

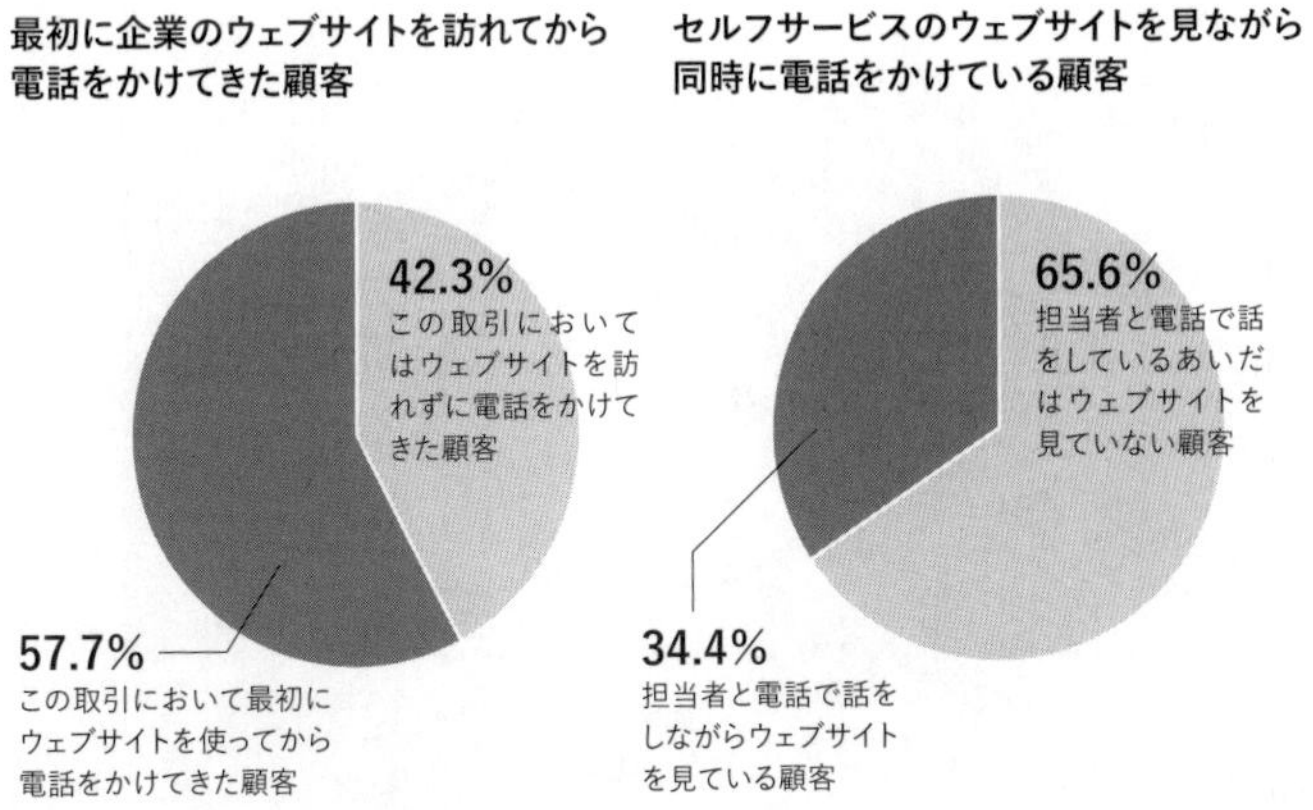

顧客1万7968名を対象
出典：CEB、2013

図 2.1　顧客のチャネル転換

時にその企業のウェブサイトも閲覧している（図2・1参照）。

顧客がまずセルフサービスを使い、そののち電話をかけてくるという考えは、一般的な企業にとっては極めて厄介だ。自宅の燃料費の見直しをイメージしてみよう。断熱やドアや窓の効率を調べてみたところ、暖房や冷房に使っている多額の費用が、文字通り窓から飛び去っていることがわかったようなものだ。つまり、最初は電話をかけようとは思っていなかった顧客からの電話を受けることで、企業はまったく不要な、莫大な費用を負担しているのである。

カスタマーエクスペリエンスについてはどうだろう。チャネル転換はどれほど面倒

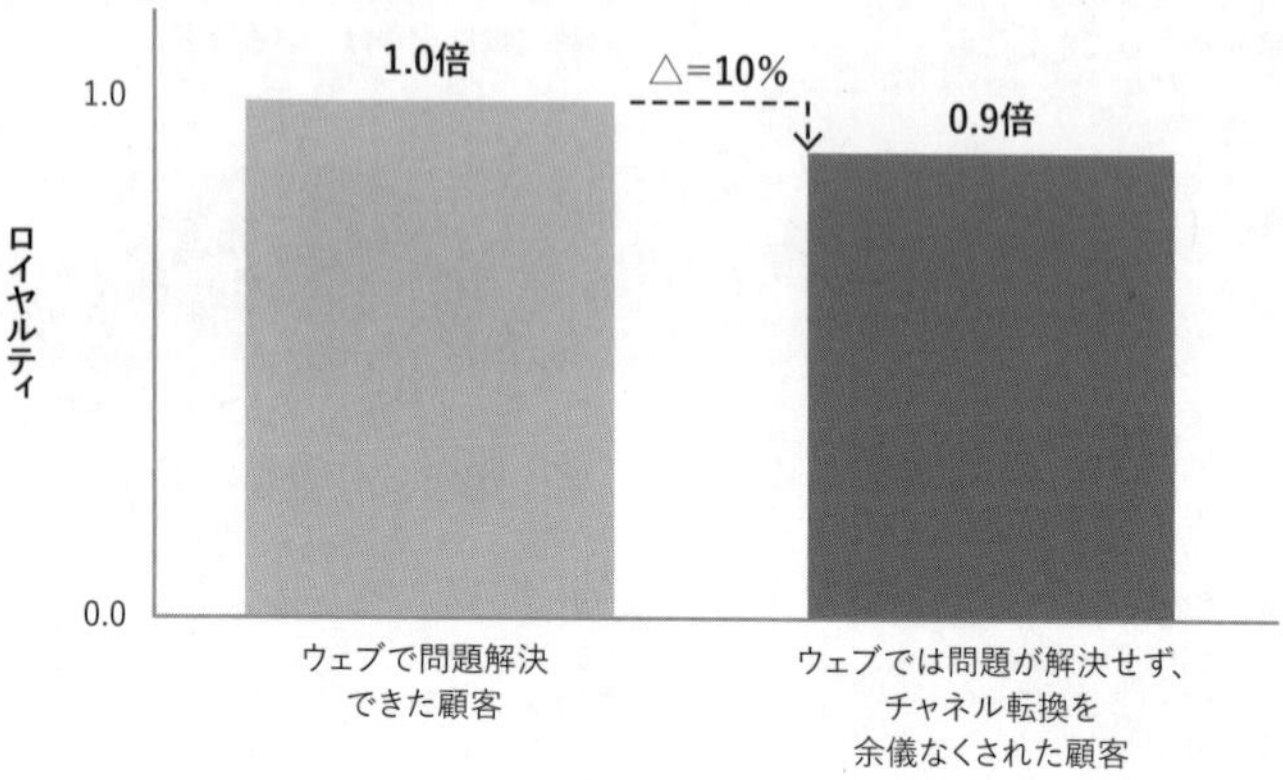

顧客1万7968名を対象
出典：CEB、2013

図 2.2　チャネル転換が顧客ロイヤルティに与える影響

な問題だろうか？　セルフサービスを試してみたが、電話をかけざるを得なくなった顧客は、最初に選択したチャネルで問題を解決できた顧客より**顧客ロイヤルティが10%低かった**（図2・2参照）。チャネル転換は一見小さなことに思えるが、実際は大きな影響を及ぼしているのだ。

　ウェブから電話へ切り替えざるを得なくなった58%もの大きなグループは、「ルーズ・ルーズ（双方にとって不利益な）」シナリオに落ち込んでいく。会社にサービスのための費用を負担させ、しかも結果的に顧客ロイヤルティは低下するからだ。あるCFO（最高財務責任者）は、このデータを見たとき、「ちょっと待ってください。我が社は顧客ロイヤルティを下げるために、費用を払っているというのですか」と叫んだ。はっきり言えば、そういうことだ。

課題は、今日の顧客にセルフサービスをやらせてみることではない。セルフサービスから電話へのチャネル転換が起こらないようにし、さらにそれに伴う費用と顧客ロイヤルティの低下を避けることだ。簡単に言えば、セルフサービスの闘いは、顧客を去らせるためではなく、顧客を引き留めるためにするものなのだ。

機会を理解する

このチャネル選好の変化とチャネル転換の増加をもっと理解するために、私たちはＢ２ＣとＢ２Ｂ双方のやりとりを対象に３つの研究をおこない、そのなかで２万人以上の顧客を調査した。対象は、すべての主要産業と、北米、欧州、アフリカ、アジア、オーストラリアなど、各地の顧客とした。

まず質問したのは、カスタマーエクスペリエンスについてだ。ウェブチャット、電話、オンラインのセルフサービスのうち、どのサービスチャネルを利用したか、あるいはすべてを利用したか。どんなものを注文するときにこうしたチャネルを使ったか。問題は解決できたか。やりとりは簡単だったか、あるいは難しかったか。こうした何千ものサービス・インタラクショ

属性	パッケージE	パッケージF

属性	パッケージC	パッケージD

属性	パッケージA	パッケージB
企業との連絡方法	担当者に直接電話をする	企業のウェブサイトで文字情報(例えばFAQ、情報記事、一般情報)を読む
問題解決のために試みた回数	2	1
担当者に直接電話がつながるまでの時間	15秒	該当なし
カスタマーサービスの稼働時間	平日のみ、通常の営業時間	該当なし
担当者の所在	国内	該当なし
1つ選択	○	○

出典:CEB、2013

図 2.3　顧客のサービス選好を調査するためのコンジョイント分析の方法

ンの全行程──文字通りはじめから終わりまで──で、何が起こったかを正確に把握しようとした。

また、チャネル選好について、顧客が利用するさまざまなサービスチャネルにどれほどの価値を置いているのかをもっと掘り下げたかった。ウェブ・セルフサービス、IVR(双方向音声応答)、チャット、Eメールなど、さまざまなサービスチャネルを試した。私たちがぜひとも知りたいと思ったのは、ライブ電話とセルフサービスのチャネルにどんな価値が置かれているのかということだった。調査のこの部分には、**コンジョイント分析**(編注:顧客が商品やサービスのどこを重視するのか等を統計的に分析する方法)という強力な統計手法を使い、顧客に何度もトレードオフ（訳注：一方を達成するためにはもう一方を犠牲にしなければならない関係のこと）させることで、顧客の選好を識別した（図2・3参照）。

企業は電話が好き

ところで、平均的な企業のサービス戦略において、ウェブはどれほど重要だろうか。「ライブ電話サービスほど重要ではない」という答えが圧倒的だ。概して**カスタマーサービス・リーダーは、顧客はオンライン・セルフサービスの2・5倍ライブ電話が好きだと信じている。**それは主として企業が顧客は何らかの個人的関係を求めていると考えているからだ。

では、顧客の選好がセルフサービスに移行するのは、どれくらい遠い未来の話だろう？ カスタマーサービス・リーダーの大半は、かなり先ではないにしろ、少なくともそれまでには数年あると信じている（図2・4参照）。だから、私たちが話をした企業のなかで、最近何らかのセルフサービスプロジェクトを採用したのがわずか3分の1に過ぎなかったのも、それほど意外ではない。多くの企業にとって、これは優先課題でないというだけだ。顧客が頻繁にウェブから電話へチャネルを切り替えているなんて、脳裏にちらりとも浮かばないらしい。

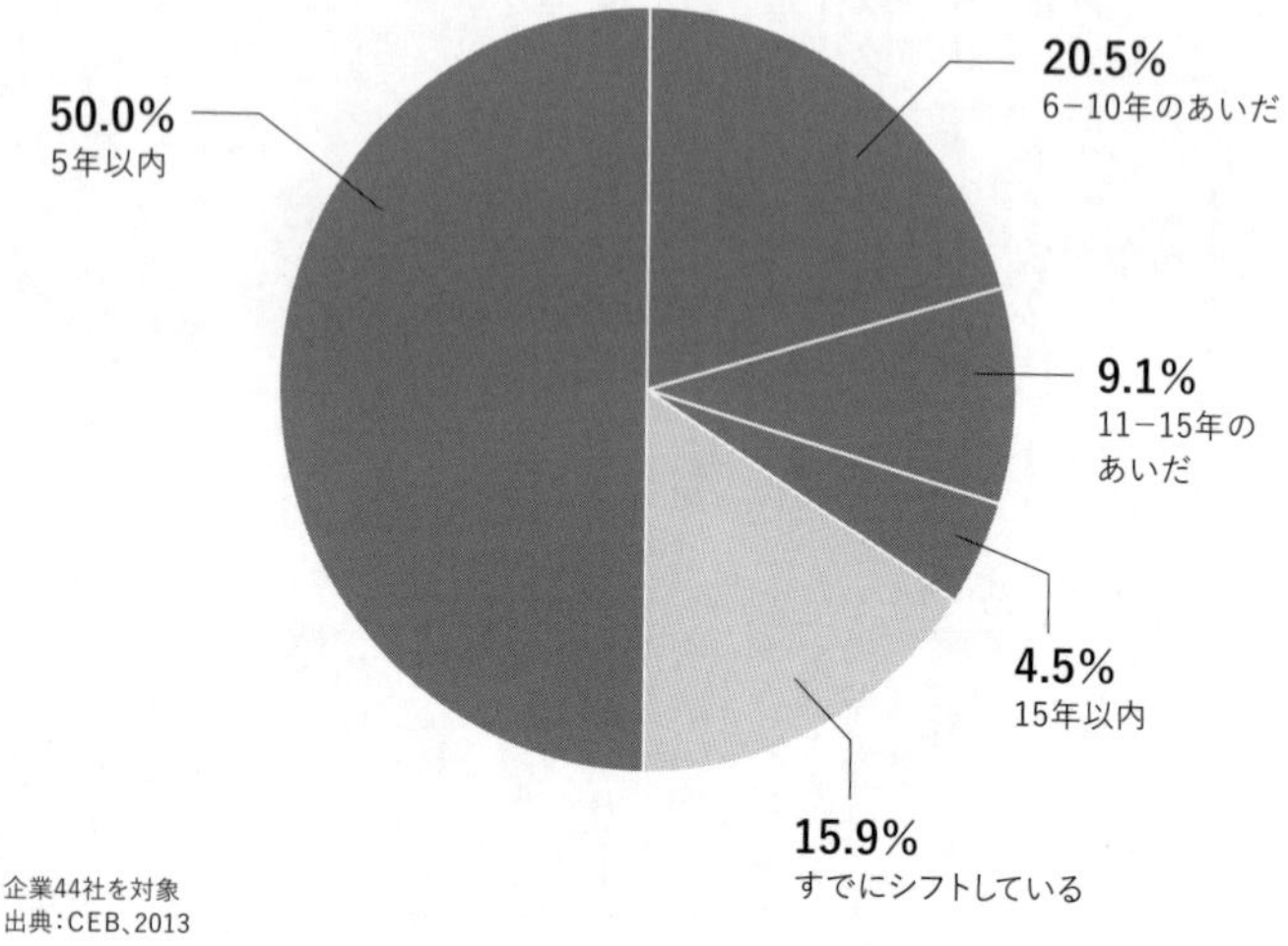

図 2.4　顧客の選好がいつウェブへシフトするかに関するカスタマーサービス・リーダーの認識

カスタマーサービス・リーダーとの会話のなかで、彼らのセルフサービスに対する認識をゆがめているいくつかの「思い込み」に出くわした。

思い込み1：顧客がセルフサービスで解決したいと思うのは、たとえば残高照会や注文状況の確認、支払いといった簡単な問題に限られる。もっと複雑で緊急の問題になると、顧客が安心できるのはライブ電話サービスだけだ。

思い込み2：セルフサービスを使いたいと強く思っているのは、ミレニアル世代（現在10代後半から20代の若者）だけで、それより上の世代はそうは思っていない。

つまり、ライブ電話サービスを好む顧客よりセルフサービスを好む顧客が多くなる転換点（ティッピングポイント）は、おそらく少なくとも10年先のことだ。

思い込み3：セルフサービスの提供を改善するには、多大な費用がかかる。現在のサービスウェブサイトは欠陥があり、顧客がセルフサービスで買い物をするのが難しい。だから、大部分の顧客が使えるようなセルフサービスを整備するには、現在のレベルをはるかに超える、多額の投資が必要になるだろう。

ある企業幹部が私たちに向けて吐き捨てたように、「セルフサービスの機会は、石に刺さった剣のよう」なものだ。費用が削減できることは明らかだが、とにかくセルフサービスは制限が多すぎて、今はタイミングがよくない。彼も彼の顧客も、まだその利点を使いこなす準備ができていない。これは彼に限ったことではない。大部分のカスタマーサービス・リーダーが同様の不満を表している。その結果、戦略は電話チャネルのサービス強化に注力したものとなり、セルフサービスの改善にはたいして注意が向けられない。

ティッピングポイントはすでに来ている

たいていの企業が信じているとは言っても、実際のところ、前述した3つの思い込みは真実ではない。打破すべき神話なのだ。現実はというと、顧客はすでに、ウェブを電話以上ではないにしろ、電話と同じくらい重視している。さらに言うと、顧客はセルフサービスも電話でのやりとりと同じくらい重視しており、B2CとB2Bの両方にもそれがほぼ当てはまることがわかっている（図2・5参照）（＊1）。これは、顧客は2・5対1の差で電話サービスのほうを好んでいるというカスタマーサービス・リーダーの予想とはかけ離れたものだ。電話やセルフサービスを好むのは、相手と顔を合わさないですむからだ。セルフサービスを求める声は急激に増加し、電話を好む人は同じ割合で急激に減少している。**ティッピングポイントを迎える日は10年後ではない。すでに来ているのだ。**

＊1　企業間と企業対消費者の選好の違いは、一般に企業消費者は消費者ほどカスタマーサービス・インタラクションを重視していないという事実を反映している。典型的な企業顧客とのサービス・インタラクションでは個人的な利害関係が薄く、そのためあまり価値が置かれていないのだ。

顧客のなかには、会社に電話をかけるか、ウェブのセルフサービスを使うか選んでいるとい

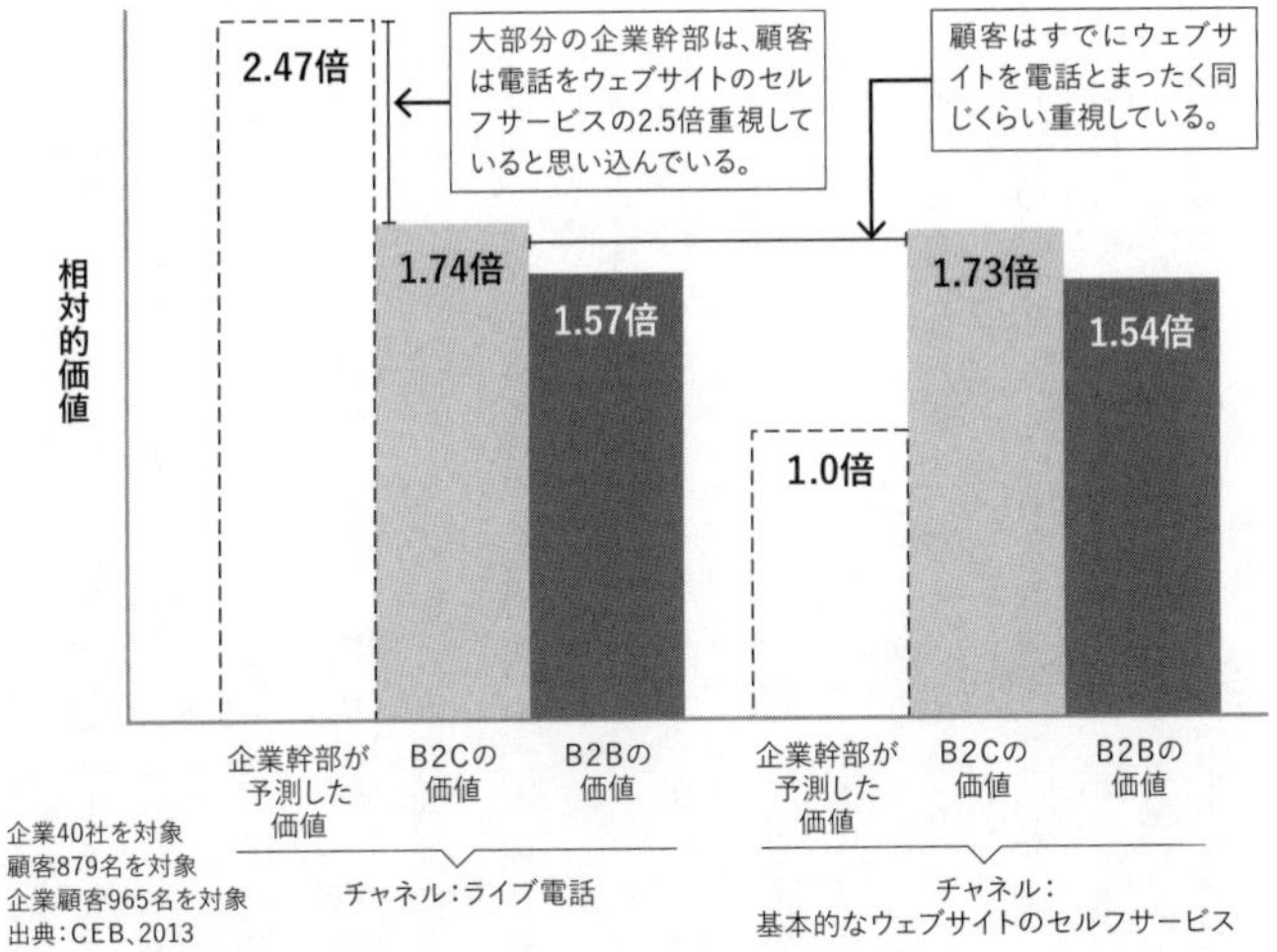

図 2.5　ライブサービス対セルフサービス（カスタマーサービス・リーダーの認識と実際の顧客選好の比較）

う意識さえない人もいる。実際、電話をかけるという選択肢は彼らの思考プロセスにはかけらも存在していない。大学生に、パーティーのためにピザを注文するとき、どのピザ屋に電話したかたずねてみるといい。おそらくあなたを三つ首怪獣か何かを見るような目で見て、こう答えるだろう。「ピザを注文するのに、電話なんかしませんよ。インターネットで注文すればいいじゃないですか。どうして電話するのですか?」。**もはやセルフサービス・ファーストの時代なのだ。**

もっと困難な問題についてはどうだろう。思い込み1（顧客が迷わずセルフサービスを使うのは、残高照会や注文状況の確認といった簡単な問題に限られる）を思い出してほしい。

あなたはきっと、こういう場合の顧客は自分が使うチャネルに関心がないのだろうと思ったはずだ。そこで、この思い込みを検証するために、さらにデータを丹念に調べて、顧客がもっと困難で複雑な問題を抱えたときのケースを取り出してみた。選好はわずかに電話サービスのほうに揺れ戻してはいたが、その差は、ほとんどのカスタマーサービス・リーダーが予想したほど目立ったものではまったくなかった。型通りでない状況でさえ、思っていたよりずっと多くの顧客が、セルフサービスを第1の選択肢と考えている。問題が極めて複雑な場合は、担当者に電話をかけるしかないと考えるのが自然だが、結局のところ、そういうケースは非常にまれなのだ。

こんなシナリオを考えてみよう。夜も更けてから、子どもに発疹が出はじめ、熱もあることに気づく。誰が見ても危険な状態だ。こんなときはもちろん、いつでも対応してくれる医師や看護師に電話すればいい。また、24時間診察しているクリニックを訪れることも、救急外来を受診することもできる。では、この状況で大部分の親はどうするか? 最近増えているのが、WebMD（訳注：一般消費者に保健医療情報を提供するウェブサイト）のようなオンライン情報源に頼るケースだ。こうした情報源を、そして、こうした情報源から得る情報を、5年あるいは10年前にはできなかったやり方で理解する自分の能力を信頼しているのである。

顧客はウェブサイトのセルフサービスを心から信頼している。多くの人はカスタマーサービ

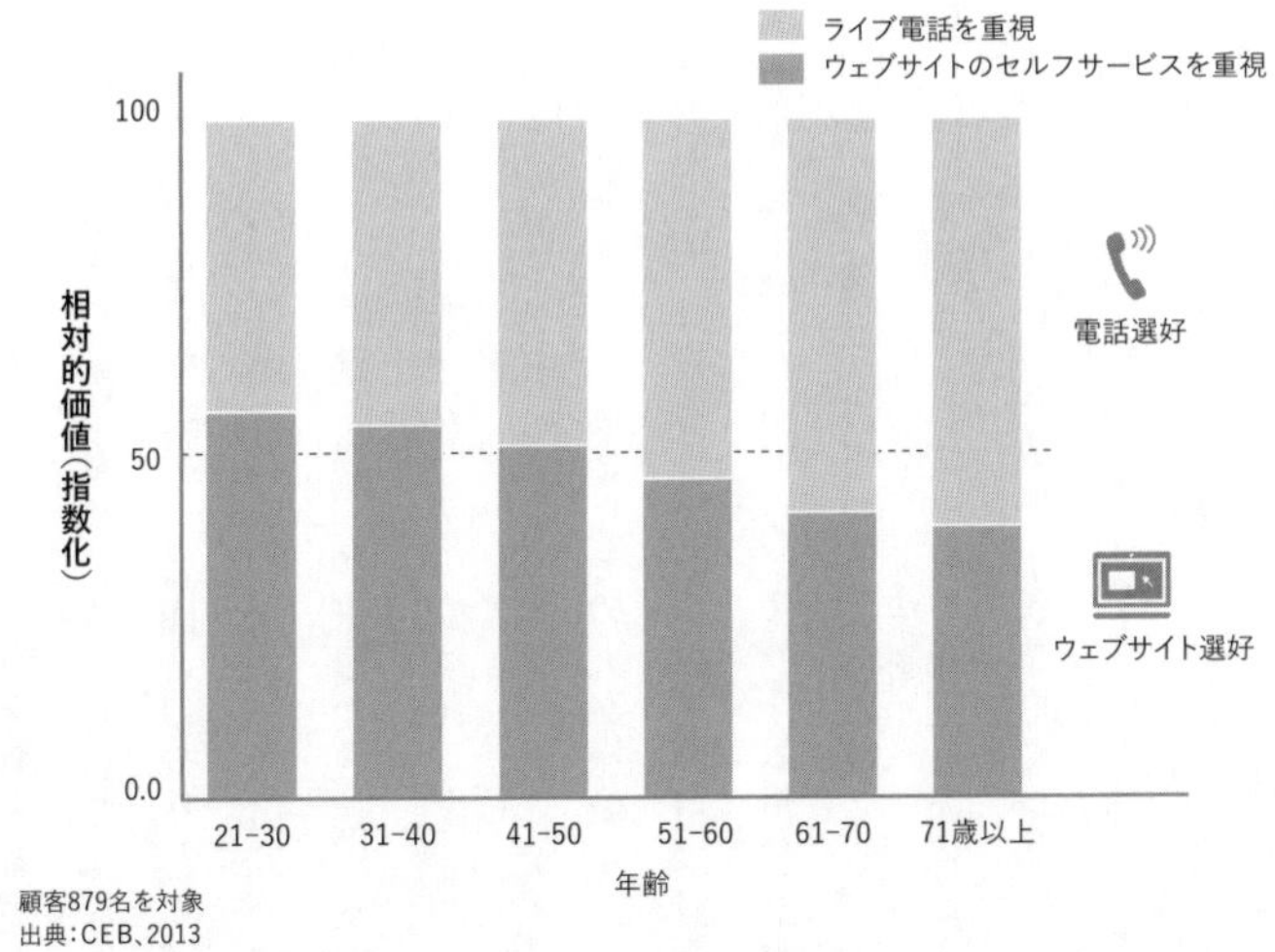

図 2.6　顧客の年代別に見たウェブサイトと電話の選好度の比較

ス・リーダーに話をするのと同じくらい、セルフサービスを信頼している。セルフサービスもまた、とくに内密にしたい情報や恥ずかしい思いをする可能性のある情報を交換する際は、顧客の信頼を集めている。だから、サービスにおける重大な局面では、電話がずば抜けて高い評価を受ける選択肢だという深く染みついた考えは、もはや真実ではないというか、少なくとも、かつて信じていたほどには真実でなくなっているのだ。

サービスの選好に関して、年齢はどんな役割を果たしているだろうか。もう1つの、セルフサービスを強く好むのは若い年齢層だけという思い込みを思い出してほしい。言うまでもなく、年齢によってチャネルの選好にいくらか違いがあると考えざるを得ないだろう。年配の顧客はスマホやパソコン、インターネットとともに育ってきたわけではないので、若者ほどテクノロジーになじめないのは確かである。この事実が、会社とのやりとりにも反映されると考えるのも当然だ。それがある程度正しいのは間違いないのだが、現実はその予想とはほど遠い（図2・6参照）。60代、いや70代であっても、問題や疑問が生じたとき、まずウェブサイトを訪れるほうがいいという人はたくさんいる。年配者のグループでも、電話サービスを好む比率は、多くの人が予想する90対10とか80対20ではなく、60対40に限りなく近い数値を示している。というわけで、選ぶ確率が最も低い顧客でさえ、ほとんどの人が想像するよりずっとセルフサービスになじんでいるのだ。

選好が一方からもう一方へ移る境目は51歳であることがわかる。これは、大部分の企業の考えとは大きく異なる。ベビーブーム世代がウェブを使ったサービス取引に対して示す快適さと信頼は、増加し続けているように見える。実際この年齢層は、オンライン利用の爆発的な増加の1つの要因とされてきた。一例をあげると、フェイスブックは、ここ数年の著しい成長の要因が65歳以上の利用者だと報告している。

厳しいことを言うようだが、大半の企業は大きな考え違いをしている。最初にカスタマーサービス・リーダーが言った2・5対1という比率は、少なくともごく一部の顧客セグメントの選好を反映したものに過ぎない。そのセグメントとは、77歳以上の顧客だ。おおかたの企業にとって、それはターゲット顧客の年齢層からはかけ離れている。だから企業はウェブ利用の選好の変化にまったく気づかなかった、というのではない。むしろ、すべての人の予測を超えるスピードで変化が起きていると言ったほうがいい。

では、なぜ電話は鳴り続けるのか

顧客の選好度の変化は比較的最近の現象である。顧客の約67％は、5年前でさえ、サービスは主に電話に頼っていたと言った。今日では同じことを言う顧客はわずか29％しかいない。変化は著しく、多くの企業は不意打ちをくらった格好だ。だが、もしカスタマーサービス・リーダーが見当違いをしていたことが、この件に関する唯一の悪いニュースだとしたら、それほど悪くはないだろう？　顧客はセルフサービスを望んでいる。たいていの企業が5年、10年、いや15年を待たず目にするだろうと予期していた変化は、すでに起こっていたのだ。

電話の件数は岩が転がり落ちるように減少するはずと思われた。**だが、まだそれほど減少していない。**現在おこなっている分析では、そこまで減少した企業は1つとしてなかった。**電話件数は減ってはいるが、そのペースは予想をはるかに下回る**（実際、大部分の企業では過去2、3年でわずか4～5％である）。調査するなかで耳にした顧客の発言から、現在の状況が見えてくる。

とりわけ以下の言葉はかなり説得力がある。

「私はいつも電話するしかないと感じます。電話したいわけではありませんが、電話するしかないのです。他の会社で、電話するしかないと感じるところは思い当たりません。他の会社のウェブサイトはわかりやすいのです」

「貴社のウェブサイトに電話してくださいと書いてありました。先に電話したいと思っていたら、そうしていましたよ」

「貴社の担当者は感じがよく、電話で話をするといつもいい気分になれます。ただ、いつも担当者と話をしたいわけではありません」

少し時間をとって、あなたが電話サービス担当者で、サービスの件について顧客に話をしていると考えよう。その顧客は同時にウェブサイトを見ていて、セルフサービスでも用は足りるのだが、何らかの理由で結局は電話を取り上げ、かけてきたのだとわかってきた。貴重な時間（顧客にとっても会社にとっても）を使って、セルフサービスを望んだだけでなく、実際に試してみた顧客とのやりとりを、あなたはどう思うだろう？

最初にこの質問をした企業幹部の１人は、次のような反応を示した。「我が社では『電話をかけてくる顧客』または『ウェブサイトを利用する顧客』に分けて考えています。しかし、実際のところ、顧客はその両方を使っていると考える必要があると、やっと思い始めたところです」。これは簡潔で、おそらく明白なポイントだが、顧客についてこのように考えている企業はほとんどない。

企業は顧客に、セルフサービスを試してもらうことから、ずっとセルフサービスだけを使い続けるようにすることへ、焦点を移す必要がある。10年前、セルフサービスにとって重要なのは、顧客に企業のウェブサイトの存在を教え、顧客がセルフサービスを使えば自分で問題を解決できると自信をつけさせることだった。実際、私たちのチームは２００５年に、まさにこのテーマについて「Achieving Breakout Use of Self-Service（セルフサービスの利用を急増させる）」という調査報告書を書いている。この報告書も今ではもう古いようだ。その時代はすでに過ぎ去ってしまった。だから、抗うのはやめよう。電話を好む顧客はごく少数派なのだ（しかも減り続けている）。チャネルを切り替える人に対処することで、企業にはコスト削減、顧客側には手間を省く機会がもたらされる。すなわちウィン・ウィンの関係だ。そして何よりも、うまくやる機会はいくらでもある。

チャネルを切り替えない機会

ではまず、サービス組織が直接管理していないところでチャネル転換率が下がることを立証しよう。ウェブサイトから電話へ切り替えたとされる58％の顧客のうち、約11％は簡単に問題を解決できなかった人たちである（図2・7参照）。たとえば、単にセルフサービスで解決するのが難しかった、ウェブサイトで技術的な不具合が発生した、電話をかけるよう促されたといった問題を抱えた顧客たちだ。こうしたケースではチャネル転換を減らす機会はあるが、もっと楽な方法がどこかにある。

チャネル転換を促す要因のなかでもより管理しやすいもの（B2Bの状況では47％、B2Cの状況では37％）は、以下の3つのカテゴリーに分類することができる。

1　顧客が必要な情報を見つけられなかった。

2　顧客は情報を見つけることができたが、不明確だった。

3　顧客は企業に電話をかけようとして、単に電話番号を見つけるためだけにウェブサイトを利用した。

ウェブサイトから電話へ転換した理由
（以下の項目を経験した顧客の割合）

サービス組織の直接的な管理外

	B2Cサービス組織	B2Bサービス組織
問題が複雑すぎた	4.5%	4.7%
技術的な不具合が発生した	1.6%	2.1%
電話をかけるよう促された	4.6%	3.0%
合計	10.7%	9.8%

サービス組織の直接的な管理内

	B2Cサービス組織	B2Bサービス組織
解決法が見つからなかった	8.7%	15.6%
情報は見つかったがわかりにくかった	5.8%	6.3%
単に問い合わせ先を見つけるためにウェブサイトを見た	32.5%	14.8%
合計	47.0%	36.7%

顧客44名を対象
出典：CEB、2013

図 2.7　チャネル転換の根本原因

ここからは、企業がこうしたチャネル転換の要因を軽減するのに役立つベストプラクティスをいくつか詳述する。これらの方法は、費用のかかる最先端のテクノロジーに頼るものではない。それどころか、短期的で、低コストの、極めて実践可能で、しかも驚くべき成果をあげる方法がいくつも見つかるだろう。ほとんどの企業にとって、これは非常によいニュースだ。

ウェブサイトでどんな情報を提供するかという問題に関しては、**簡潔さが大変重要になる。**顧客がチャネル転換をするのは、多くの場合混乱したり自信を失ったりしたからだ。だからといって、ウェブサイトが顧客を失望させたとか、疑問に答えられな

問い合わせ電話の年間件数

電話1件当たりのコスト（USドル）	500,000	1,000,000	5,000,000	10,000,000
$2	$70,500	$141,000	$705,000	$1,410,000
$4	$141,000	$282,000	$1,410,000	$2,820,000
$6	$211,500	$423,000	$2,115,000	$4,230,000
$8	$282,000	$564,000	$2,820,000	$5,640,000
$12	$423,000	$846,000	$4,230,000	$8,460,000

これらの数字は顧客の75%がウェブサイトにアクセスしたことを前提としている。

出典：CEB、2013

図 2.8　10人中2人の顧客がウェブサイトに「とどまった」場合のコスト削減の見積もり

かったというわけではない。もちろんそういうケースもあるが、その頻度は顧客が企業のサービスサイトの言語やレイアウトで迷ってしまった場合と同じだ。では、ウェブサイトを簡略化するだけで、チャネル転換をする顧客全員がセルフサービスで用を足せるようになるだろうか。おそらく無理だろう。しかし、10人のうち2人のチャネル転換を防止するという目標なら、簡単に達成できそうだ。言うまでもなく、インターフェースの改善や機能性の向上に資本投下をすれば、この数字におおいに貢献するだろう。だが、「10人のうち2人」というのは価値ある現実的な第一歩であり、主にウェブサイトを簡略化することで達成できる。10人中2人では志が低いと思われるなら、こう考えてほしい。年に100万件の電話があり、1件当たりのコストが平均8ドルだとすると、これで年間約56万4000ドルの経費削減が可能になる（コスト削減の見積もりについては図2・8参照）。加えて、10人のうち2人の顧客ロイヤルティは向上するだろう。あまり努力を要さずに解決できた経験をするからだ。**これは、どんなサービス組織にとっても最も短期的で、最も簡単なウィン・ウィンの機会となる。**

何よりもまず、あなたの会社のチャネル転換の機会を査定してみるといい。金融サービス企業フィデリティ（編注：世界有数の投資信託会社）から学んだシンプルな手法を使えば、簡単にできる。

すべては簡単な質問から始まる

CRM（顧客関係管理）、ウェブサイト、電話の主要データを関連づければ、チャネル転換の機会を評価できるだろうが、フィデリティははるかに簡単なやり方で同じことを実現している。フィデリティのコンタクトセンター担当者は、顧客から電話がかかってきたときに使う簡単な決定木（編注：決定理論の分野で決定を行うためのグラフ）を用意している。これを使えば、担当者はどの顧客がウェブサイトから電話にチャネル転換したかをすぐに把握できる。そして、チャ

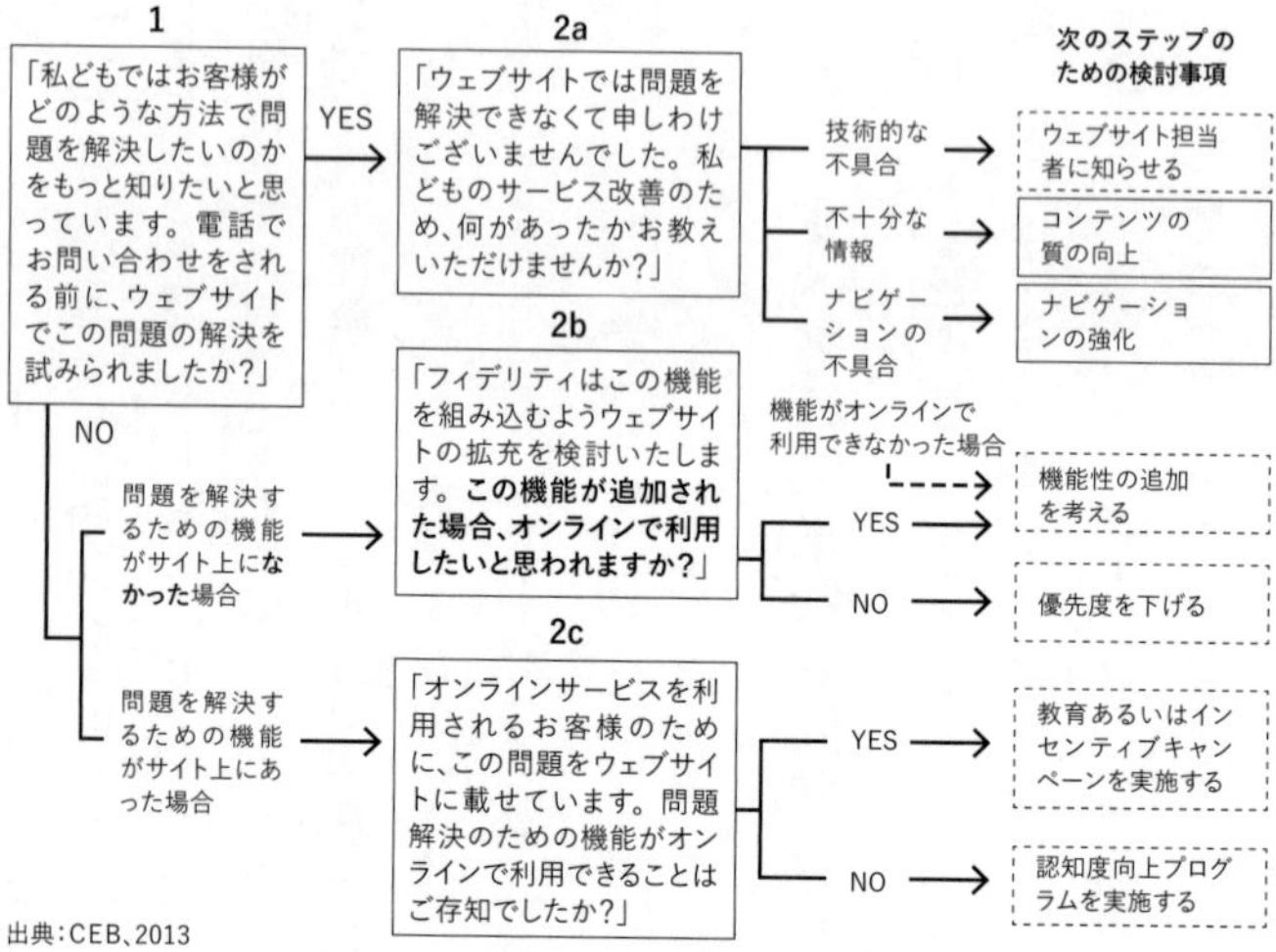

出典：CEB、2013

図 2.9　フィデリティが使用する、チャネル転換に関する顧客の意見を聞くための決定木

ネル転換した顧客に、チャネル転換が起こった要因を絞り込むための2つの質問をする（図2・9参照）。これは極めて賢明なアプローチだ。フィデリティはチャネル転換についての重要な情報はもちろん、顧客の選好がどのように変化したかについての価値ある情報を得られ、さらに、顧客がセルフサービスという選択肢をどのように認識しているかを理解することができるからだ。

このシステムの機能は次の通り。まず顧客に、セルフサービスを使ってみたかをたずねる。この質問に「はい」と答えた顧客には、何が起こったのか、つまり、なぜ電話をかけなければならなかったかをたずねる。技術的な不具合か？　混乱するようなことがあったか？　ウェブサイトでやり方がわからなくなったか？　このように、チャネル転換をした顧客は、フィデリティ側にその理由を正確に伝えていく。このデータを得るだけでも、このシステムには価値がある。

しかしながら、フィデリティはさらにその先を行く。セルフサービスを使ってみなかった顧客にも、問題解決のための機能が（実際にそれが機能する状況において）存在することに気づいていたかとたずねる。そして、その顧客の問題を解決する機能がまだ存在していなければ、もし機能が組み込まれたなら、問題を解決するためにセルフサービスを使ってもいいと思うかをたずねる。こうしたやりとりはすべて、フィデリティが将来セルフサービスに投資する際の参考になる市場調査だ。フィデリティの担当者は、社が顧客の役に立つためにおこなっている学習エクササイズだと顧客に説明する。調査だとは伝えないし、フィデリティはこのエクササイズを、顧客をウェブサイトに無理やり誘導する機会としては使わない。質問を顧客から情報を引き出す手段と位置づけたおかげで、極めて多くの顧客がデータを提供してくれた。そのうえ、顧客はフィデリティの担当者とオンラインのインタラクションについて話したときに、調査と比べると、実によく話を聞いてもらえたと感じている。

別のグループのコンタクトセンター担当者は、四半期ごとに1週間顧客に対するこの電話調査を実施するよう指示されているが、それはフィデリティが情報に基づいた意思決定をするのに十分なデータを得たうえで、コストのバランスを取れるようにするためだ。担当者に集まった情報は、マーケティング、プロセスエンジニアのグループ、ITチームなど、いくつかのチームに伝えられる。各チームは情報を選別し、急を要する機会に優先順位をつけ、セルフサービスの向上、ウェブサイト言語の明確化、あるいはウェブサイトの微調整、さらにウェブサイトの機能性の向上を目指すビジネスケースのためのエビデンスの収集をおこなう。

ほんのいくつかのどうということのない質問からなる簡単なエクササイズが、カスタマーエクスペリエンスの向上に役立ち、チャネル転換を減少させ、電話の問い合わせ件数を減らした。一例をあげると、フィデリティはオンラインでのPIN（個人識別番号）リセット率の改善に成功したが、そのためにしたのは、リンクの配置の調整、サイト内のいくつかの言葉の調整、そしてリセットに関する長々しいプロセスの短縮だけだった。簡単な修正をしただけで、オンラインでのPINリセット完了率は29%改善し、PINリセットに関する電話での問い合わせ件数も8%減少した。両者を合わせると、1つのプロジェクトにおいて、概算で7・25倍のROI（投資利益率）を達成した。

多くの企業がこのような顧客学習エクササイズを使って大成功をおさめている。実際、わずか数日分データを集めればパターンが見えるようになるという話をよく耳にする。あるサービス担当副社長は私たちにこう言った。「このエクササイズによって、我々のチームが知っていた手段よりも簡単に利益を上げることができた。これは機会改善の宝の山のようだ」

このアプローチを使えば、あなたの会社と顧客を悩ませているのはどのタイプのチャネル転換かを、すぐに特定することができる。さらに以下の3つのチャネル転換カテゴリーを検討してみよう。最初は、**顧客が必要とする情報を見つけられないケース**である。

カテゴリー1：顧客が必要な情報を見つけられなかった

多くの企業が、期せずしてこの最初のカテゴリーに該当するチャネル転換をいささか多く作り出している。その原因は、**顧客は企業とのやりとりの方法により多くの選択肢を望んでいるというよくある思い込み**だ。企業はウェブサイトで、積極的なチャット、クリック・トゥ・チャット（編注：画面上をクリックするとチャットが始まるサービス）、ナレッジベース（編注：ナレッジマネジメントのために情報などを蓄積するデータベース）、段階的なガイド、Eメール、クリック・トゥ・コール（編注：ウェブや携帯電話の画面上の番号をクリックすると自動接続するサービス）、インタラクティブあるいはバーチャル・サービスセンター、オンラインサポート・コミュニティなど、ほとんど無限ともいうべき選択肢を提供している。何だって多いに越したことはない、だろう？　私たちが調査した企業の80％が、最近既存のチャネルに新しいセルフサービス・オプションを追加した、あるいはまったく新しいチャネルを追加したと報告した（図2・10参照）。

企業120社を対象
出典：CEB、2013

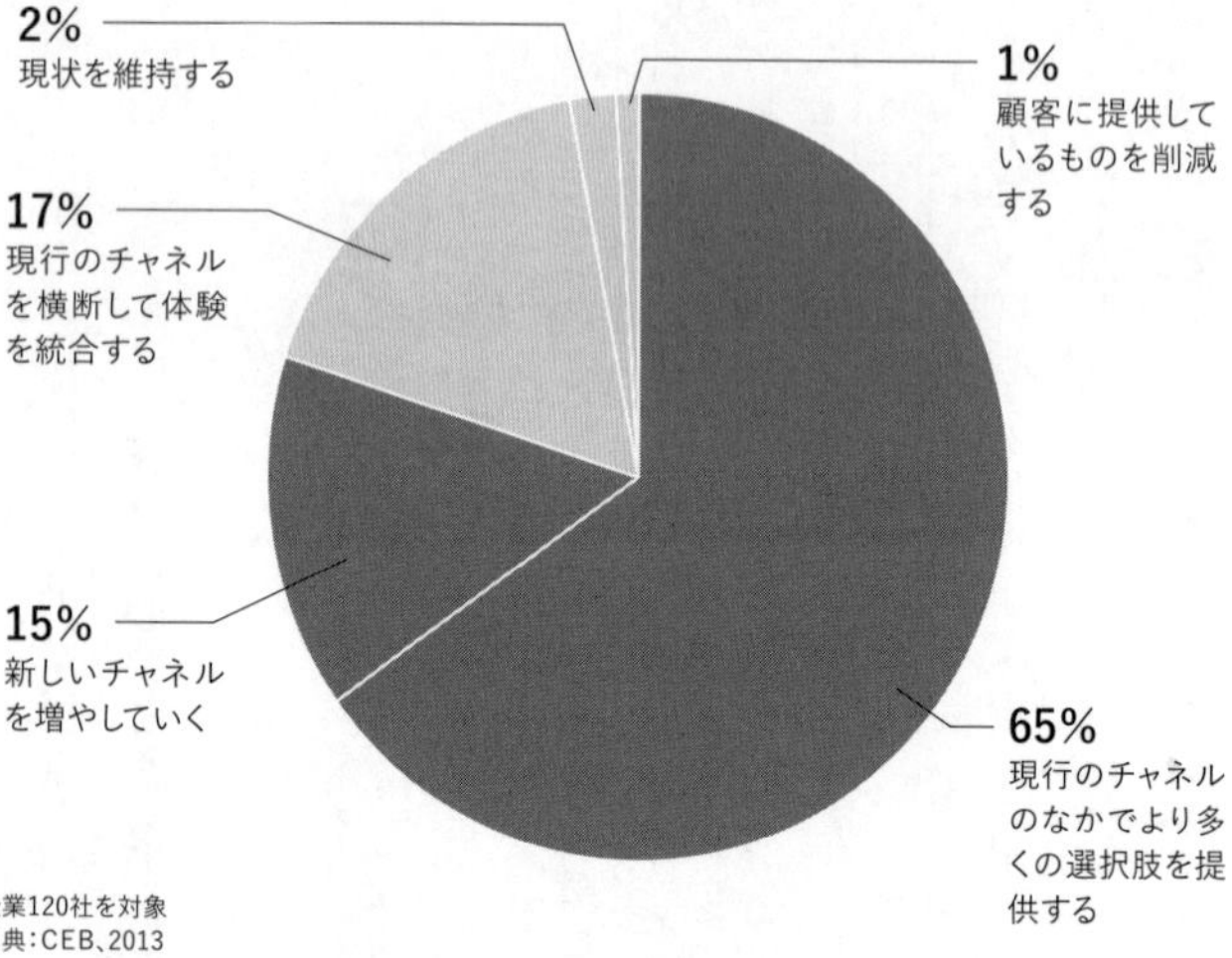

図 2.10　顧客のチャネル選好の変化に対する企業の反応

大半の企業がその選択はすべて成功したと考えている。だが、それは誤った思い込みだ。実際には不要な費用の増加を招き、顧客ロイヤルティを低下させている。平均的なカスタマーサービスのウェブサイトには、顧客が問題解決プロセス（FAQ、電話、チャット、オプション内の選択肢）を開始する前に、すでに25から50もの選択肢が存在する可能性があるという事実を、ちょっと考えてみてほしい。そして、たいていの企業でこの数字はさらに増加し続けている。

私たちは、なぜ顧客が探している情報を見つけることができないのかについて理解を深めるために、とくに顧客がオンラインで問題解決を試みるときに提供されているすべてのオプションを考慮しながら、さらに踏み込んで調査をおこなった。この分析の一環として、最近オンライン・インタラクションを体験した顧客と、一連のフォーカスグループを実施した。これらの顧客に、セルフサービスを目的に訪れた企業のウェブサイトでの体験を話してくれるよう頼むと、まったく予測していなかった答えが返ってきた。いくつか引用してみよう。

「ウェブサイトでは、いくつもの場所で答えが見つかるように感じました……ですが、最初にどこへ行けばいいのかよくわかりませんでした」

「（すべての選択肢を）読み終えるのに2分もかかりました。それで、わけがわからなくなってしまいました」

「何から始めればいいのかわかりませんでした」

「あの会社のウェブサイトは複雑で、途方にくれてしまいました」

明らかになったのは、1つの問題を解決するためのさまざまな選択肢は、どれもカスタマーエクスペリエンスを改善しようとして追加されたものだが、実際はカスタマーエクスペリエンスを損なっているということだ。これはまさに「選択のパラドックス」の一例である。**「選択のパラドックス」とは、ある決断に対し選択肢が多ければ多いほど、よい決断をする能力は損なわれるという現象だ。**スタンフォード大学の研究者が実施した有名な研究が、その影響を立証している。さまざまな味のジャムを顧客の前に並べて、選択肢の数が増えるとどのような選択をするかを観察した。ほぼすべてのケースで、顧客の前に並べたジャムの種類が増えるほど、ジャムの売り上げ総数は減り、ジャムの種類を減らすと、売り上げは伸びたのである[1]。あるケースでは、消費者製品大手のプロクター・アンド・ギャンブル（P&G）がヘッドアンドショルダー・ブランドの種類を約半分に減らすと、売り上げはたちまち10%以上も増加したと記録されている[2]。ここから得られるのは、選択肢が増えると決断に多大な努力を要することになり、顧客にとっても企業にとっても悪い結果を招くという教訓だ。

顧客の前に多くの選択肢を並べると、チャネル転換の問題は間違いなく悪化する。

そして、これは私たちのフォーカスグループに限ったことではなかった。追跡調査で明らかになったのは、顧客は望ましい結果に導いてくれるエクスペリエンスが得られるなら、選択の自由や選択肢を喜んで手放すだろうということだ。顧客にとっては、問題を解決するために、最も努力を要しないチャネルや選択肢に誘導されるのが最高のサービスなのだ。たとえその

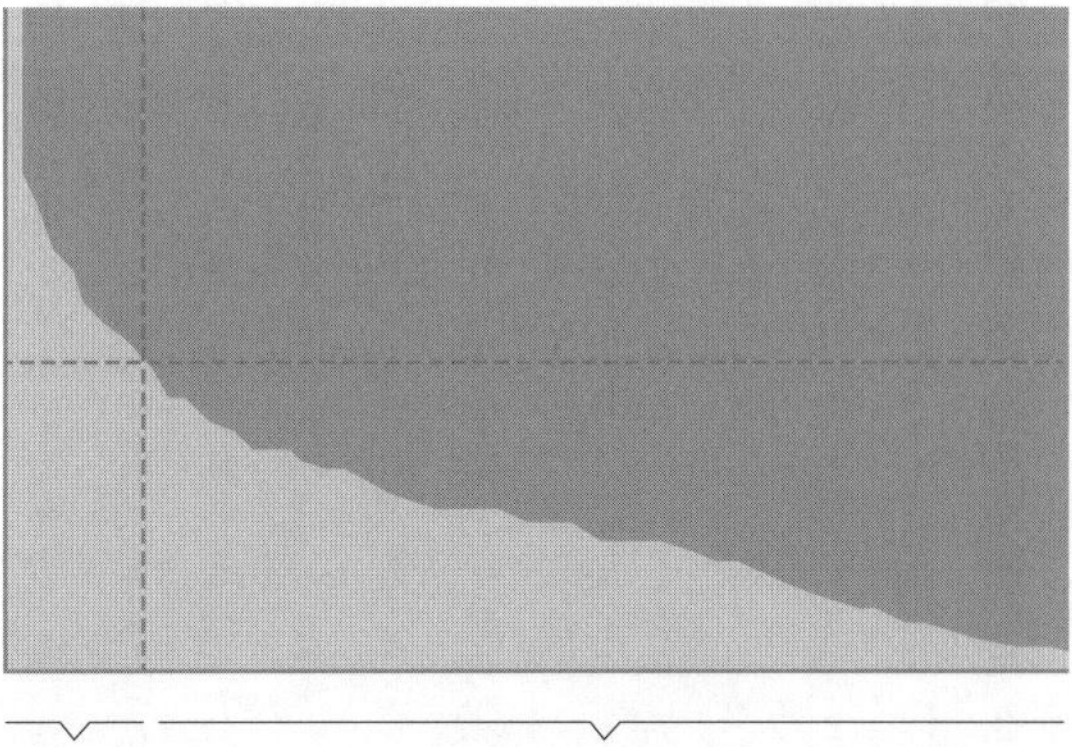

図 2.11　顧客の解決法に対する選好（容易さかチャネル選択か）

チャネルが最初の選択でなかったとしても(図2・11参照)。

　私たちの調査によると、**低努力のほうがチャネル選択より圧倒的に支持されている。**84%という途方もない数の顧客が、問題をできるだけ速やかに、簡単に解決したいと望んでいる。そして、そのためのベストな選択肢へ導いてほしいと思っている。利用可能な特定のサービスオプションのほうがよいという顧客の数は、はるかに少なかった(16%)。つまり、大多数の顧客は、より迅速かつ容易に問題を解決してくれると確信できさえすれば、セルフサービスの選択肢を受け入れるだろう。「導いてくれる」エクスペリエンスに関して、私たちのフォーカスグループでも同じ趣旨の意見が

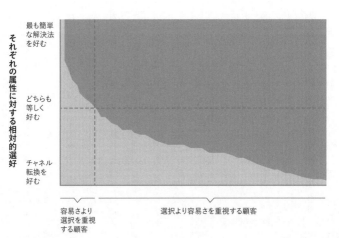

出た。ある参加者はこう言った。「わかりやすく説明してください。何をすべきか示すのは企業の仕事です。時間をムダにしたくありません」

もちろん、顧客がやりとりを通して導いてほしいと思っているからといって、企業は顧客に何をすべきか命令すべきだというのではない。人は何かをする方法を自分で選択するほうを好む。選択とは、人間の基本的権利のようなものだ。だが、選好には明らかに異なる2つのタイプが存在する。私たちはこれを「大文字のPの選好（Preference）」と「小文字のpの選好（preference）」と呼んで区別している。大文字のPの選好は、顧客の究極の選好を指し、顧客は重要性が低い選好よりもこちらを迷わず優先する。この場合なら、究極の選好は「問題を解決する」ことだ。小文字のpの選好とは、顧客にさまざまな選択肢を与えて考えさせ、そのうえでどれを選ぶかたずねたときに、顧客がこれだと答えるものである。

その違いを示すために、参加者にどのカスタマーサービスチャネルがいちばん好きかたずねたら、ある参加者は「私はチャットが好きです。担当者とオンラインでチャットできる場が提供されているとうれしいです」と即答した。しかし、この男性にカスタマーサービスの何に最も関心があるかたずねると、開口一番「迅速で簡単なサービスです」と答えた。つまり、この顧客の大文字のPは迅速で簡単なサービスエクスペリエンスで、ウェブチャットにアクセスできることは小文字のpだということがわかる。言い換えれば、彼は自分の選好はチャットだと明言しているが、それでも問題を解決するのにもっとよい（より迅速で簡単な）方法があるなら、チャット以外の方法を使ってもかまわないと思っている。

サービスの問題解決に関しては、84％の顧客にとって最大の望みは問題がなくなることだ。これが彼らの大文字のPの選好である。しかし、顧客はさらに、その結果に到達する方法をある程度コントロールしてほしいと言う。これが小文字のpの選好だ。

このことと、同じ顧客が企業に最高のサービスに導いてもらいたいとも望んでいるという考えを、どう折り合いをつけたらいいだろう。「顧客に命令する」と「顧客を導く」のあいだには微妙ではあるが重要な違いがあることがわかる。次のような状況を考えてみてほしい。あなたは初めて訪れた知らない町にいる。おいしいシーフードが食べたいと思い、宿泊中のホテルのコンシェルジュにおすすめの店をたずねた。考えられる答えは次の3つ。あなたはどの答えがいちばんいいと思うだろう。

- 「おまかせください。最高の店をご紹介しましょう。では、タクシーでその店までお送りします」
- 「シーフードが召し上がれる店で、タイプの違う6店をリストアップし、それぞれ簡単な情報をつけておきました。何かご質問があればお知らせください」

- 「お役に立てれば幸いです。では、まずあなたがどんな夜をおすごしになるつもりか、お教えいただけますか。ご家族での夕食か、それともビジネスディナーでしょうか。わかりました、それなら2つの店をご紹介できます。最初の店は、私が個人的に気に入っている店です」

ほとんどの場合、3番目のオプションを選ぶのではないだろうか。あなたの事情に基づいておすすめの店を教え、さらに一言情報をつけ加えている。

特定の問題を解決するために顧客が利用できる選択肢、すなわちウェブ、Eメール、FAQがあったとして、顧客が抱えている問題をふまえて、正しい(低努力の)選択をするとどうして期待できるだろう。問題のなかには、ウェブのセルフサービスを使えば、極めて迅速かつ容易に解決できるものもあるだろう。また、非常に複雑で、顧客ができるだけ努力を要さずに解決するには、カスタマーサービス担当者との直接のやりとりが必要なものもあるだろう。**どのタイプの問題にもベストなチャネルはない**。しかし、大半の企業は、顧客は努力いらずのエクスペリエンスより選択肢が多いほうを好むと信じて、顧客の選択に任せてしまっている。

あるコンシューマーテクノロジー企業のサービス担当副社長は、「我が社の顧客は、自分のやり方で問題を解決できることを望んでいる。だから、できるだけ多くの選択肢やチャネルを提供し、顧客にとって何が最も役に立つかを決めてもらう必要がある。サービス組織にとって難しいことだが、これが今日の能力のある顧客のためのサービスの現実なのだ」と言った。しかし、この考え方には致命的な欠陥がある。84％の顧客は、ただ問題を解決したいだけだと言った。**どのチャネルを使うか選択したいとは思っておらず、ただ問題がなくなることだけを望んでいるのだ。**顧客にどのチャネルが好きかとたずねたなら、おそらくオンラインチャットか、Eメールか、あるいはウェブで提供されるその他のチャネルが好きだと言っただろう。だが、もし自分が抱えている特定の問題には、電話をかけるのが最も迅速で簡単だとわかったら、喜んで電話をかけるはずだ。だから、この例においては、セルフサービスを使うことは小文字のpの選好だが、迅速で簡単な解決法——解決するのにどんなチャネルが必要だとしても——は、たいていの顧客にとっては大文字のPの選好なのだ。

だから、選択は私たちが思っているほどには有効ではない。むしろ、顧客を最も努力いらずの経路へ導くほうが、はるかに顧客ロイヤルティを回復し、最高のエクスペリエンスを生み出す可能性がある。

顧客を導くにはさまざまな方法があり、そのなかにはより効果的なものがある。一般的な4

つの方法を試してみた。

1．企業の問題に基づくガイダンス。 選択肢は口座情報、支払い請求、注文状況、返品といった問題に対する企業の分類方法に基づいて顧客に提示される。これらは企業の観点に基づくものが多く、通常さまざまな部門が連携している。

2．チャネルに基づくガイダンス。 選択肢は、顧客が使いたいと思うサービスチャネルやオンラインツールに従って提示される。

3．同様の顧客のアドバイスに基づくガイダンス。 選択肢は、同様の要求を持つ顧客の行動の傾向に従って提示される。

4．顧客のタスクに基づくガイダンス。 選択肢は、顧客がサービス・インタラクションに入るときの意図や必要性に従って顧客の視点から提示される。たとえば、「この問題をお持ちなら、Ｅメールしてください」というように。

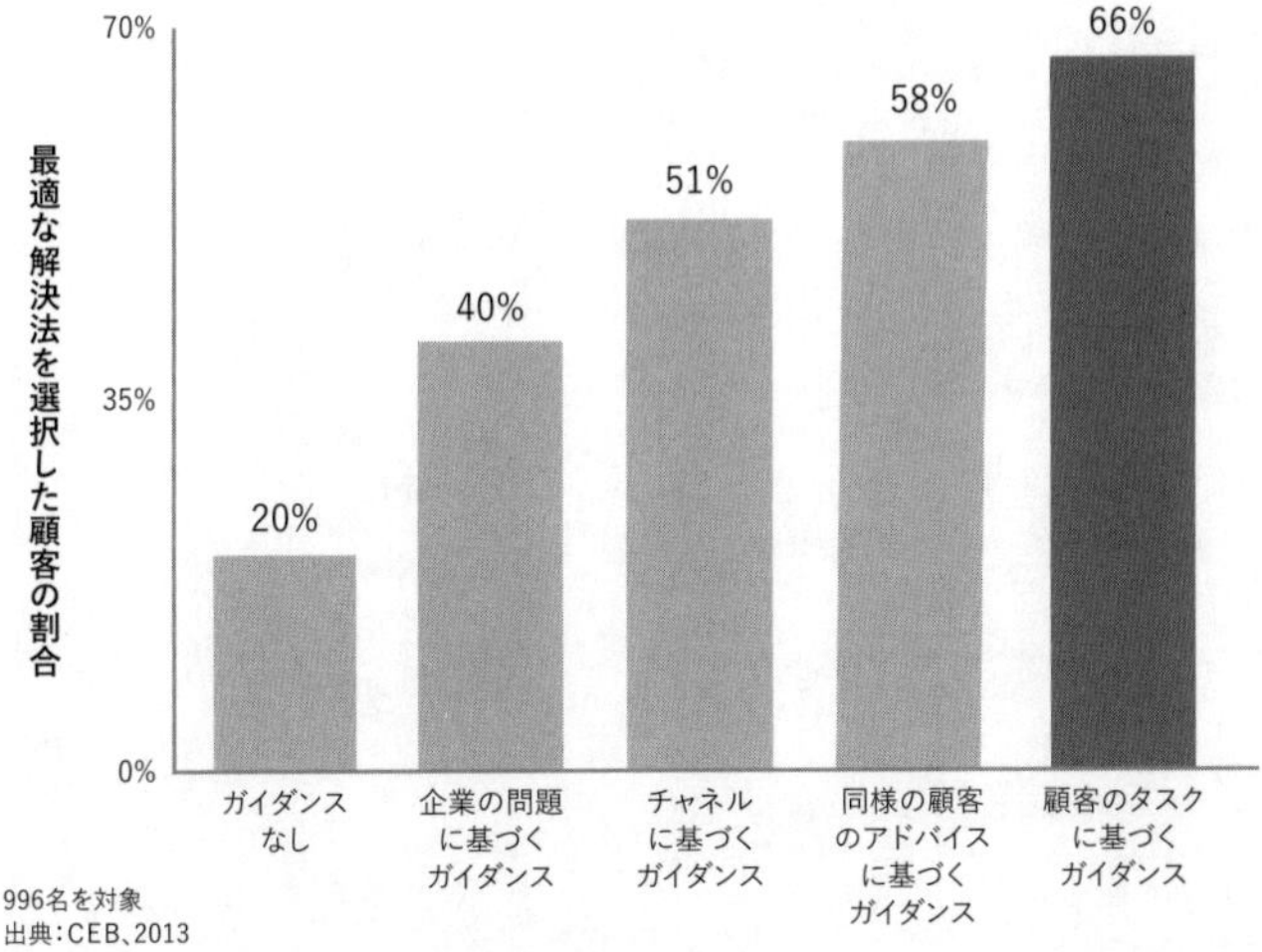

図 2.12　チャネルガイダンス戦略の相対的有効性

この4つの方法のうち、**タスクに基づくガイダンス**を提示された顧客は、何のガイダンスも受けていない（ほとんどの企業はこのタイプだ）顧客の成功率が20％であるのに対し、66％の割合で最も努力いらずの解決法を選択している（図2・12参照）。

マスターカードのサイトは、私たちがこれまで見てきたなかで、タスクに基づくガイダンスで解決法を提示する最高のサイトの1つだ。同社の顧客サービスのウェブサイトは、意思決定のシンプル化を目指して作成されている。うんざりするほど多くの選択肢を提供するのではなく、選択肢は限られた数にとどめ、いくつかをより目立つように提示している。

マスターカードのサポートサイトは、ま

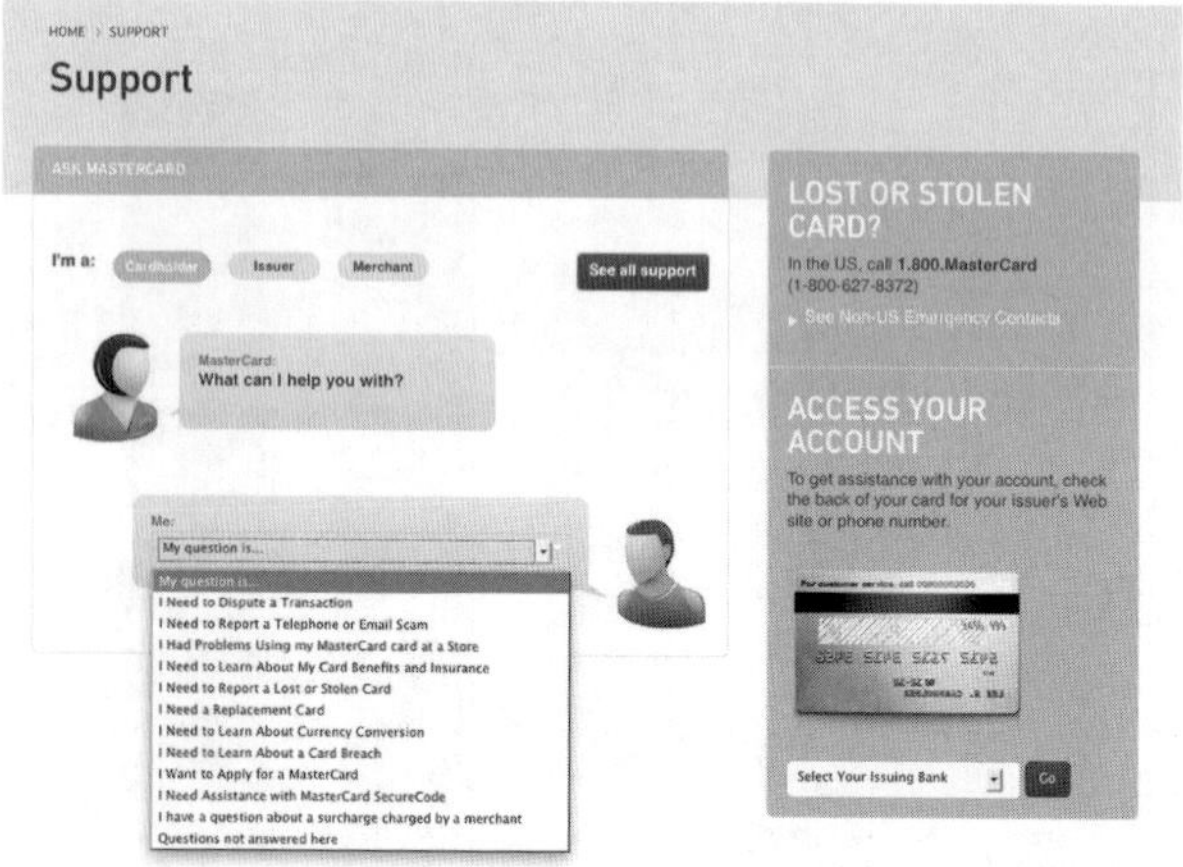

Source: MasterCard; CEB, 2013.

図 2.13.1　マスターカードのサポートサイト。プルダウン式で問題を絞り込める。

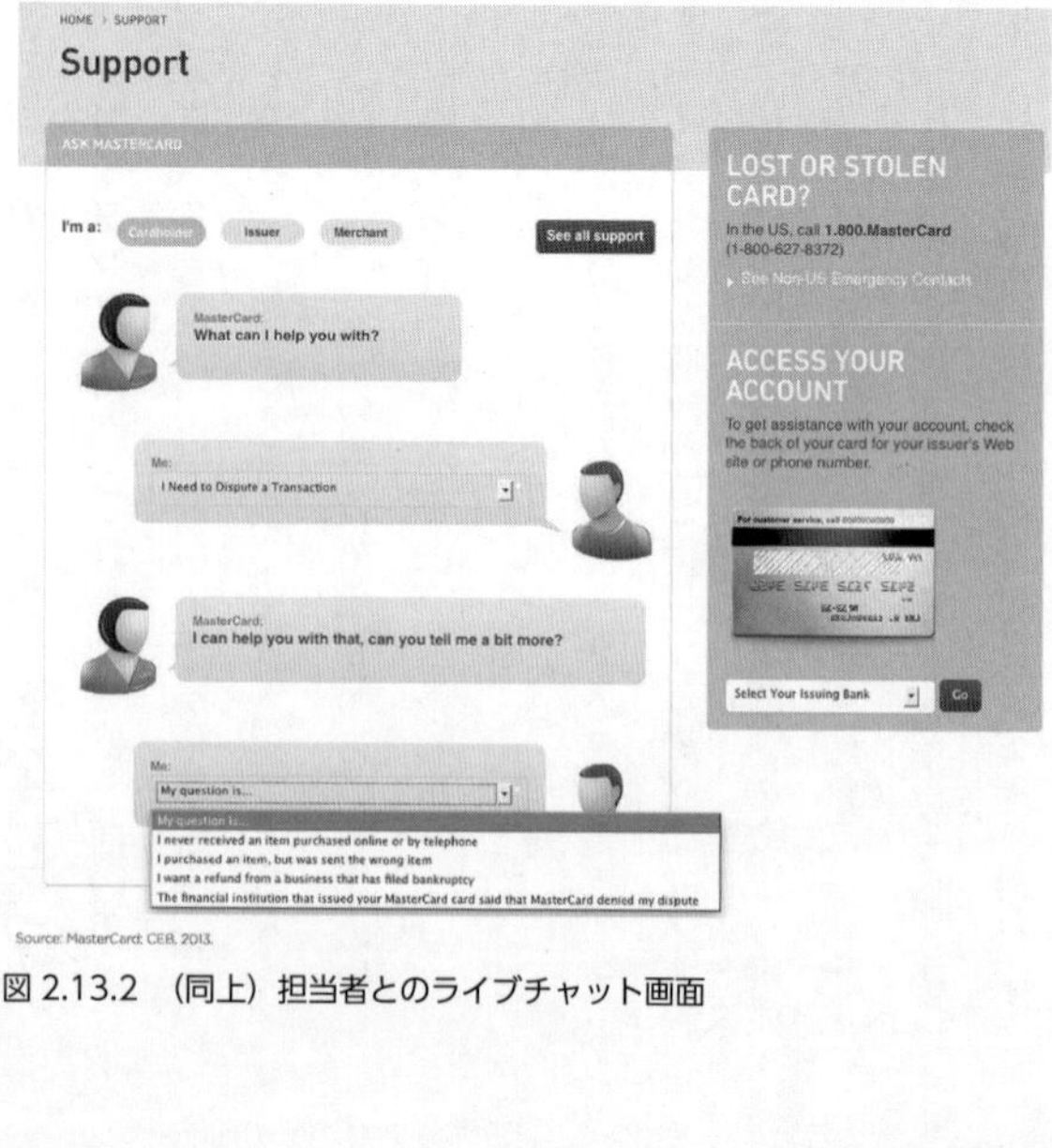

Source: MasterCard; CEB, 2013.

図 2.13.2　(同上) 担当者とのライブチャット画面

るで「バーチャル・コンシェルジュ」のようだ（図2・13参照）。顧客の要望に基づき、最も努力いらずの経路へと導くのだ。顧客はまず、マスターカードとの関係性――クレジットカード保有者か、発行者（社）か、業者か――を選択するよう求められる。次に、プルダウン・メニューに顧客の立場に立った、タスク指向の言葉で書かれたいくつかの問題が示される。そして特定の問題を選択すると、顧客の問題をさらに限定するための質問がなされ、それから顧客は最も努力いらずのエクスペリエンスを生み出すチャネルへと導かれる。担当者とのライブチャットに導かれる場合もある。また、その問題を解決するのに、基本的なＦＡＱを見ればことが足りる場合もある。あるいは、電話をかけて直接担当者と話すよう促される場合もある。マスターカードは、**チャネル選択を問題にするべきではなく、問題は顧客の問題だ**とわかっているのだ。

この新しいインターフェースを使って、マスターカードはＥメール数を30％減少させるなど、顧客努力の著しい低減を達成した。さらに、電話を通して処理されるシンプルなインタラクションと複雑なインタラクションのバランスの著しい変化を報告し、実際にチャネル転換をする顧客が減っていることを示唆している。最終的に、担当者の助けが必要な顧客はそれを得て、セルフサービスを望んだ顧客はオンラインで簡単に問題解決を終えることができた。

マスターカードは実に基本的なＨＴＭＬ（ハイパーテキスト・マークアップ言語）で作成したウェブサイトによりこれを成し遂げたのだから、とりわけ感心する。これは追加機能を詰めこんだインターフェースではなく、顧客を導くのに知的探索などの費用のかかる手段に頼ってもいない。顧客を問題解決のための最も迅速で簡単な方法へと導くために、企業がすでに提供しているすべての機能や多様な選択肢のうえに、単にオーバーレイ（編注：別の情報を重ねあわせること）したものだ。本章で設定した目標――10人中2人の顧客のチャネル転換を防止する（とともに多大な資金を投資しなくてすむ）こと――をふり返ると、なぜマスターカードが成功したかは明らかだ。

アマゾンはマスターカードと同じ方法をとりながらさらに一歩進めた、サービス・インタラクションによって顧客を導くもう1つのすばらしい例である。アマゾンのアプローチがマスターカードと異なる点は、顧客に提案をしながらその問題にとって最良のチャネルへ導くが、それでも顧客に選択の余地を残すところだ。レストランを勧めるコンシェルジュの例を思い出してほしい。アマゾンのアプローチはあれとよく似ている。該当する注文を選んだあと、顧客はマスターカードのウェブサイトと同様に、ドロップダウンのなかから問題を選択する。選択に基づいて、顧客には提案とともにサービスの選択肢が提示される。利用可能なセルフサービスの選択肢がある場合は、チャネル転換を減らすためにそれが常に提示される。だが、もっと複雑で、オンラインで解決するのは難しそうだとアマゾンが認識した問題に対しては、電話、チャット、Eメールを提案する。これは見事に努力いらずのエクスペリエンスだ。

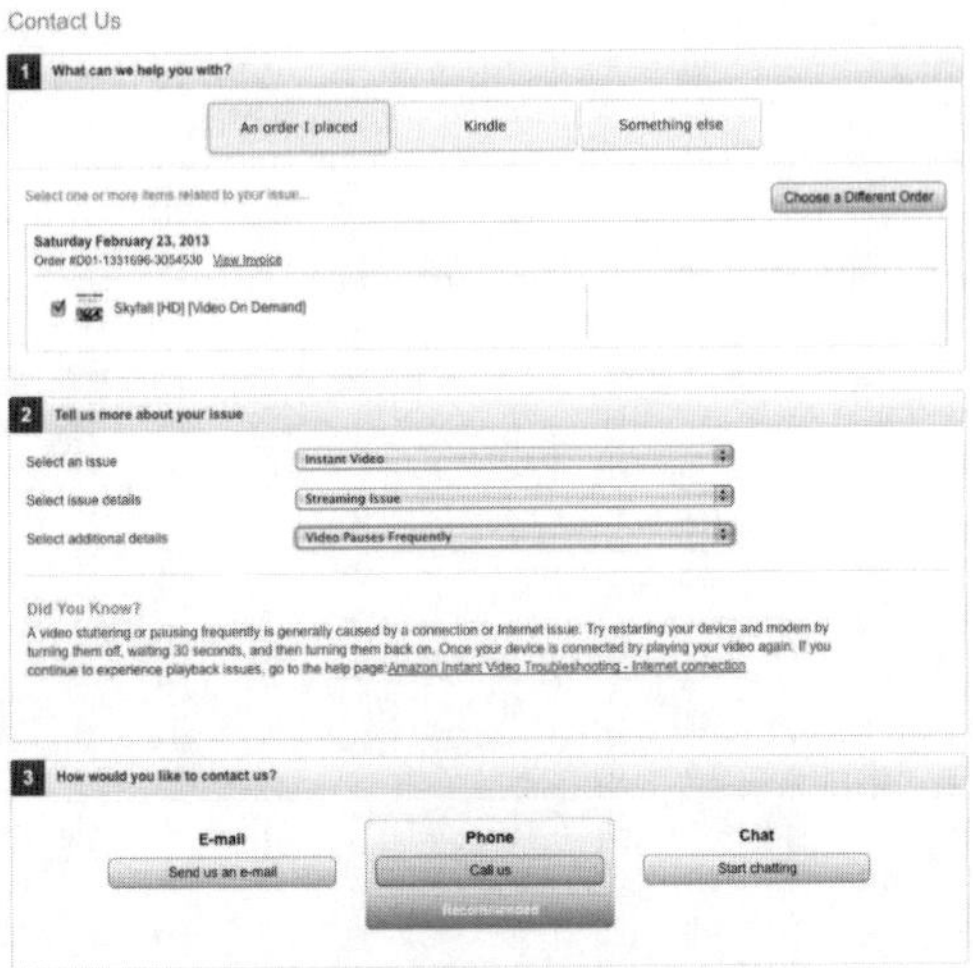

Source: Amazon.com; CEB, CEB Customer Contact Leadership Council, 2013.

図 2.14　アマゾン（米）のカスタマーサポートサイト

アマゾンは電話やチャットを提案するのだから、実際はチャネル転換を促進していると異議を唱える人もいるかもしれない。しかし顧客は最初にセルフサービスで苦闘したあげく電話をかけるはめになるわけではないので、大変な目にあったという感覚は大きく緩和される。ちょうどポータルサイトで「お話から考えますと、お客様の問題は少々厄介です。すぐに電話でお話ししましょう。そのほうがあなたにとっても弊社にとってもずっと簡単だと思います」と告げられるのと同じようなものだ。これは顧客に少しばかり選択の余地を持たせた、優れたガイダンスの例である。

アマゾンの提案アプローチは、たいていのカスタマーサービス・リーダーがすでに知っていたこと、すなわち、さまざまなタイプの問題を解決するために最良のチャネルはどれかということを強調したものだ。だが、大部分の企業とは違い、アマゾンはそれを顧客のために前面に押し出した。どの問題がセルフサービスで解決できるか――解決すべきかと言ったほうがいいかもしれない――を企業が大急ぎで検討する助けとなるように、本書の「付録A」にツールを追加しておいた。これは、企業が解決に最も適したチャネルに対する一般的な問題のタイプを決めるのに役立てるために作成されたもので、「イシュー・トゥー・チャネル・マッピング」ツールと呼ばれている。カスタマーサービス・リーダー、マネジャー、（このツールをロードマップとして使用している）フルタイムのサービス担当者で短時間のワークショップ形式の討論をおこなえば、顧客の誘導を始める機会が明らかになるだろう。一言アドバイスをしておく。最善のチャネルを特定するのが困難な問題も結構多い。だからむしろ、最も頻繁に起こるいくつかの問題に対し、どのチャネルが最悪かを考え、顧客がうっかりそのチャネルを選択しないように気をつけるとよい。忘れてならないのは、**チャネルの選択が問題になるべきではなく、顧客の問題が問題である**ということだ。

この種のチャネル評価のアプローチを思いつくきっかけになった組織の1つがリンクシス（訳注：米国のIT関連機器メーカー）だ（現在はベルキン（訳注：米国の電子機器や家電製品のメーカー）の一部門）。リンクシスは同様の分析を独自におこない、Eメールによるサポートを完全に終了

Eメールによる解決1件当たりの平均的なB2Bコスト

賃金	2.19ドル
IT資本	1.39ドル
諸経費	2.63ドル
解決までの平均コンタクト回数	2.53
「Eメールによる解決」1件当たりの総費用	15.72ドル

電話による解決1件当たりの平均的なB2Bコスト

賃金	1.66ドル
IT資本	1.39ドル
諸経費	2.63ドル
通信費	0.26ドル
解決までの平均コンタクト回数	1.50
「電話による解決」1件当たりの総費用	8.91ドル

問題解決までの平均のコンタクト回数は、Eメールと電話のあいだでコストに最も大きな差をもたらす。Eメールを使う場合、平均して電話より76%多く費用がかかる。

顧客1600名を対象
出典：CEB、2013

図 2.15　チャネル別（Eメールおよび電話）の解決にかかる実際の費用の比較

するという大胆な決断をした。同社はEメールによる解決はほとんどの問題に対して非効率的で、解決までにしばしば何通ものEメールが必要になることに気づいた。CEBのデータによって裏づけられているのだが、電話を使った場合が平均1・50回であるのに比べ、Eメールを使った場合、企業は問題解決までに2・53回コンタクトを取る必要がある（図2・15参照）。すなわち、大半の企業にとって、**カスタマーサービスはメールより電話を使うほうが実際に安上がり**なのだ。

リンクシスは、Eメールを選好する顧客の割合は極めて少なく、Eメールは往々にして顧客の問題に対するサポートの最悪の選択肢であることを認識していた。だから、

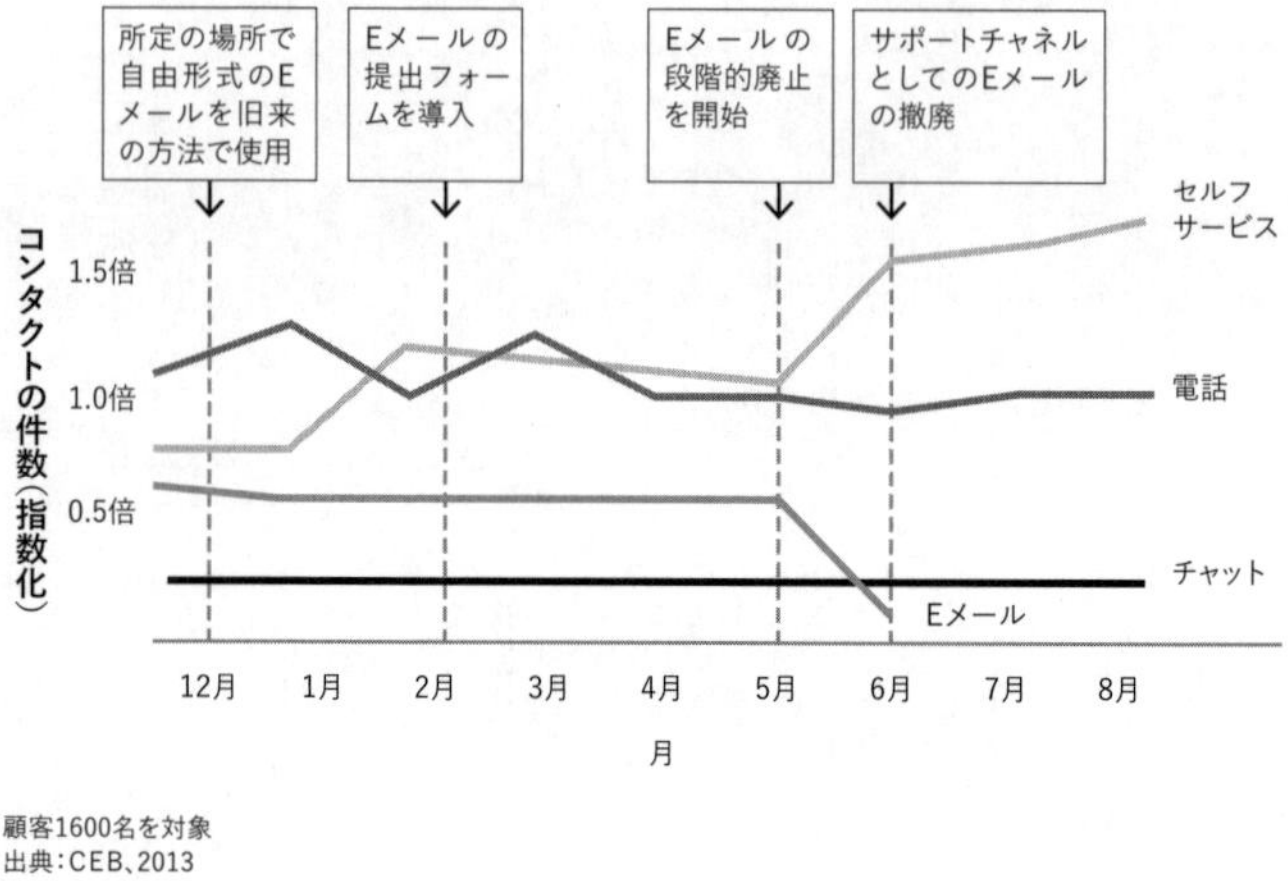

図 2.16　リンクシスのＥメール段階的廃止のプロセス

同社のチームはEメールによるサポートを打ち切り、二度とふり返らなかった。これは必ずしも顧客を導く例とは言えないが、顧客のためにならない選択肢を積極的に排除したよい例である。最初は顧客から否定的なフィードバックが来たが、それもすぐになくなった（おそらくEメールを選好していた顧客は、早々に代わりのサポートチャネルを使って首尾よく解決する方法を習得したのだろう）。この変更はウィン・ウィンだった。顧客はよりよいサポートエクスペリエンス（図2・16参照）、そして最終的には、よりよい解決法への道を見つけ、リンクシスは最もコストのかかるサービスチャネルをなくすことによって利益を得たのである。

カテゴリー2：顧客は情報を見つけることができたが、わかりにくかった

チャネル転換の2番目の主要なカテゴリーは、顧客は役立ちそうな情報にたどり着くものの、結局理解できないと気づく場合に生じる。かなり面倒なケースだが、簡単に修正できる問題だ。大部分のケースの根本的原因は企業が使う専門用語で、これは一部の業界や企業に特有の用語であり、顧客にはまず理解できない。そして、顧客が問題を解決しようとしてウェブサイトを見ても、書かれていることが理解できないと、「お問い合わせ」ボタンをクリックし、結局は電話をかけることになる。

自問してほしい。あなたの会社のサービスウェブサイトは、チームメンバーがミーティングや企業内の部門で話し合ったことやその場で使われた特別な意味を持つ言葉をどの程度反映しているだろう。そしてそれは一般的な顧客――長期にわたる常連客ではなく、比較的新しい客で、あなたの会社についてもその製品やサービスについてもそれほど知識がない客――をどの程度考慮したものになっているだろう。そうした顧客にとって、とくにサービスサイト内にあって2、3度クリックすれば出てくるウェブページの言語は、どの程度意味があるだろう。**あなたの会社のウェブコンテンツは、企業の外側にいる人より内側にいる人にとって、はるかにわ**

かりやすいものになっている可能性が高いのだ。

このことを示すおもしろいエクササイズがある。1950年代に、ガニング・フォッグ・インデックスという言語の難解度を示すスケールが開発された。考案されてから60年以上たっても、言語の難解度を示す有益な基準であることが証明されている。スコアはあるテキストを理解するのに必要な教育の年数を表す。多音節の単語や長い文が多用されているテキストでは、最終的にスコアが上昇する。例として、アメリカ合衆国元財務長官ティモシー・ガイトナーが、連邦議会で詳述した、計画された規制の変更に関する声明をあげよう。

「主要な機構、重大な支払い・決済システムの全体的な安定性に責任を負う機関を創設する……」

この声明のガニング・フォッグ・インデックスのスコアは24。すなわち、ガイトナー氏の声明を理解するには、およそ24年間教育を受ける必要があるということだ。だが、ガイトナー氏はこう言うこともできた。

「銀行が安定して法律に従うことを確実にするために機関を設立しよう」

この場合のスコアは8・5だ。

セルフサービスサイトで、もっと顧客にわかりやすい言葉を目指して積極的に取り組んでいる企業の1つが、米国に拠点を置くインターネットの旅行とレジャーのサービス企業トラベロシティだ。そのサービスサイトのFAQなど多くのセクションには、企業の幅広い部署や個人から集められたサポートのための知恵が集約されている。トラベロシティが問い合わせ電話の件数を減らし、オンラインエクスペリエンスを改善するための計画を立て始めたとき、すぐに気づいたのは、多くの顧客がすでにウェブサイトやFAQに載っている情報についてたずねるために電話をかけてきていることだった。だが、多くの場合、情報は顧客にわかりにくい方法で書かれていた。もちろん、頻繁に旅をする人なら「無理な乗り継ぎ」や「過剰売りの状態」が何か知っているかもしれないが、おおかたの旅行客にはわからない。それで、トラベロシティは自社のウェブサイトを改善するために研究を重ね、そのプロセスでウェブサイトの有用性のための10のルールを作った。そのなかからいくつか紹介しよう。

ルール1：言葉を単純化する。トラベロシティはすべてのカスタマーサービスサポート（FAQ）ページのガニング・フォッグ・インデックス・スコアを8か9にすることを目指している。このレベルなら顧客のほぼ全員が理解できるだろう。単純化とは易しい言葉を使うのではなく、オンラインで大半の顧客がするように、一読すれば理解できるよう情報を読みやすくするということだ。そのためには、複雑な多音節の単語を取り除いたり、長い文を短くしたりする必要がある。

ルール2：検索結果ゼロを減らす。これはどの企業でもすぐに効果が上がる方法の1つだ。トラベロシティはまず検索結果がゼロ（顧客がよく検索するのにレスポンスがない）のものと、関連性が低い検索項目のリストを見直した。するとすぐに、顧客はしばしば企業が通常使っているものとは違う単語を使うことに気づいた。たとえば、顧客が（クルージングにスーツケースは何個持ち込めるのだろうと思って）「スーツケース」と入力すると、検索結果はゼロだ。こうした顧客はトラベロシティのセルフサービスは質が悪いと結論を下し、担当者に直接電話をかけるしかないと感じる。しかし、もし顧客が「手荷物」（旅行業界でより一般的に使われる用語）で検索していたら、正しい答えにたどり着いただろう。検索文字列を顧客にわかりやすい検索語に入れ替え、コーディングし直すだけで、こうした検索結果ゼロの頻度を激減させることができる。

ルール3：関連情報をチャンキングする。〝チャンキング〟とは、関連する情報をまとめ、他のテキストと間隔を空けることを指し、それによって顧客はより簡単に内容に目を通せるようになる。以前トラベロシティのサービスページやFAQには内容がぎっしり詰まっていたため、顧客は混乱してチャネル転換をおこなった。問題間の白いスペースをうまく使ったことで、たいていの顧客はオンラインで情報に目を通しやすくなったし、問題を解決できる正しいセクションを見つけやすくなった。

ルール4：専門用語は避ける。トラベロシティは最もアクセス件数の多いウェブサイトとFAQを精査して、内部の専門用語、航空会社やホテルの隠語など、一般的な顧客を混乱させる言葉を探し出した。マルチレッグ・トリップ（訳注：飛行機やバスなど複数の交通手段を使う旅を予約する方法を探している顧客が、必ずしも「オープンジョーの旅程」（訳注：往路と復路の発着地の一方あるいは両方が別地点となる旅程）がどんなものかを知っているとは限らない。だから、この専門用語の意味を確認するために担当者に電話をかけるのだ（ヒント：専門用語を検索することは、サービス組織の新入社員にとっては大仕事だ。おそらくまだ会社の隠語を使い慣れていないだろうから）。

ルール5：主語、動詞をはっきりさせる。トラベロシティは、オンラインでは「主語＋動詞」の文のほうがずっと読みやすいことに気づいた。ちょっと実験してみよう。どちらの文のほうが一読して意味がわかりやすいだろうか。

- 「航空会社は事前座席予約サービスに関する方針においてはさまざまだ」
- 「事前座席予約サービスの方針は航空会社によって異なる」

どちらも同じことを言っているが、あとの文は主語が行動の主体であることが明確だ。この例では、「事前座席予約サービスの方針」が主語である。テキストにざっと目を通すときは、主語が何で動詞が何かがわかりやすいほうがいい。

こうしたルールの到達点は、顧客にとってはるかにシンプルで理解しやすいオンラインエクスペリエンスだ。トラベロシティのルールはどれも、それ1つでは目を見張るような新しいウェブコンテンツ管理へのアプローチではない。しかし、サービス組織のなかでこのような規則をサービスサイトに取り入れているところはほとんどない。そして、そのような企業のサービスサイトの見栄えは必ずしもよくはないが、シンプルで明快でわかりやすい。チームの努力によって、改良後のウェブコンテンツについては電話件数の5％削減に成功した。この5つのルールに照らして自分の会社のウェブサイトを精査し、どんな具合か確認してみよう。インターネットで簡単な検索をすれば、そのために役立つ、無料で使いやすいガニング・フォッグ・インデックスのページがいくつも見つかるだろう。ホームページを含め、最もアクセス件数の多いページから始めるといい。容易に改善できる点がたくさん明らかになるはずだ。

カテゴリー3：顧客はただ電話番号を探していただけ

単に電話番号を探すためだけにウェブサイトにアクセスしていた32％の顧客、つまり、ウェブサイトを電話帳がわりに有効に利用していた顧客にはどう対処すればいいだろう。チャネル転換に関するこの最後のカテゴリーは、数を減らすのが最も困難なのは間違いない。しかし、電話番号を知るためだけにウェブサイトにアクセスする顧客が不要な努力をしなくてすむように、彼らと生産的にかかわるためにできるちょっとした方策がいくつかある。

私たちがいちばんよく聞かれる質問はたぶん、サービスウェブサイトでは電話番号を見つけにくくする——場合によっては隠す——べきかどうかだろう。実際、顧客がセルフサービス・インタラクションを選ぶよう促したければ、電話番号をホームページからクリック1回の場所に移すのは抑止策としては十分だ。しかしながら、むやみにライブ電話サービスの使用をやめさせるより、セルフサービスを使ってみようと思わせるほうがずっとよい。理由は簡単。ほとんどの企業は、顧客を導く、言葉をわかりやすくする、そしてそもそもチャネル転換の原因を正しく理解するといった、本章で検討してきた原則のために尽力してこなかった。こうした努力もせずに電話番号をホームから移したら、顧客努力を増大させるのは間違いない。しかも企業は、電話番号を見つかりにくくしたことをたびたび後悔するはずだ。低努力のセルフサービスエクスペリエンスを提供すれば、最終的にしかるべき問題が電話チャネルに行きつき、顧客をイライラさせずにすむ。

私たちのデータ（と常識）は、電話することしか頭にない大半の顧客はおそらく結局は電話をかけてくると告げている。しかし、こうした顧客の多くが、ウェブサイトも見ているのもまた事実だし、そのなかのたとえわずかな人数でも、最初の意に反してセルフサービスに導くことができるはずだという考えも理にかなっている。本章で設定した目標をもう一度思い出してみよう。「10人中2人の顧客のチャネル転換を阻止する」だ。

簡単なアイデアだが、顧客から寄せられる最も多い質問へのリンクをよく目立たせるというのはどうだろう。このリンクをサービスサイトのメインページに加えるか、あるいは会社の電話番号の隣に置くのだ。電話をかけようと思っていた顧客のいかに多くがセルフサービスで問題解決できるかに驚かされるだろう。余談だが、同じように、単に「お問い合わせ」のリンクを画面の右上から右下（区切り線の下）に移すという方法もある。私たちのフォーカスグループで耳にしたのだが、顧客はこの場所を「広告スペース」とみなす傾向があって、積極的に電話番号を探しているのでなければ見ることはないそうだ。

顧客をセルフサービスへ誘導するための賢明な方策をとった組織のすばらしいエピソードをもう1つ紹介しよう。本章ですでに1度取り上げたリンクシスだ。リンクシスは入念に組み立てた言語を使用し、電話を好む顧客をさまざまなセルフサービスの選択肢へとさりげなく誘導した。マスターカードやアマゾンのような積極的な顧客誘導ではないが、電話番号から顧客の目をそらし、セルフサービスを試すよう促す方法だ。

リンクシスは何年ものあいだ、知識ベースからオンラインフォーラム（編注：サイト上での意見交換場）、インタラクティブガイド（編注：ここではサイト内で不明点などをクリックしていくことで操作方法をサポートすること）まで、セルフサービスの新しい技術に投資していた。皮肉だが、チャネル転換が原因でそのどれも電話の件数に影響を与えることはできなかった。古い映画（訳注『フィールド・オブ・ドリームス』）に「それを作れば彼は来る」というフレーズが出てくるが、現実はそういかなかったようだ。同社は賢明にも、顧客基盤の一部、すなわち彼らが愛情を込めて「ニュービーズ（新入りさん）」と呼ぶ新規顧客が、セルフサービスを断念してサポートセンターに電話をかける傾向がいちばん強いと気づいた。

リンクシスは、ニュービーズの特徴に当てはまる顧客は典型的に製品知識が乏しく、そのためしっかりした指示を必要とする傾向があると判断した。だから当然、彼らはまず電話をかけようとする。だがリンクシスは、ニュービーズが必要としているのは製品についての知識だと見抜き、知識ベースによってこうした顧客に明快なガイダンスを提供した。知識ベースを「シンプル」、「ステップ・バイ・ステップ」、「ヒント」という言葉を使って説明した結果、リンクシスはニュービーズをこのセルフヘルプチャネルへ誘導することに成功した。この方策は「グルズ」をはじめとする他のユーザー区分にも広がった。「グルズ」とは、高度な知識を持つユーザーで、他のグルたちとかかわり合いたいと望む傾向がある。リンクシスは目的に合った言葉を使い、こうした顧客を「つながる」、「学習する」、「他の経験」といった単語でウェブサイト上にあるフォーラムに引きつけた。ここでもやはり、チャネル転換を防止するために簡単な微調整がおこなわれた。

では、その簡単な変化は功を奏しただろうか？　リンクシスのケースでは、間違いなく有効だった。リンクシスは3年間で、セルフサービスで解決したサポート件数の割合を20％から何と85％に改善できたのだ。さらに、このあいだに顧客がサポートサイトで費やした時間は30秒から約6分と劇的に増え、彼らがチャネル転換しなかったことを示している。ただし、こうした結果はこの取り組みだけによってもたらされたわけではない。リンクシスがチャネル転換を削減するために費やした時間とエネルギーのたまものなのだ。

電話番号を隠したり見つけにくくしたりすることに関心を向けている組織は、よく間違った質問をする。さらに極端な行動を真剣に考える前に、企業はまず本章で検討した改善策を実行するべきだ。

本章のポイントをまとめておこう。顧客の大半はまずウェブサイトを見て、それから多くの人が最後の手段として電話に転換する傾向がある。多額の資本投資や大規模なプロセス・リエンジニアリングの努力をしなくても、ほとんどの企業は10件のうち2件のチャネル転換を減らし、顧客努力と運営コストを同時に削減することは可能だ。それが**顧客が実際に望んでいるコスト削減**なのである。

だが、顧客が実際に電話をかけてきたらどうなるか？　大手企業はどうやってライブチャネルの作業を軽減しているのだろう。企業が努力の軽減のためにすぐできる簡単な方法を提示するという私たちの目標を見失わずに、次章で検討することにしよう。

本章のまとめ

- たいていの顧客はセルフサービスで解決できれば何の不満もない。多くのカスタマーサービス・リーダーは、顧客はセルフサービスより生のサービスのほうがはるかに好きだと考えているが、顧客は実際はセルフサービスのほうを好む――これは問題のタイプや顧客層を越えて当てはまる事実である。
- 重要なのは、顧客にセルフサービスを試みさせることではなく、セルフサービスにとどまらせることだ。かかってくる電話の58%は、そのときウェブサイトを見ている顧客からのもので、自分で問題を解決しようとしたが、うまくいかずに終わった場合が多い。
- チャネル転換を減らすカギは、セルフサービス・エクスペリエンスを単純化することだ。大部分のサービスサイトが失敗するのは、機能やコンテンツが不足しているからではなく、多すぎるからだ。最も成功をおさめている企業は、意欲的にウェブサイトを単純化し、顧客の抱える問題に最適のチャネルやコンテンツに積極的に顧客を導いている（顧客の選択を促すやり方とは対照的だ）。

第3章

カスタマーサービス担当者がしがちな最悪の質問

「本日お客様の問題は完全に解決したでしょうか」。これはコンタクトセンターにかかってくる電話の最後に、最もよく耳にする質問だ。担当者はこうたずねるよう訓練されており、品質保証マネジャーが耳を澄ませて確認する。そして、コンタクトセンターに掲げられたスローガンを見て、担当者は自分が顧客の問題を完全に解決するためにその場にいるのだと再認識する。同時に**これはおそらく、カスタマーサービスの最悪の質問でもある。**気になるのは質問そのものではなく、この質問が引き出す本能的な反応「ええ、そう思います……」だ。この言葉を聞いた担当者はできるだけすみやかに電話を切り、待っている次の顧客の対応に移る。ところが、最初の電話から数日がたつと、こうした顧客の大半が再び電話をかけてくる。実際には、問題は完全に解決できていなかったということだ。

以下のような経験は誰にでもあるだろう。

「それで、昨日言われた通り、エラーメッセージを消そうとしました。うまくいきそうだったのですが……今また別のエラーメッセージが出てきたんです」

「さっき送り状を開けてみたら、先週電話で伝えたクレジットは適用されているようですが、いまいちよくわからなくて……」

「すぐに払戻小切手が届くと言われたのですが、３日たっても届きません。それで、もう１度確認しておいたほうがいいと思ったのです」

陳腐な言い方になるのを覚悟のうえで言うと、**顧客は自分が何をわかっていないかをわかっていない。**一方で企業のほうは、サービスを提供する相手である顧客よりも問題についての知識はずっと豊富だ。だから、顧客に問題は完全に解決したかたずねるのはフェアではない。だいたい、**顧客はどこまでわかっているのだろう？** 確かに、彼らが電話をかけてくる**顕在化した原因は解決できたように思える**が、関連する問題や二次的な問題、その他のあいまいな問題が残っている場合が多い。**顧客はこのような潜在的な問題があるとはわからない**ので、必ず電話をかけ直すことになる。間違いなく、その頻度は企業が考えているよりはるかに多い。

第１章で検討したように、再問い合わせは顧客努力を増やす最大の要因だ。問題が完全に解決されないせいで企業に電話をかけ直さなければならないと、カスタマーエクスペリエンスは大きなダメージを受ける。そのうえ多大なコストもかかる。カスタマーサービス・リーダーにたずねてみるといい。だから、大部分のエグゼクティブが「１回で完了する」サービスという概念に固執して、「なぜ顧客が最初に電話をかけてきたときにきちんと仕事をして解決できないのか」と思い悩むのも当然なのだ。ほとんどのサービス組織は、この分野の成果を評価する1つの基準である初回解決（率）（ＦＣＲ）をやたらと気にしている。ＦＣＲは極めて単純なコンセプトだ。担当者は顧客の問題を解決したか？　解決していれば、その電話はうまく処理されたとみなされ、ＦＣＲボックスにチェックマークが入る。

企業はいつも、初回解決率は70～80％、あるいはそれ以上だと胸を張る。さまざまなことを考慮すると、それほど悪くない数字だ。解決に2度以上の問い合わせを必要とする問題がわずか20～30％なら、企業は極めてよい仕事をしているに違いないと考えるのはもっともだ。しかし、顧客に「企業はよい仕事をしているか」とたずねると、まったく違う答えが返ってくる。顧客の報告によると、最初の電話で解決する問題は平均40％（図3・1参照）。**つまり、実際に問題は解決されたという企業の評価と顧客の意見が食いちがっている問題が、常に30～40％ある**ということになる。こうした状況で何が起こるだろう。ご推察の通り、顧客は再び電話してくる——たいてい、いら立ちをあらわにして。おわかりのように、その結果、やりとりは控えめに言って多大な努力を要するものになり、企業には不要なコストがかかる。しかも、顧客ロイヤルティは低下し、おそらく顧客はフェイスブック、ツイッター、LinkedInなどさまざまな媒体に嫌な経験とコメントを投稿するだろう。

企業が追跡したものと、顧客が経験したものとの差異は、初めてそれを耳にしたカスタマー

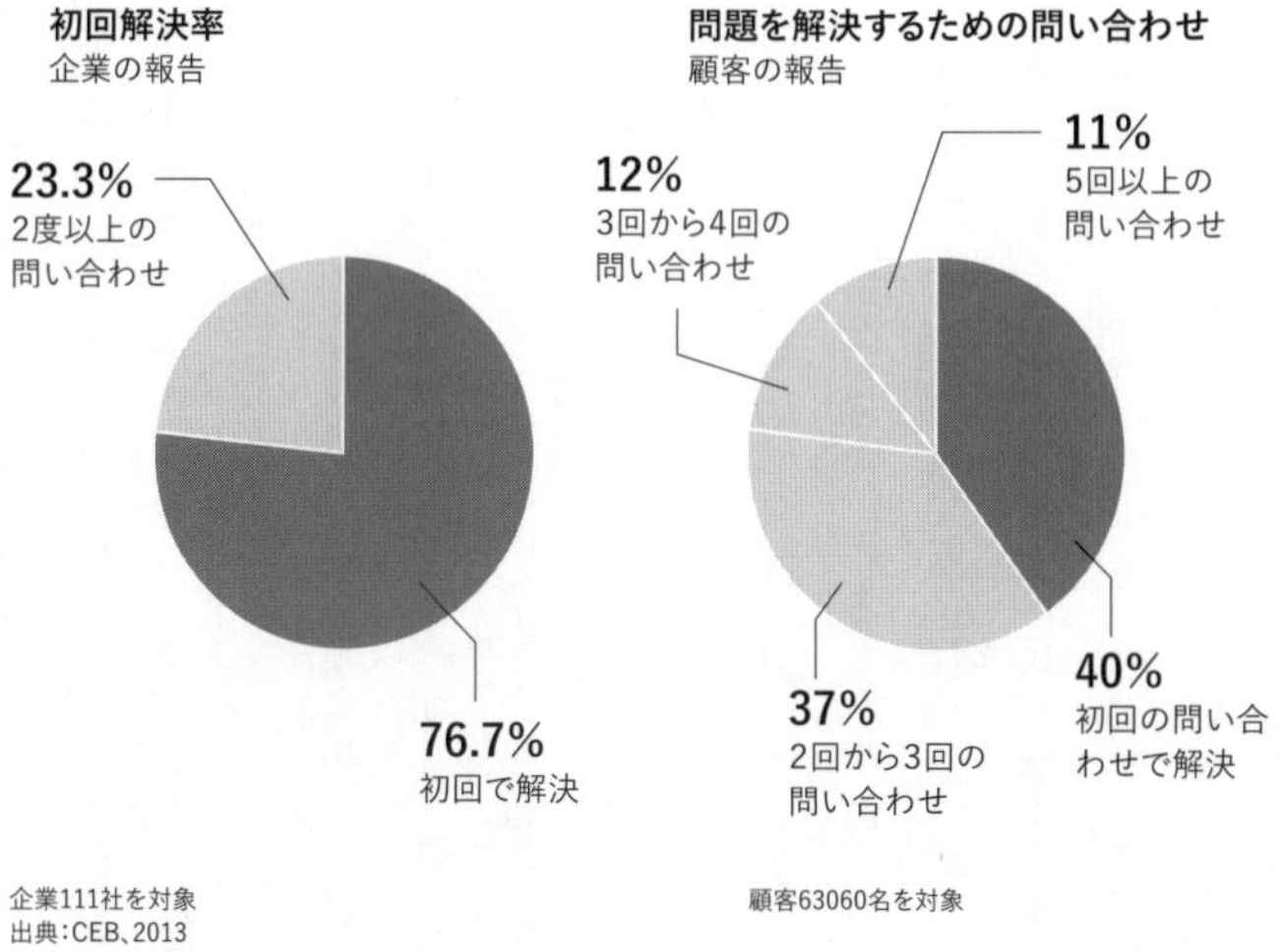

図 3.1　企業と顧客が報告する問題解決率の比較

サービス・リーダーにはかなりショッキングなものだろう。「我が社が把握している数字と違う！　どうやって測定したんだ？　絶対に何かの間違いに違いない」。だが、私たちが実行したあらゆる調査によってわかってきたことがある。それは、たとえサービス組織が初回解決率100%を誇ったとしても、それでは再問い合わせを減らす闘いの半分で失敗に終わっているということだ。問題はデータの相違ではなく、大半の企業の問題解決に関する認識の相違なのだ。

多くの企業幹部が夜も眠れないほど懸念しているのは、「なぜ顧客が最初に問い合わせをしてきたときに問題を解決できないのか」である。だが、それほどまでに**懸念すべきは「なぜ顧客は再度電話をしなけれ**

ばならないのか」でなければならない。両者の違いは微妙だが、非常に重要だ。最初の疑問は、顧客がはっきりと伝えた問題を、企業が解決できない理由に焦点を当てている。あとの疑問もその点は同じだが、さらに、他のどんな理由で顧客は再度電話しなければならないのかにも焦点を当てている。

ＦＣＲのコンセプトでは、顧客が電話をかけ直す原因になった他の多くの関連する問題を説明できない。確かに、顧客は適切なソフトウェアパッチを使い、問題はそのときは解決したように思えた。ほとんどの企業が問題は解決したと考えるだろう。だが、もし顧客が1日たってログオンしたとき、関連性のあるエラーメッセージが待っていたとしたらどうだろう。確かに、クレジットは顧客の口座に適用され、それで問題は解決したかに思われた。しかし、1週間後、顧客は取引明細書の「日割り計算クレジット」(prorated credit)の意味を明らかにするために、電話をかけ直してきた。こうした事例では、企業も顧客も問題は解決したと思ってやりとりを終えたのだろう。それでも数日後には顧客はやはり再び電話しなければならなくなった。

たいていの企業は、解決の顕在化した面、まさに顧客が話した問題を解決できたかどうかだけを考える。問題の潜在的な面はまったく認識されない。潜在的な面とは、関連する問題やわずかに接点のある問題、あるいは派生的な問題で、元の問題から引き起こされる結果と言ったほうがいい。ほとんどの場合、顧客はあとになって気づく。結局のところ、「本日お客様の問題は完全に解決しましたか」と問われたら、顧客は「わかりません。他にもっと聞いておくべきことはありませんか。3日以内に電話をかけ直さなくてすむように、電話を切る前に、今何か予測したり明らかにしたりできることはありませんか」と答えたほうがいいのかもしれない。

方程式の残り半分

なぜ顧客はこれほど頻繁に再度電話しなければならないのか。それをさらに理解するために、私たちは分析をおこなった。50の異なるコンタクトセンターから集めたサンプルを検討したところ、こうした潜在的な問題と顕在化した問題が、顧客の再問い合わせにどんな影響を及ぼしているのかよく理解できた（図3・2参照）。

繰り返すが、顕在化した問題とは、顧客が最初に訴えた問題のことだ。これは単に「顧客は問題をどのように認識しているか」だと考えよう。請求書の食い違いかもしれないし、機器の使い方への疑問かもしれない。こうした顕在化した問題に対する再問い合わせは、企業が問題を正しく解決できなかった場合に起こる。そして、私たちの分析によると、それが理由でかかってくる再度の電話は全体の54%を占める。その原因は主に2つ。まず、システムエラーのせいで顧客の訴えた問題が解決できないケース（20%）。たとえば、請求システムが顧客の口座にク

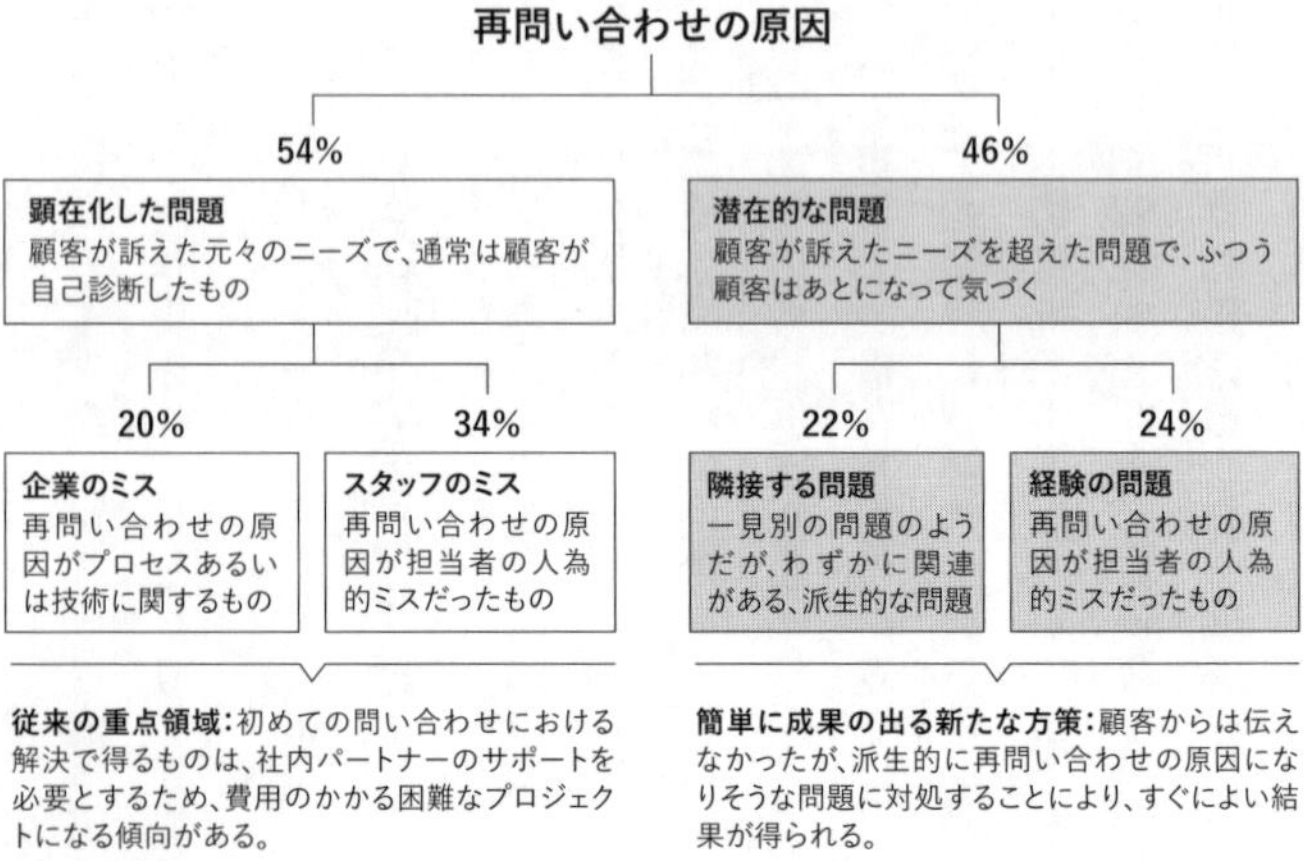

企業50社を対象
出典：CEB、2013

図 3.2　顧客の再問い合わせの要因

レジットを適用できない、顧客が電話をかけてきたときにシステムがダウンしていた（ああ——それに、担当者がクレジットを発行するために走り書きした付箋を紛失した）。こういう場合、顕在化した問題は解決されないので、顧客は再び電話してくる。もう1つの主な原因はスタッフのミス（約34%）だ。たとえば、担当者が間違った情報を入力する、顧客に間違った答えを返すといった単純な人為的ミスである。つまり、何度も言うが、顧客が最初に訴えた問題を企業が解決しなかったために発生する再問い合わせは、全体の半数を少し超える。

　表面上は、これはカスタマーエクスペリエンスを改善する大きなチャンスのように思える。しかし、たいていの企業は何十年も顕在化した問題の解決の失敗を追跡してきた。よりよいシステムに投資したり、担当者のサポートのために新しいテクノロジーを導入したり、担当者のミスを減らす訓練をしたり、ミスが起こらないようにインタラクションの品質管理に努めたりと、さまざまな努力を重ねてきたのだ。顕在化した再問い合わせをこれ以上減らすことはできないと言うのは軽率だが、簡単に成果をあげる方策はもう尽きたというのは、カスタマーサービス業界の大半が認めるところだろう。プロセス・リエンジニアリング、シックスシグマ・イニシアティブ（訳注：1980年代にモトローラ社が開発した経営革新手法）、コンサルタント、システムアップグレード、トレーニングなどは、大部分の企業にとってこうしたタイプの再問い合わせを大幅に削減するために必要だ。

これに対し、潜在的問題とは顧客の最初のニーズを超えたものだ。この再問い合わせが起こる原因は主に2つある。1つは「**隣接する問題**」と呼ばれるもので、全体の22％を占める。顧客が最初に電話をかけてきた問題とは一見関連がないようでいて、最終的には結びついている派生的な問題だ。隣接する問題は、例をあげると説明しやすい。そこで、我が社が保険業界でいっしょに仕事をした、次の企業の例を考えてみよう。その企業の顧客は、大半は車にかけた保険料を下げるために電話をかけてくる。その方法の1つは控除免責金額をたとえば500ドルから1000ドルに増加することだ。そうすれば保険料は下がり、その問題は取り扱うサービス担当者によって、解決されたとみなされる。ところが、2、3週間が過ぎて、顧客が再度電話をかけてきた。車のローンを組んでいる銀行が、控除免責金額の上限を500ドルに設定していたというのだ。そのため、銀行はすべてをやり直すことになった。誰かに落ち度があるかを議論してもいいが、重要なのは、今顧客は保険会社との対応を面倒だと感じているということだ。「なぜ保険会社は、控除免責金額を変更すれば融資契約に影響するかもしれないと、前もって知らせてくれなかったのか。この問題に直面する顧客は、自分が最初ではないだろうに」。これでは理想的な結果とはほど遠い。

別のケースを見てみよう。ある顧客が高解像度テレビを注文し、テレビは予定通り何の問題もなく顧客の家に届いた。初回で解決だと思うだろう？　ところが、そう簡単ではなかった。ケーブルテレビ業者に連絡して、特別なＨＤ変換装置（編注：4Ｋなどの高画質映像にするための装置）を注文しなければならないことを、顧客は知らなかった。そのため、別の会社ではあるが、顧客は電話をかけた。やってきたケーブル敷設業者は、テレビが交換装置から信号を受信するには特別なケーブルが必要だと言う。そこでさらにもう1度、今度は最初にテレビを注文した企業に電話をかける。企業の視点からすると、これは初回の問い合わせによって解決した3つの案件だ。一方、顧客の視点からすると、状況はまったく異なる。顧客は実際の問題、すなわち高解像度のテレビを見るという問題を解決するために、3回電話をかけなければならなかった。これはかなり労力を要する経験であり、この時点から彼女の顧客ロイヤルティは危機的水準にまで落ち込むだろう。では、こうした「カスタマーイベント」に対する責任を企業に負わせるのはアンフェアだろうか。おそらくそうだろう。しかし、自分が経験することとそれをどう感じるかにしか関心がない気まぐれな顧客には、カスタマーイベントを説明するよう努めたほうがいい。カスタマーサービス・リーダーならほとんど誰もが、社内で日常茶飯事のように起こるこうした顧客ロイヤルティを脅かす実例を思いつくだろう。

潜在的な再問い合わせの主な原因の2つ目は経験に関する問題で、再問い合わせ全体の24%を占める。この場合、主に感情が引き金となって、顧客は返ってきた回答をあとになって疑ったり、他に答えがないか再確認したりする。自分が望んだ情報をすべて得られなかったと感じる顧客も含まれる。「そもそも、どうして問題が発生したのだろう。こんな問題が二度と起こらないようにするために、企業はどうするつもりなのか。他の顧客にも影響を及ぼすのではないだろうか?」。そして顧客は、その回答を得るために再び電話をかける。なかには、ただ単に回答が気に入らなかっただけという場合もある。カスタマーエクスペリエンスのこうした感情的な面は非常に重要だがひどく誤解されていて、再問い合わせの件数を大きく増加させている。実際、この状況は実に頻繁に発生するので、次の章全体を使って検討するつもりだ。そのため、本章では潜在的問題だけを簡単に取りあげる。

初回の問い合わせでの解決の先を見越す

顧客の顕在化した問題だけでなく潜在的問題も解決するという考えを、私たちは「**次の問題回避**」と呼んでいる。これは、いくつかの重要な点で、従来からある初回解決（率）（ＦＣＲ）の考え方の先を行くコンセプトだ。従来のＦＣＲアプローチは、「１回で完了する」、つまり顧客が電話をかけてきたら、担当者は問題をできるだけ迅速に解決して次の電話に応対すべきだという考えを基盤にしている。サービス担当者は一般に、「どうやってこの顧客の問題を解決すればいいか」と自問するように訓練される。問題解決能力を向上させようとするとき、企業はプロセスの障害物を取り除き、迅速に情報を提供して問題を解決するツールを担当者に提供することに注力する。このシステムでは、主に担当者がやりとりのなかで顧客が話した問題を解決できたかどうかに評価の焦点が当てられる。大部分のサービス組織では、何らかの方法や形式でこのようなアプローチがとられている。

次の問題回避はそれとはまったく異なる。そもそもの考え方がまるっきり違うのだ。担当者は「どうすればこの顧客が**再び電話をかけなくてすむ**ようにできるか」と自問するように訓練され、指導される（図３・３参照）。注意すべきは、次の問題回避は、必ずしも初回の問い合わせ

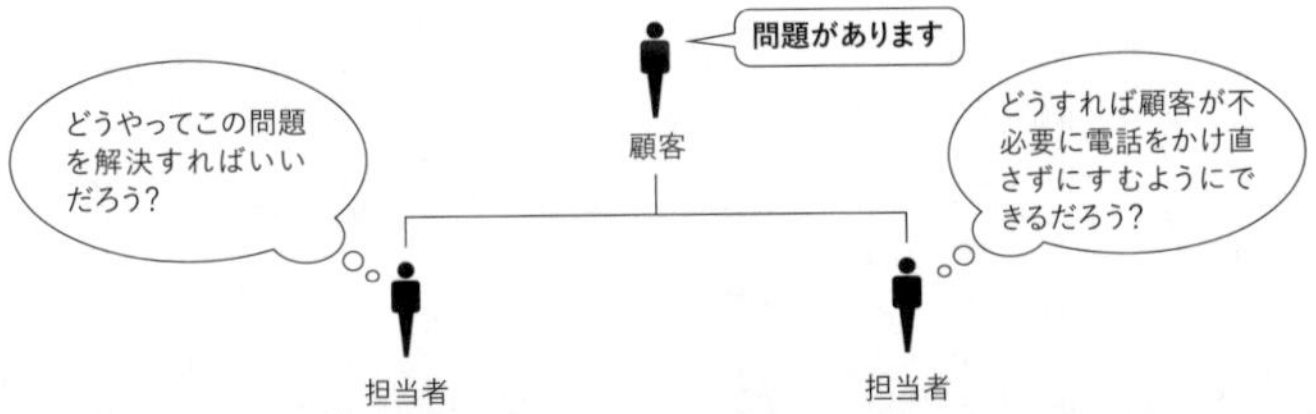

	顕在化した問題	潜在的な問題
戦略	**初回の問い合わせでの解決** 顧客が電話で伝えた通りに、問い合わせをしてきた問題に対処する。	**次の問題回避** 顧客が言わなかった問題に対処する。
問題解決を改善する	**今対応している電話の効率を上げる** プロセスの障害を取り除き、情報伝達を促進するために新しいツールやテクノロジーに投資する。	**分析の機会を作り出す** 現場担当者に隣接する問題に取り組み解決するためのツールを提供する。
評価アプローチ	**1回で完了する** 成功は、顧客が話した問題だけを解決する企業の能力で測定される。	**不本意な電話のかけ直しをなくす** 成功は、理由を問わず結果として生じる顧客からの再度の電話をなくすことで評価される。
締めくくりの言葉	「私は今日あなたの問題を完全に解決できたでしょうか」	「お客様と電話がつながっているあいだに、お知らせしておきたい問題がいくつかあります……」

出典：CEB、2013

図 3.3　初回解決と次の問題回避の比較

での解決にとって代わるわけではないということだ。むしろ、従来のＦＣＲアプローチにつけ加えるものなのだ。

次の問題回避では、担当者は顧客が口にした問題だけでなく、顧客は明言しなかったが、電話を切ってから遭遇するかもしれない問題——隣接する問題と経験に関する問題の両方——も解決する。とはいえ、そんなふうに問題を解決するようサービス担当者に期待するだけではかわいそうだ。企業はより鋭敏な分析スキルと、次に顧客が遭遇しそうな問題を「先を見越して解決する」ためのツールを担当者に提供する必要がある。このアプローチはチェスに似ている。担当者がゲームで数手先を読むのを助けなければならない。この異なったアプ

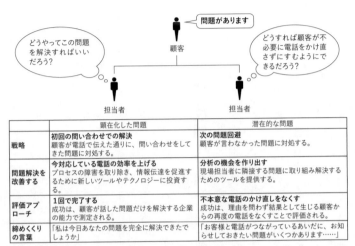

ローチには、異なった考え方のみならず、異なった評価アプローチも必要だと考えるのはもっともなように思える。いや、間違いなく真実だ。（FCRだけでなく）次の問題回避を改善しようとするなら、企業は顧客からかかってくる再度の電話を追跡管理しなければならない。所定の期間中の、理由を問わずあらゆる顧客からの、あらゆる再問い合わせを。この点については本章の後半でより詳しく取りあげる。

だが、まずは実在する企業が次の問題回避戦略を、自分たちのために、そして顧客のためにどのように機能させているかを見てみよう。

顧客の問題をイベントと考えよう

私たちはあるカナダの通信会社から、次の問題回避をサービス組織を運営するためのしくみの一部にする方法について多くのことを教わった。そのチームと話したとき、最も優秀な担当者は問題にどう対処しているのかたずねると、彼らは私たちの誤りを正した。彼らは自分たちのボキャブラリーから「問題」という語を排除しようとしているというのだ。「私たちは顧客の問題ではなく、『イベント』という言葉で考えています」と、1人のマネジャーが説明した。

この企業のサービス担当者がよく扱う電話について見ていこう。顧客は新しい携帯電話とサービスプランを注文した。担当者は電話に応対して注文品を発送し、依頼は解決したと考えた。だが5日後、初めて新しい留守録機能を使おうとしたとき、顧客はアクセス方法を忘れてしまい、最初にサービス登録をしたときに設定したパスワードも覚えていないことに気づく。それで電話をかけたところ、別の担当者が依頼に対処し、顧客に必要な情報を提供した。そして、この新たな問題もまた、初回の問い合わせで解決したと考えられた。それから1週間。顧客は契約した基本プランより多くの機能が必要だと思い、サービスをアップグレードしたいと電話をかけた。数週間後、顧客は請求書を受け取り、新しいサービスの日割りによる料金の計算法に疑問を持った。新聞広告で見た料金より高額に思えたからだ。それで、顧客は請求書の説明を受けようと再び電話をかける。気づいてみれば、この顧客イベント――顧客のニーズに合った携帯電話サービスを購入すること――のための連絡は合計4回になった。企業の視点からすると、4件の問い合わせそれぞれを初回で解決したということになる。だが、顧客の視点からすると、4件はすべて関連している。事実、この企業が顧客イベント1件を完全に解決するのに必要な連絡回数は平均2・5回だという。

顧客問題を「イベント」という次元で考えるのは有益だ。しかしそれだけでなく、当然企業は起こり得るこうした問題を担当者が先を見越して解決できるようにしたかった。担当者が新規の電話で注文とサービスプランのセットアップに対処している前述のシナリオを思い出してほしい。もし担当者が、続いて起こり得るすべての問題を、先を見越して解決しようとしていたらどうなっただろう。顧客が電話をかけ、担当者が注文を受ける。担当者はまず顧客に留守録機能へのアクセス方法を教える。このとき、顧客は言われたことを書き留めるためにメモ帳を探している。会話を進めるうちに、担当者はこの顧客には注文したプランよりアップグレードしたプランのほうが合っていると気づいたので、より高額なプランを勧めはじめる。担当者が初回の請求書の内容を長々と話したために、顧客はうんざりしている。やりとり全体が死のスパイラルに入りはじめる。処理時間は限りなく長くなる。顧客はすっかり混乱してしまい、この会社と取引したいかどうかさえ疑問に思えてきて、注文を留保する決意をする。どちらの側にもひどく労力を要するやりとりではないか。

その企業は、それが現実にあるリスクだとわかっていたので、先を見越した解決法への簡単なアプローチ方法を作るために懸命に取り組んだ。担当者の生産性もカスタマーエクスペリエンスも損なわず、しかも導入が容易なアプローチを。企業は最も一般的な問題を分析して、関連するすべての問題を先回りして解決するべき機会を特定するのに役立てようとした。この分析では最初に、隣接する問題を伴うのが最も多いのはどんな問題かを評価した。このために企業は「問題分類法」を作成した。8カ月かけて3つの分析をおこない、通話記録、品質保証記録、電話の主要データ、ＩＶＲデータからの情報を蓄積し、統合して問題解決マップ（イシューマップ」を作った。

このような調査には多大な時間と労力を要するので、ほとんどの企業は二の足を踏む。だが、この企業では情報の収集に投じたコストに見合う以上の利益が得られた。ただし、調査の分析を任せられるアナリストがいない場合は、イシューマッピングを開始するのにもっと簡単で、「十分に優れた」方法がある。私たちはこれを愛情を込めて「ピザとビール」アプローチと呼んでいる。これだけあれば始められるという意味だ。常勤のサービス担当者とマネジャーからなる小規模のグループに頼んで、勤務時間終了後に分類作成を手伝ってもらうのだ。

まず、最も一般的な電話を10タイプ選び出し、次の質問に答えてもらう。あなたが経験したなかで、この問題について問い合わせた顧客が再び電話をしなければならなかった理由は何か？　隣接する理由だけを――つまり、「前の担当者がしくじったから」とか「顧客は答えが気に入らなくて、他の担当者に聞いてみようと思ったから」ではなく――じっくり考えるよう求めよう。そのグループに、最も一般的な10タイプの再問い合わせを決めてもらう。たとえば、顧客の最初の言葉が「先日この問題で他の担当者と話したのですが……」である場合だ。10のリストを決定したら、この質問に答えよう。この顧客が話をした前の担当者は、あなたが対応しなければならなかった電話を防ぐために、何ができたと思うか？　このエクササイズの結果は包括的なものにはならないだろうが、次の問題回避の効果と必要性にチームを目覚めさせる

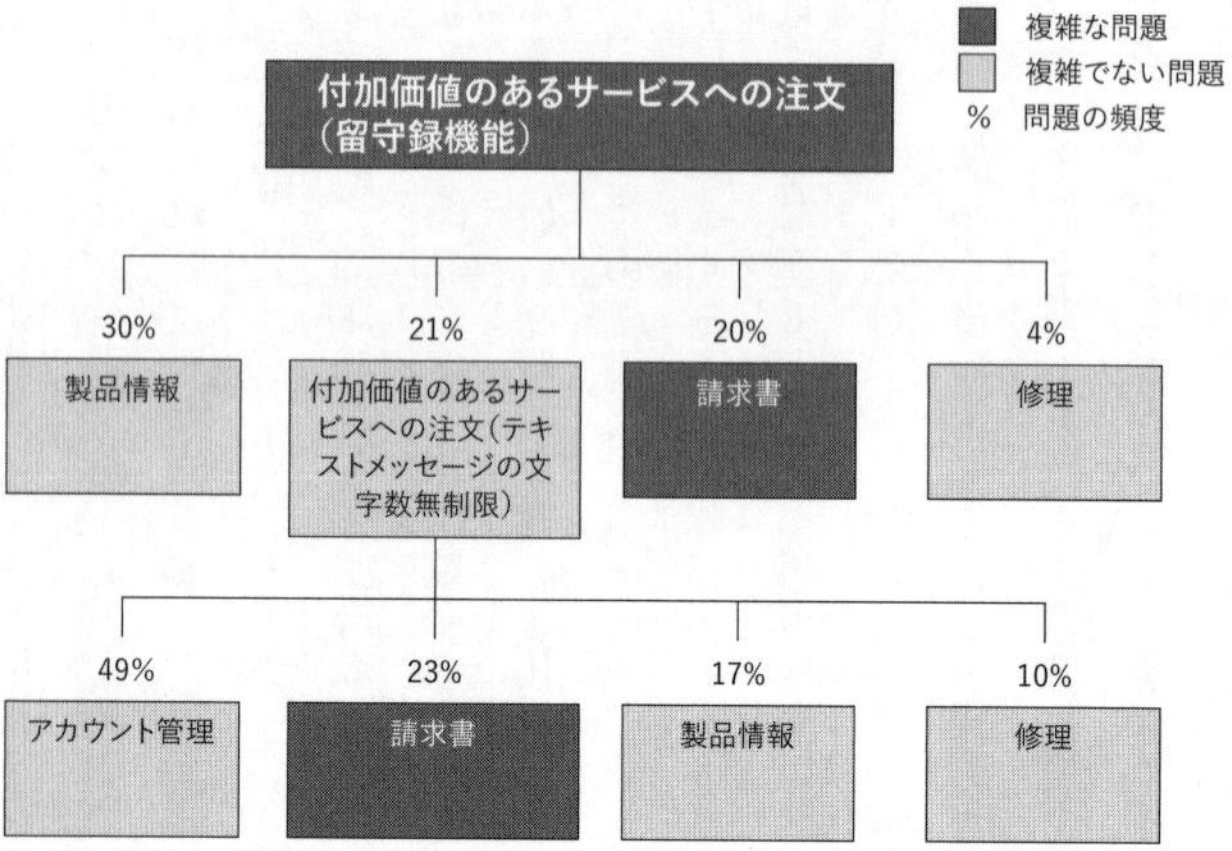

出典：カナダの通信会社、CEB、2013

図 3.4　カナダの通信会社の再問い合わせトリアージマップ（図示）

確固たる出発点となるはずだ。

この通信会社は問題分類法を確立しつつ、どれくらいの頻度で隣接する問題が発生するかを評価した。隣接する問題のうち、たとえば５％程度しか発生しないものは、先を見越した解決の対象にはならない。それに対し、20％以上電話のかけ直しを生み出すものは第一候補になる。言い方を変えれば、先を見越した解決といっても、めったに発生しないもののために時間をムダにする必要はない。すぐに成果が出るものだけにこだわるべきだ。

この分析により、企業は先を見越した解決のための選別（トリアージ）マップを作成し電話担当者に提供することができた。では、新しいサービスを注文した例をもう一度検討して、この企業がどのように分析を蓄積し、先を見越した解決のコンセプトを実践したかを明らかにしよう（図3・4参照）。

この例では、企業の分析は、新しいサービスを注文した顧客が、1つのイベントの一部として再度電話する確率を75％としている。その内訳は、よく引き合いに出される4つの隣接する問題だ。最初の問題は、製品情報（たとえば、「このプランでは1カ月にデータを何メガバイト使えるのか、もう1度教えてもらえませんか」とか「このプランでは国際電話はいくらかかるのですか」など）へのフォローアップの要請であり、これは30％の確率で発生する。2番目の問題は改良されたサービスパックをアップグレードしたいというもので、21％の確率で発生する。3番目は請求書に関するフォローアップの電話で、20％の確率。最後は修理サービスに関する電話で、これはわずか4％の確率しかない。**このトリアージマップは企業のシステムについての情報を与え、担当者が事例の情報を入力するとき、先を見越して解決するためのヒントになる。**

隣接するこれらの問題がどれくらいの頻度で起こるかだけを知りたいなら、これは効果的なやり方のように思えるだろう。だが、この企業は、先を見越した解決方法は簡潔さと効率性のバランスがとれているか、隣接する問題の先を見越した解決により生じるおそれのある混乱を避けることができるかを確認するために、いくつかの賢明なルールをつけ加えた。

ルール1：2ステップではなく、1ステップずつ。

企業は、たとえ今後かかってくる2、3の電話の内容――たとえば新しいサービスをセットアップした顧客は、結局テキストメッセージの文字数無制限のような高度なサービスへの乗り換えを希望し、最終的にアカウント管理について質問してくる可能性が高い――を自信を持って予測できたとしても、顧客をうんざりさせるリスクを冒してまで同時に2つ以上の問題を先を見越して解決するのは有効でないことを知った。よって、この企業が先回りして解決するのは、隣接する直近の問題だけである。

ルール2：適切なものを選択する。

この企業が先を見越して解決するのは、最も確率の高い隣接問題に限られる。隣接する問題のうち、先を見越して解決する価値のあるものは、20％を超える確率で発生することが明らかになったからだ。確率が20％以下の問題は、先を見越した解決に時間を費やす（そして顧客を混乱させるリスクを冒す）よりも、時の運に任せて、問題が起こるかどうか見守るほうがよい（企業にとっても顧客にとっても）。

ルール3：複雑な問題を、電話で先を見越して解決してはいけない。

たとえば請求書に関する疑問といった、顧客がやがて明細書で目にするような、より複雑な問題を説明するのは難しいことが判明した。そのため、担当者は電話で顧客を混乱させるのではなく、請求書の内容を詳細に記載したＥメールでフォローアップすると説明する。

では、この方法はどのように実践すればいいのだろう？　２つの仮のやりとりを使って説明しよう。最初の例では、顧客からの要請は住所を訂正してほしいという簡単なものだった。担当者は問題を処理した。住所の訂正について隣接する問題が発生する可能性は高くないと思われたので、電話を終了した。つまり、「1回で完了」する電話もあるということだ。

だが、顧客が新しいサービスを始めたいと電話をかけてきたときはどうだろう。まず担当者は顧客の顕在化した問題を処理する。この場合なら、新しいサービスのセットアップだ。この処理を完了すると、担当者は顧客と電話しているあいだに解決すべき隣接する問題がいくつかあることを察知する。１つ目は、顧客に企業のウェブサイトにアクセスするよう求めることだ。それにより担当者は顧客に基本プランの情報とＦＡＱが見られる場所を提示できる。２つ目は、担当者が顧客にワンランク上のプランを売り込むことだ。基本プランを申し込んだ新規の顧客が、ワンランク上のプランについて再び電話をしてくるケースが多いからだ。最後に担当者は顧客のＥメールアドレスを教えてもらう。これで企業は顧客に請求書に関するフォロー

親愛なる(　　　)様

コールアンサー・サービスをお楽しみいただいていることと思います。このサービスが提供するあらゆる機能を活用するために、より多くの情報を見つけてください。

他の電話サービスと同様に、この機能の料金は1カ月前に請求されます。次の請求書には、サービス開始から請求日までの料金と、次の1カ月分の料金が加算されています。詳細を確認してください。
ボイスメールマネジャーによって、お客様のサービス機能を高められることをご存じでしたか？　今すぐご確認ください！

※もしお気に召さなければ、30日以内に当社のウェブサイトにアクセスしてください。
　簡単にサービスをキャンセルできます。

当社をお選びいただき、ありがとうございました！

ニュースレター購読申込｜法的通知｜セキュリティと個人情報｜お問い合わせ

出典：カナダの通信会社、CEB、2013

図 3.5　カナダの通信会社の先を見越した請求に関するEメール（例）

アップのEメールを送ることができる。この電話の締めくくりの言葉は、「本日お客様の問題は完全に解決しましたか？」ではない。担当者は先を見越し、**「少しお時間をいただけましたら、いくつかお伝えしたいことがあります。今はお考えになっていないかもしれませんが、あとでお客様の時間とお手間を節約できることになります」**と伝える。一口に顧客とのやりとりと言っても、これほど違うのだ。

　余談になるが、この企業が顧客に送る複雑な問題（請求書など）についてのフォローアップのEメールが、実によくできたものであることも言っておきたい（図3・5参照）。この企業には3つのシンプルな基準があり、先を見越した解決のためのメールはすべてそれらに従う。基準1は、Eメールは短くまとめ、内容は重要な情報だけにすること。このEメールが短くてよいのは、「顧客をセルフサービスに誘導する」という基準2があるからだ。より多くの情報を必要とするなら、顧客はサポート技術情報やFAQで詳細を確認できる。基準3は、この企業は最大の効果があがるよう、Eメールを送信する時間を定めている。多くの場合電話が終わった直後だが、他の問題に備えてEメールを送るのを遅らせるケースもある（たとえば請求書の問題なら、請求書が届くほんの数日前にもEメールが届くようにする）。

総合的に見てこの方策はこの企業にいくつかの大きな成功をもたらした。対照されるパイロットグループを管理することにより、先を見越した解決アプローチの影響と、それが顧客の労力と企業の運営コストに及ぼす影響とを分けて考えることができた。パイロットグループでは顧客イベント1件当たりの電話を16％純減させ、電話件数の減少によって初期投資を6カ月以内に回収することができた。担当者からの逸話に富んだフィードバックも肯定的なものが多かったが、それは担当者が顧客への対応がうまくできるようになっただけでなく、どう見ても何とかなりそうな理由で再び電話をかけてくる、いら立った顧客が減っていると感じているからだ。

この企業の例からわかるように、次の問題回避というコンセプトにも、サービス・トゥ・セールス（訳注：問い合わせの電話をセールスにつなげること）やインバウンドセールス（訳注：顧客の視点に立った営業）において大きな可能性がある。このケースでは、先を見越した解決がもたらすチャンスの1つは、高度なサービスへのアップグレードを勧めることだ。アップセリング（訳注：顧客が検討しているよりランクの高い製品を勧めること）やクロスセリング（訳注：抱き合わせ販売）はしばしば、「今週のおすすめ」として電話をしてきた顧客に強く勧められる。だが、顧客がサービスを最大限に活用し、電話をかけ直す必要をなくすためには、どの製品またはサービスを勧めればいいかを理解していれば、結果としてはるかに意味のあるアップセルのための会話ができるはずだ。どちらのアプローチのほうが、より売り上げに結びつくと思う？　次の例を考えてみてほしい。新しい携帯電話を購入した顧客に、製品保証延長サービスを勧めている場面だ。

実例1：「2年間すべての製造上の欠陥が対象となるよう、携帯電話に元々ついている保証を延長してはどうですか」

実例2：「携帯電話を買い換えるのは大変な苦労ですね。お客様の時間と労力を節約するためにこの電話の保証の延長をお勧めしたいと思います。たとえば古い携帯電話によくあるスピーカーの不具合など、何か欠陥が見つかったら、2年間は最新の機種にお取り替えさせていただくか、同等の価値のある別の携帯電話をお選びいただきます」

セールスの場面でも次の問題回避を顧客の時間と労力を節約する手段として活用すれば、顧客努力を軽減するばかりか、売り上げにも結びつく。こうした顧客努力の感情的な面については次の章でさらに掘り下げる。顧客が再び電話をかけなければならない状況に陥らないように、他の関連する問題に直面しないように努めていることを顧客に気づかせるだけで、効果に著しい差が出る。つまり、次の問題回避には明らかに人的要素がかかわっているのだ。

だが、ここで前述の通信会社がおこなった分析をちょっと思い出してみよう。データからは、サービス担当者に先回りして顧客の問題を解決するためのツールを提供するのに役立つ、明らかなパターンが浮かび上がる。次の問題回避が、とくにセルフサービス・チャネルにおいてはある程度まで自動化できると考えるのは筋が通っている。

フィデリティ・インベストメンツ（訳注：米国の投資信託会社）はまさにこれを成し遂げた、すなわち次の問題回避の原則をオンラインサービスチャネルに適用した、もう1つの企業だ。前述の「ピザとビール」のエクササイズと同様に、フィデリティはサービスチームに、最もよく発生するオンラインの問題に対する望ましい次のステップについてブレインストーミングをさせている。たとえば、セルフサービスによって解決される最もよくある問題は、アドレスの変更だ。大半の組織のウェブサイトでは、そのやりとりを確認し、顧客に感謝の意を表すだけだ。

だがフィデリティは、アドレスの変更にはその顧客にとって潜在的な問題が含まれているケースが多いと知った。そこで、アドレス変更後に顧客はさらに3つのアクションに取り組むよう促される。2つはサービスに関するもの、1つはセールスに関するものだ。サービスの面では、顧客は新しい小切手を注文し、電子資金決済を更新するよう促される。フィデリティはこれがよく隣接する問題になるとわかっているからだ。セールスの面では、顧客は提携組織との住宅保有者保険または借家人保険契約について学ぶことができる。非常に的を絞った抱き合わせ販売のオファーだ。

もう1つ、顧客が新しく退職金口座を開いたときの例をあげる。手続きが終了すると、顧客は送金、他の口座からの引き継ぎ、投資信託の価格設定の学習を促される。勧められるメニューはかなり種類が限定されており、フィデリティの全セルフサービス・インタラクションのまるまる4分の1は、他のセルフサービス・インタラクションで始まる。フィデリティは顧客がさらにセルフサービスを実践しやすくしているので、この方法により1世帯当たりの電話の5%の削減が確認された。

次の問題回避を評価する

「測定できることは成し遂げられる」という古い名言がある。コンタクトセンターという運営に注力した世界では、いかにもすべてが測定されているようだ。問題解決が成功したかどうかを測定するという考えに変わりはないが、私たちが立証したように、従来の初回解決率の測定基準にはいくつか重大な欠陥がある。たいていの場合初回解決率は、顧客が電話中にあるいは電話後の調査で問題が解決されたと明言した時点で測定される。顧客はいつも正しい、そうだろう？　だから、60％以上の企業が顧客の何らかの言葉を基準にFCRを測定しているとわかっても、さほど驚かない。だが、明らかになったように、顧客はその先潜在的問題のために電話をかけ直す必要が出てくるとは知らないのだ。では、企業は何を測定すべきなのだろう。

次の問題回避を測定するためのよりよいアプローチが何かを明らかにする前に、問題解決率を測定する際の私たちの原則のようなものを紹介しよう。現実には、簡単で確実な方法はない。初回解決率、さらには次の問題回避を測定するために完璧な基準というものは、実際には存在しないのだ。問題解決の成功を測定するために考えられるどんな方法にも欠陥がある。これが第2の原則につながる。つまり、何かを一貫して測定し続けるしかないのだ。完璧な基準を探したり、現在の基準の欠陥を議論したりして、身動きがとれなくなってしまうのはよくない。

問題解決の測定について、あまり知られたくない秘密がある。自らのサービス倫理や企業文化、業績管理によって基準を強化している企業は、その基準が何であれ、口では問題解決に賛同していながら実行していない組織と比べて、問題解決において4・9％よい実績をあげている。

では、次の問題回避を追跡するための最良の基準とは何だろう。私たちは多くの企業と協力して、さまざまな測定アプローチのよい点と悪い点を理解しようとした。そして実際に、あらゆる問題解決のためのツールキット（「付録B」参照）を作成した。これには、さまざまなサービス組織やサポート組織にとってのさまざまな技術上の制約、プロセスの制約、および環境要因といった、私たちがこれまで学んできたことがすべて網羅されている。観察したすべての企業のなかで最も革新的だったのは、米国を拠点とするある住宅ローン会社だ。この企業は極めて簡単な基準を使って評価していた。それは、7日間以内にかかってくる再度の問い合わせの電話件数だ。全社レベルはもちろん、個々の担当者レベルでもその基準を使って評価がおこなわれている。

この企業が7日間の期間を選択したのにはいくつか理由がある。まず、再問い合わせの大半は最初の電話から5日以内にかかってきていることが分析の結果判明した。少数とはいえ無視できない数の再問い合わせの電話は最長7日以内にかかってくる。次に、効果的なコーチングをおこなうためには、担当者がサービス案件の詳細を覚えている必要がある。7日を超えると、担当者はその状況を記憶しているのが難しくなる。実際のところ、以前は期間を30日にしていたが、これでは担当者が顧客の状況を覚えていられないので、コーチングの成果はあまりあがらなかった。興味深いことに、企業は30日ベースの再問い合わせも、担当者レベルではなく全社レベルで追跡し続けている。それにより、チーム別に標準化された報告書を作成し、チームのパフォーマンスとそれに関連する改善点を、基準に従って長期間にわたり評価することができる。

この企業はまた、再問い合わせの電話は7日を超えるとまず来ないことにも気づいた。他の業界の他の企業からも極めて類似の報告を受けたことから、再問い合わせの追跡期間を7日から14日とするのを私たちの一般的な指針とする（一言あらかじめ警告しておく。測定が長くなればなるほど、問題解決率は低下する）。覚えておいてほしいのだが、この企業が教えてくれたように、期間が長くなればなるほど、コーチングの効力は減少する。担当者が特定の顧客とのやりとりの詳細を忘れてしまうからだ。

この企業のアプローチについて話すと往々にして、**個々の担当者レベルでこれを追跡するのはアンフェアではないか**というもっともな反論が起こる。もちろん、個々の担当者の手に負えないことはたくさんあるし、それが顧客の再度の電話を招くこともある。顧客が必要な情報を書き留めておかなかったのかもしれないし、間違った操作をしたのかもしれない。顧客が混乱していて、担当者にはっきり説明してほしいと頼まなかった場合もある。結果、顧客は再び電話してくる。確かに、力を貸そうとした担当者にとってはアンフェアだ。でも、こんなふうに考えてみよう。他の担当者も同じように手に負えない問題に直面している。だから、それぞれの担当者が毎週対処する多くの電話を追跡すれば、どの担当者が再問い合わせを引き起こしているか、どの担当者が実際に先を見越した解決をしているかがとても明確になる。やがてこの企業は、再問い合わせについて平均的な成果基準値を定められるようになった。この方法なら、どの担当者がよりよい成果をあげたかがわかり、これらの担当者がとっているアプローチを学び、誰がコーチングを必要としているかを見極められる（図3・6参照）。

このアプローチを試した他の企業は、担当者にとってより公平なものにするため、非常に簡単な方法を実行した。**担当者に自分の成果の生データを見せないのだ。**担当者は、自分が招いた再問い合わせの電話の正確な数も平均件数も知る必要はない。その代わり、自分の一般的な傾向、すなわち全体の成果基準より劣っているか、合致しているか、超えているかを理解する必要がある。このようにして、担当者は特定の再問い合わせが、自分の力の及ぶ範囲のものかどうか思案しなくてすむようになる。

この基準の最も注目すべき点は、他のどんな方法でもできなかったやり方で、問題に焦点を絞っていることだ。当然、このような新しい基準が導入されると担当者は必ずシステムの裏を

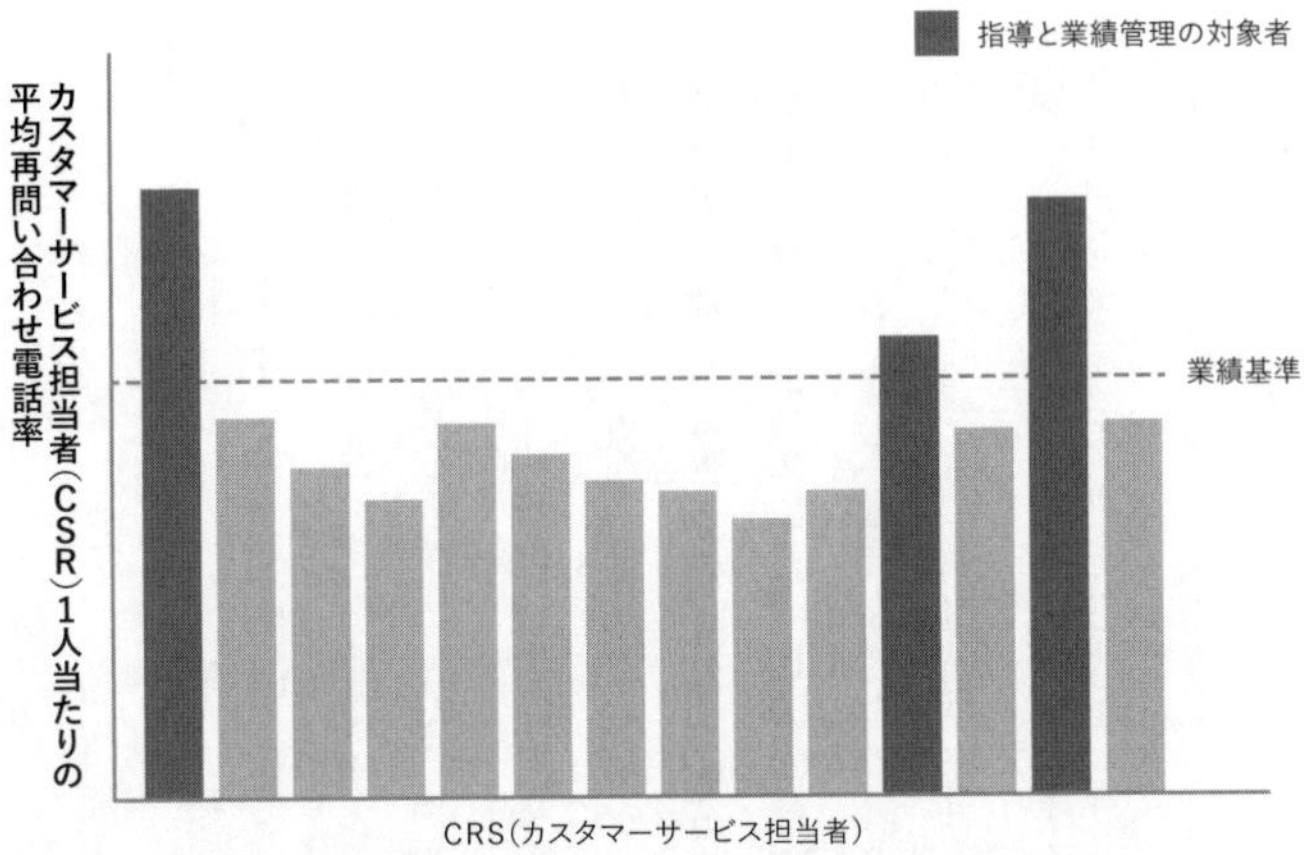

出典：米国を拠点とする住宅ローン会社、CEB、2013

図 3.6　米国を拠点とする住宅ローン会社の再問い合わせ電話率（例）

かこうとするだろう。だから、品質保証チームは悪い習慣（たとえば、担当者が別段複雑ではない問題を他の担当者に回したりすること）が横行しないよう警戒しなければならない。しかし、再問い合わせ電話を測定している組織から、私たちはすばらしい話を数々耳にしている。最も優秀なサービス担当者が、再問い合わせの電話を回避するために会社の方針とプロセスの改善策を提案するようになったという。「おいおい、僕はあのひどい方針のせいで非難されるのはごめんだよ。これは問題で、顧客が電話をかけ直してくるのも無理はないとチームに言うべきだ」。このことがもたらしたもう1つの重要な改善点は、カスタマーエクスペリエンスの感情的な面に関係している。

サービス担当者は心から顧客の側に立ち、顧客が無用な電話をかける必要をなくすという考え方を身につけている。顧客は、自分が今後の人生を歩んでいく用意がすべて整ったと思えるように、担当者はできる限りのことをしてくれていると感じる。

本章の前半で述べた、感情によって引き起こされた再問い合わせを覚えているだろうか？顧客が問題が解決したことを確認するためだけに、あるいはおそらく受け取った答えが気に入らなくて電話をかけてくるケースだ。最も優秀なサービス担当者なら、カスタマーエクスペリエンスの感情面も——再問い合わせや顧客努力を引き起こす場合はとくに——とても重要だとすぐにわかる。そして、直ちに自分の行動を調整する。経営者はこう思うかもしれない。**「あたりまえだ、彼らは最も優秀な担当者なのだから。でも、私は当社の大多数の担当者に、顧客にそんなサービスをしてほしいのだ」**。結果から言うと、顧客に解決に自信を持ってもらい、問題を解決するために必要な労力の量の認識を下げる新しい方法を担当者に教えることはできる。この考え方は実に効果的なので、次の章全体を使って、すべての企業が採用できる、あるいは採用すべき具体的な方法を紹介することにしよう。

本章のまとめ

- 再問い合わせの半分近くは、一般的な企業では見落とされている。問題が解決した顧客はしばしば、最初の問題に間接的に関連する理由で再び電話をする。再問い合わせの最もよくある原因は、隣接する問題（最初の問題と関連がある派生的な潜在的問題）と、経験に関する問題（担当者と顧客の「感情的な」食い違い。たとえば、顧客が受け取った答えを気に入らない場合）だ。
- 顧客の問題を解決するだけではだめ。次の問題の発生を食い止めなければならない。最も優秀な企業は問題を単発のものではなくイベントととらえ、最初の問題と関連があるにもかかわらず顧客がたいてい見落とし、あとになって気がつく問題を、担当者に先を見越して解決するよう教えている。
- 初回解決率（FCR）だけでなく、再度の電話を測定するべきだ。FCRは基準としては欠陥がある。なぜなら関連する派生的な問題ではなく顧客が明言した問題にだけ焦点を当てているからだ。最も優秀な企業は、むしろ所定の時間枠内で再度の電話を測定し、担当者は顧客が話した問題を解決したか、隣接する問題や経験に関するフォローアップの問題を先を見越して解決したかを評価する。

第4章

できることが何もないように思えても、できることは必ずある

午前7時半。9時の便に間に合うように空港に着いたのだが、出発便の案内板にはフライトがキャンセルになったと表示されている。あなたは1つ大きな息をして気を取り直すと、このあとのフライトに予約を変更するために航空会社に電話をかける。

電話に出た予約係は次のように言う。「本便のキャンセルのためにご迷惑をおかけして大変申しわけありません。今夜9時の便に予約を変更できます」。さて、あなたはどう感じるだろうか。とくに、目の前の案内板にはそれより前のフライトが何便も表示されているとしたら? あまりいい気持ちではないはずだ。

では、予約係が次のように言ったとしたらどうだろう。「本便のキャンセルのためにご迷惑をおかけして大変申しわけありません。明日の朝9時の便をご用意することもできるのですが、今日の便に席が取れるか、見てみましょう」。そして、少しの間のあと、予約係は電話口に戻り「いいお知らせです。今夜9時の便に席が取れます。しばらく時間をつぶしていただかないといけませんが、少なくとも今日中には目的地に到着できますよ」と告げる。

どちらも結果はまったく同じ（午後9時の便に変更）だが、2番目の対応のほうが最初のものより気分がいいのは間違いない。なぜだろうか。

それは私たちが「経験工学」と呼ぶコンセプトに関係している。「経験工学」とは、**告げられた内容を顧客がいい方向に解釈するように注意深く言葉を選択して会話を思い通りに扱うこ**

と。本章では、経験工学がどのように作用し、なぜ効果をあげるのかを説明し、企業での実際の実施例も紹介して、あなた自身の会社でこのテクニックをどのように使用できるかを学ぶ手助けをする。

第1章で見たように、その経験がどれだけ努力を必要としたかに関する顧客自身の受け止め方は、再問い合わせ、チャネル転換、転送、情報の繰り返しといった、努力を増やす具体的な要因に左右されることがわかった。

受け止め方はどれほど重要なのか。実は非常に重要なのである。

私たちの最初の調査では努力のこの「ソフトな側面」はある程度の重要性を持つと示唆されたが、立ち戻って詳細に研究してみると、**経験についての顧客の認識は、実際には「努力方程式」**(effort equation)**全体の実に3分の2に相当する**という衝撃的な事実が明らかになった。言い換えれば、**顧客がやりとりをどう受け止めるかは、顧客がやりとりの過程で実際に何をしなくてはならないかのほぼ2倍の重要性を持つ**ということである。これはすこぶる重要な発見なので、本章の後半で詳細に検討するつもりだ。

皮肉なことに、感情や受け止め方といった努力の「感覚的」な側面は、努力方程式で極めて大きな意味を持つものの、大半の企業はほとんど注意を払っていないに等しい。多くの企業が真っ先に焦点を当てるのは、むしろ努力の「身体的労力」の側面だ。「努力軽減のために具体

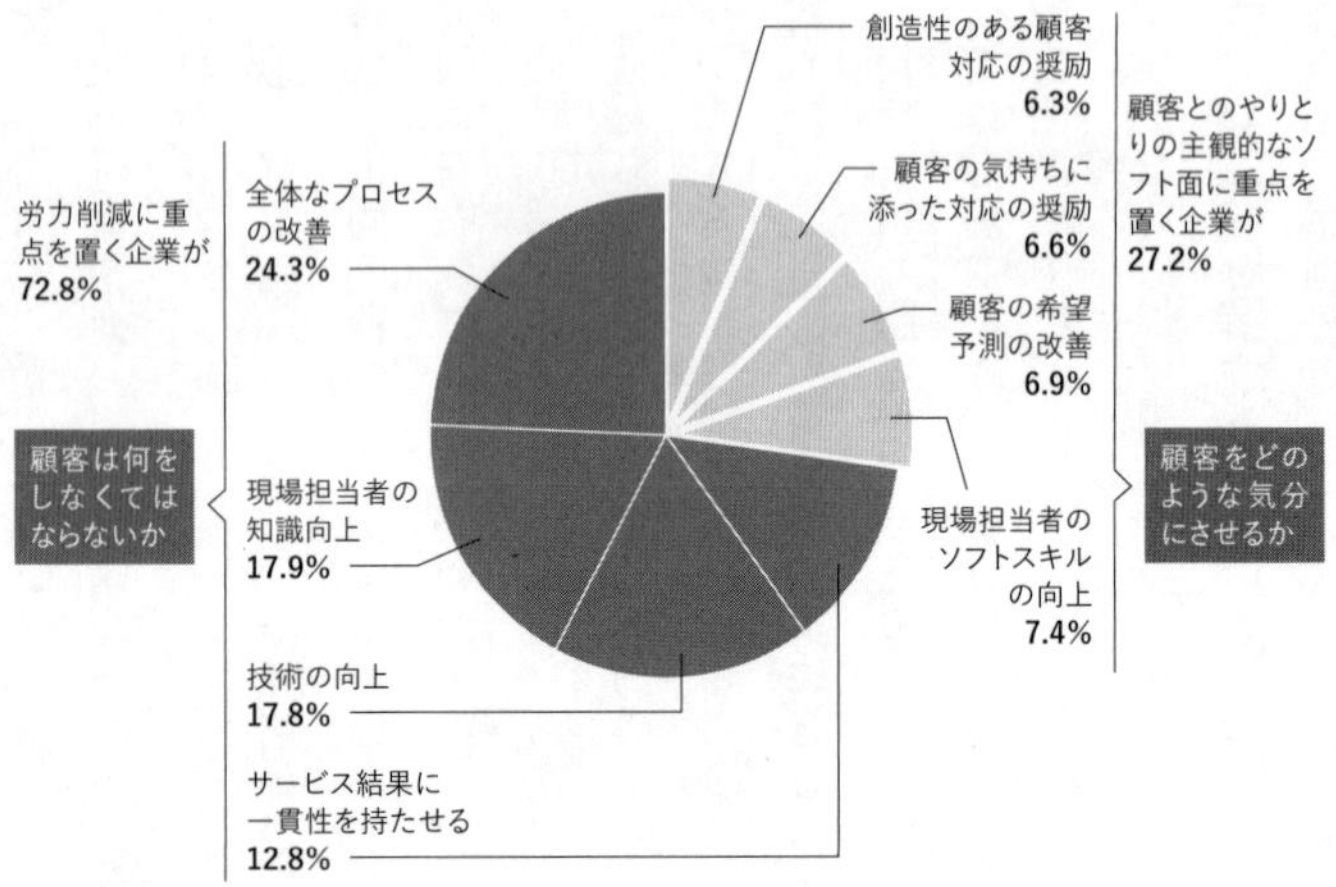

企業26社を対象
出典：CEB、2013

図 4.1　努力軽減のために企業が注力している分野（企業の報告による）

的に何をしていますか」という質問に対する各国のカスタマーサービス担当役員の回答のうち、上位のものはどれも「全体的なプロセスの改善」のカテゴリーに分類される。プロセスの合理化、やりとりの簡素化、顧客の手間を省くことなどである（図4・1参照）。

考えてみたらとても筋が通っているように思える。理屈からすれば、努力を軽減するには、顧客が踏むべき手順の数を減らせばいいのだ。実際、私たちがアンケート調査の対象とした企業のほぼ4分の3が、努力軽減のための取り組みでは困難で目に見える努力要因を直接のターゲットとしていると回答した。もちろん、努力が主として顧客が問題を解決するために何をしなければならないかを意味するなら、労力と、サービス提供の際のやりとりの過程でおこなったと顧客が報告した努力のレベルはほぼ完ぺきな相関関係を示すだろう。しかし、私たちが発見したのはまったく違うものだった。

私たちは4500名を超える顧客のサービス・インタラクションを分析し、顧客の労力のレベル、つまり問題を解決するために何をする必要があったかを調べてみた。これには問題解決のために顧客がおこなった会話の回数、担当者の変更回数、チャネル転換の必要性、情報を繰り返した頻度などが含まれる。

これら4500名の客の労力レベルをグラフに表してみると、予想通り正規分布曲線が得られた。つまり、ほとんど労力を必要としなかった（電話のかけ直し、チャネル転換、再問い合わせなどがなかった）顧客もあり、多くの労力を求められた顧客もあったが、大半の顧客は中程度の努力をおこなった（図4・2参照）。しかし、この曲線を、報告された努力の程度と重ねてみると重なる部分はほとんどない（ここでは「顧客努力指標」の基準値を使用した。「顧客努力指標」については第6章で詳しく述べる）。

労力曲線は実際には目盛りの最も低い値の近くで最も高くなっている。これは、サービス提供におけるやりとりの大半は、顧客にとって問題解決のために努力が必要と感じられることを、それほど多く求めていないことを示唆している。しかしながら、これらのまったく同じやりとり

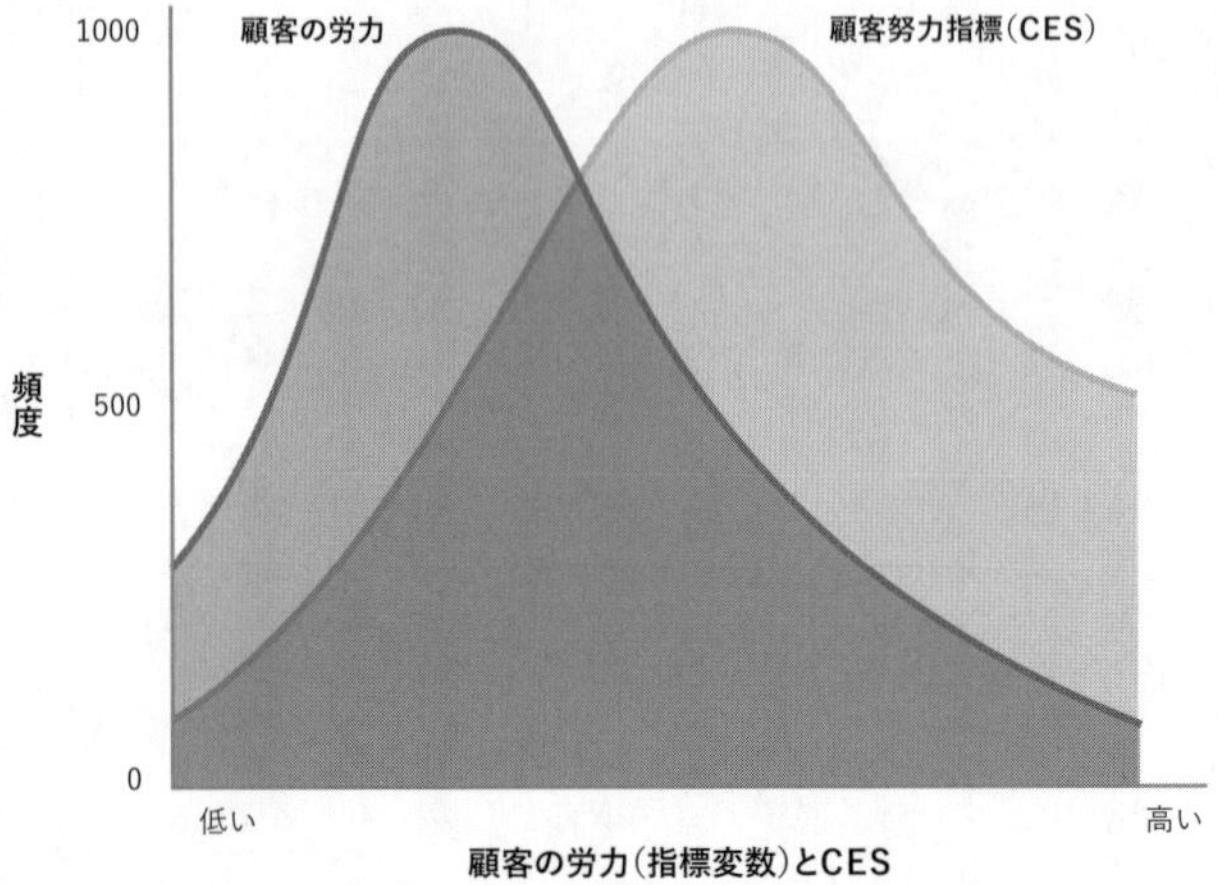

顧客4589名を対象
出典：CEB、2013

図 4.2　顧客労力と報告された顧客努力

りの過程で顧客が感じた努力の量を労力曲線に表してみると、目盛りのずっと上の部分で頂点に達することがわかった。

　多くの企業と同様に、私たちも「努力」と「労力」は同義語と思っていたので、このデータにはおおいに驚かされた。顧客が主として自分の労力の程度（問題解決のためにしなければならなかったことの数）を努力とみなしているのなら、2つの曲線（顧客の労力と顧客努力指標の曲線）はほぼ完全に重なるはずである。しかし、そうはならなかった。このことから次の2つの結論が得られる。

　第1に、多くの「労力」が必要なわけではないのに、顧客にとっては大変な「努力」に感じられるインタラクションが多いことが明らかだ。労力の程度が低いやりとりの多くで努力値が高くなっている。これはカスタマーサービス・リーダーにとってはあまりいい兆候ではない。問題解決に多大な努力は必要ないのに大半の顧客が「ずいぶんと苦労した」という印象を持って離れてしまうのだ。顧客のロイヤルティを失いがちな企業にとっては悪い知らせである。どうやら、サービス組織が多くの「簡単な」問題をあまりにも頻繁にまちがった方法で処理してしまっているようだ。

第2に、多くの企業で、顧客の努力を軽減する方法に関する戦略の立て方が完全ではないということ。顧客努力の軽減に向けたプロセスを実施中の企業にとって、努力を増やす要因のなかでこれまでまったく意識を向けてこなかった大きな要因、**顧客が自分の経験をどう感じるかという問題が盲点であるリスクが非常に高い**（図4・3参照）。

ほとんどの場合、〝努力〟とは何をしなければならないかではないのである。確かに努力における重要な部分ではあるが、顧客の努力とは、主に顧客がどう感じたかだ。顧客に求められる労力は、顧客が自分の努力を評価する際の要素全体の34・6%を構成するに過ぎない。しかし、解釈という側面、すなわち人間の感情や反応に100%基づいた、よりソフトで主観的な要素が占める割合は、全体の影響の65・4%と高い。簡単に言うと、努力評価に際して顧客が最も重要視するのは、問題解決のために何をしなくてはならないかではなく、むしろ、やりとりの過程やその後でどう感じるかなのである。**努力とは「何をするか」が3分の1、「どう感じるか」**

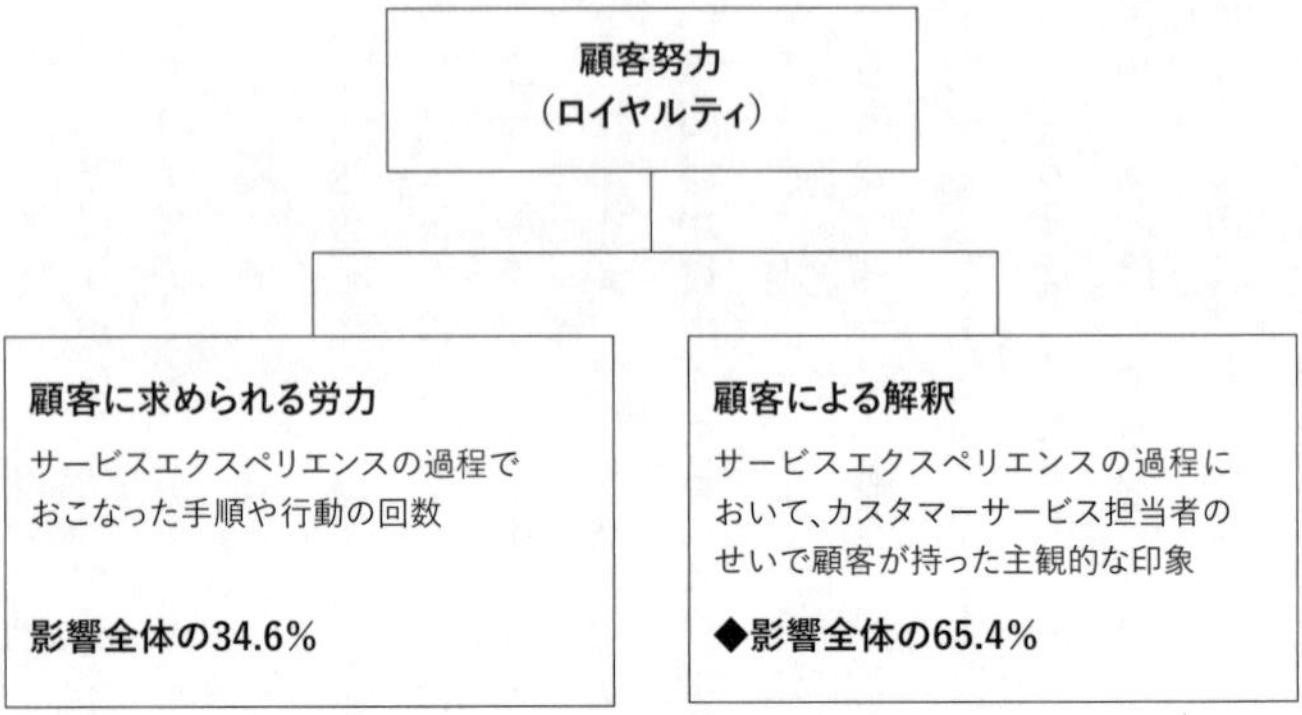

顧客4589名を対象
出典：CEB、2013

図 4.3　顧客努力の回帰ドライバ

が3分の2なのだ。

会社におけるカスタマーエクスペリエンスの向上に最大で最速の効果をもたらすには、努力軽減と聞いてほとんどの企業が本能的に感じることとはまったく逆のことをするべきだ。確かに重要ではあるが、サービスエクスペリエンスの物理的な側面への過剰な投資は避けたほうがいい。努力の解釈やその「感情的な」部分に目を向けるべきである。

当然の流れとして、このように言うと、条件反射のごとく「ソフトスキル」強化で何とかしようとする企業が多いが、実はトップ企業はまったく違う面に注目していることがわかっている。

「ソフトスキル」への過度の依存

一般的なカスタマーサービスのソフトスキルトレーニングでは、基本的に担当者に会社の評判を落とさないよう、丁寧で友好的な温かみのある態度で顧客に接するよう指導する。しかし、努力軽減を目標にするのなら、親切な対応をカスタマーサービス担当者に指導してもほとんど効果がないことを裏づける有力な証拠がある。実際、データを深く分析してみると、典型的なソフトスキルに緊密に関係する変数のうち6つまでがごくわずかしか影響を与えない、あるいはまったく影響がないことがわかっている。

顧客努力にほとんど影響を与えない（5％未満）変数

- 担当者の情報伝達がわかりやすい
- 担当者が自信にあふれている

顧客努力に統計上の影響を与えない変数

- 担当者の気づかいが伝わる
- 担当者の会話がマニュアル通りではない

- 担当者が顧客を理解している
- 担当者がしっかりと話を聞く

もちろん、努力軽減にまったく影響を与えないとされる右記の4つの要素も、あらゆるやりとりにおいて明らかに重要であることは間違いない。失礼な対応や頑固な態度は顧客からの電話をたちまち誤った方向へと向かわせてしまう。しかし、データからわかるのは、はっきり言えば、これらのスキルだけでは努力軽減に目に見える変化をもたらすにはまったく不十分だということだ。上記の6つを世界トップレベルで実行したところで、企業を努力軽減分野の第一人者に押し上げることはできないだろう。ソフトスキルの訓練に頼っていたら、会社への顧客ロイヤルティはいずれ失われてしまうに違いない。

努力の「感情」面が、単に担当者が親切であるとか聞き上手であるとかといったことと関係がないのなら、では一体何が関係するのだろうか。手がかりを得るために、私たちはサービスエクスペリエンスの感情面に多くの投資をおこなっているとされる、ごく少数の企業に話を聞いた。以下に、それらのカスタマーサービス・リーダーたちが語ってくれた言葉のうちの2つをそのまま引用する。

「最も優秀なカスタマーサービス担当者は顧客との会話の主導権をとります。お客様がネガティブな反応をする瞬間を予測し、先手を打ってそれを未然に防ぐために最善の手を尽くします」

「お客様が望むものを提供できないことは多々あります。しかしトップクラスのサービス担当者は、おそらくは第一希望ではないけれど、かなり満足できる結果と感じられるポイントまで、お客様を導いていきます」

予測する、すなわちサービス・インタラクションのなかに隠れたネガティブな瞬間を察知し先手を打つことができるこうした感覚は、最も優れたサービス担当者がある程度まで生まれながらにして身につけている特質だと私たちは考えている。そして、それは顧客が感じる努力をどの程度軽減できるかに大きな差をもたらす。しかしそれは学習で身につくものなのだろうか。企業はこれを平均的なカスタマーサービス担当者に常に規則正しく実践させることが可能だろうか。望んでいたのとは違う結果を受け入れるしかないという状況は、顧客にとって非常に大きい努力が求められる典型的なものである。電話なら、エスカレーションや言い争い、何回ものかけ直しを招く。一歩か二歩先回りし、悪いニュースのシナリオに対する顧客の受け止め方の主導権を握る方法は、ソフトスキルのトレーニングを通じて身につくものではない。私たちがここで論じているのは、単に気さくで親切であるとか、顧客を名前で呼び、個人的な状況に共感するといったことをはるかに超えたものだ。

ではそれは一体何か。どこから生じるのか。どのように教えたらいいのか。それには多くの名称があり、心理学、社会学、行動経済学に根差している。私たちはそれを「経験工学」と呼ぶ。それがぴったりの用語だと思うからだ。**経験工学とは、注意深く選択した言葉づかいで会話をコントロールしてそのかじを取り、告げられている内容を顧客がどう解釈するかを改善することである。**カスタマーサービスの世界では芽生えたばかりの考え方だが、販売やマーケティング組織、労働組合、政党などが取り入れ、何年、いや何十年ものあいだ、顧客や従業員、有権者の考え方や感じ方に影響を与えるために使用されている戦略が数多くある。

私たちは顧客との日々のやりとりで利用できると考えられるいくつかのテクニックのうち、簡単に教えられてさまざまな状況で使用できるアイデアのテストを実施した。調査したのは以下のものである。

- **アドボカシー**　顧客の立場に立っていることを明確に示し、積極的な方法で支援する。
- **肯定的な言葉づかい**　「いいえ」あるいは「できない」など、有益な結果が得られないというニュアンスを伝える言葉の使用を極力避ける。
- **アンカリング**　特定の結果を、有益性や望ましさが劣る別の選択肢と比較することで、その結果がより有益で望ましいものであると位置づける。

これらのテクニックそれぞれについて、私たちは実験によって顧客の反応をテストし、次にその反応をいかなる形態の経験工学も受けなかった対照群の反応と比較した。この3つの実験では、数百名の顧客グループにまったく同一のサービスシナリオを示したが、それぞれのケースで、調査対象者の半分には「担当者の対応A」を、残りの半分の対象者には「担当者の対応B」を示した。次に対象者全員に、「顧客努力指標（CES）」（第6章で考察する）に基づいた基準を使用して経験と顧客努力の全体的な質についてそのやりとりに点数をつけてもらった。各グループの客が何をするよう求められたかはまったく同じで、それぞれの状況で客がとらなければならない手順は比較的高い程度努力を要するものになっている。担当者Aと担当者Bは各シナリオで同じ解決策を提示するが、経験を操作するための言葉づかいは以下のように異なっている。

「アドボカシー」のテスト

顧客のシナリオ：購入したばかりでまだほとんど乗っていない自転車。ブレーキのケーブルに問題があり、安全に運転できないおそれがある。

担当者Aの対応：電話では、何が問題なのかを説明するのは大変難しいです。弊社公認の修理店に持ち込んで、調べてもらってください。

担当者Bの対応：イライラするお気持ちは理解できます。ですので、技術担当には必ずフィードバックを伝えておきます。同じ車種で同様の問題が起きたお客様がいらっしゃるか調べてみます。そうすれば、それが修理が必要な問題か、単に慣らし運転が十分でないだけなのかがわかります。あー、他のお客様で同じ問題が起きたというケースはあまり見当たりませんね。販売店に持って行ってチェックしてもらってください。とくに、今ならまだ保証期間中ですから。

どちらの担当者も、販売店に持って行かなくてはならないという同じ回答を提示した。他に解決策はない。しかし、違うのは2人の担当者が示したアドボカシーの度合いである。顧客の解釈に与えた影響は劇的だった。

担当者Bの対応を聞いた顧客が報告した経験の質は、担当者Aの対応を受けた対照群が報告したものより67％高かった。顧客努力の点からそのやりとりを評価してもらうと、グループBの努力は77％低かった。

「肯定的な言葉づかい」のテスト

顧客のシナリオ：オンラインの銀行口座から他の口座への資金送金がうまくいかない

担当者Aの対応：このオンライン口座から認証されていない口座への送金はできません。お客様が送金先の口座を認証しない限りは、どうすることもできません。口座管理のタブに戻って、認証メニューを開いたら、まず……をクリックして……。

担当者Bの対応：わかりました、送金先の口座を認証しないといけないようですね。手順を順番にご説明いたします。ものの数秒ですみますよ。ウェブの口座管理のページに戻っていただけますか。まず……をクリックして……。

グループBは経験の質を82％高く評価し、顧客努力の度合いを73％低く判断した。両者の対応の違いがほんのわずかであることを考えると、顧客の評価の差は極めて大きい。

「アンカリングの期待値」のテスト

顧客のシナリオ：新しいケーブルテレビボックスの接続に問題があり、これを解決するに

は技術者に家に来てもらわなければならない。

担当者Aの対応：技術者が明日そちらに伺いますが、時間指定ができませんので、朝8時から夜8時までのあいだ、どなたかに家にいていただかないといけません。それでよろしいでしょうか。

担当者Bの対応：2時間の時間枠指定でそちらに伺えるのは来週になりそうです。技術者を明日伺わせることもできますが、その場合は時間指定ができません。朝8時から夜8時までのあいだ、どなたかが必ず家にいて技術者が家に入れるようにしていただかないといけないのですが、少なくとも来週まで待たずに、明日問題が解決します。急な話ではありますが、いかがでしょうか。

この例では、Bグループは全体的な経験の質を76％高く、顧客努力の度合いを55％低く評価している。この例でも顧客がやらなければならないことはまったく同じである。

この3つのシナリオでは、どの場合も、カスタマーサービス担当者は問題解決のために顧客に求められる身体的労力の実質的な量を軽減することはできなかったが、担当者Bは非常に異なった結果を生むことに成功した。**顧客に対しAより親切に接することによってではなく、意図的な言葉づかいで顧客の経験を操作した**のである。

カスタマーサービスの分野では、ソフトスキルの定義は「担当者と会社の評価を引き上げるような、親切かつ親しみやすく、プロらしい態度で、一貫性を持って顧客の問題を扱うために定められた行動の基準」というのが一般的である。

この定義を細かく見ていこう。まず、ソフトスキルは、極めて標準的な手順であり、すべての顧客に対して例外なく同じ方法で接して顧客の問題を一貫性を持って扱うためのものである。ソフトスキルは選択肢の1つではなく、電話をかけてきたすべての人に常に適用されるものとみなされている。次に、ソフトスキルはやりとりの対人面に重点を置き、カスタマーサービス担当者の**親切かつ親しみやすく、プロらしい態度が基本**である。最後に、ソフトスキルはカスタマーサービス担当者やカスタマーサービス担当者が所属する企業に対する顧客の評価が高くなるような方法で顧客と接するためのものである。ソフトスキルのトレーニングに投資する企業は、社員がプロ意識を持って顧客に親切に接していれば、顧客は会社とのやりとりでの経験に寛容になり、結果として会社へのロイヤルティが維持されるはずだと考えている。

経験工学の考え方はそれとはまったく違う。私たちは経験工学を「顧客の感情的な反応を予測し、それを見越した行動をとり、顧客と会社の双方に有益となる解決策を提供することを意図したやりとりを通じて、積極的に顧客を導く方法」と定義している。

これについても詳しく見てみよう。**第1に、経験工学には目的がある。これは顧客を積極的に導くためのものである。**そのためには、私たちの実験で示されたように、意識的な一連の行為を通じてやりとりの主導権を取らなければならない。**第2に、経験工学は顧客の感情的な反応を予測することを目指している。**じっと目を凝らして未来を見つめ何が起こるかを見極めるように、よくない状況が起こりそうな瞬間（とくに、希望するものが手に入らないと顧客が知らされようとしているときが多い）を察知し、顧客をなだめて提示した回答を受け入れるように導く。次に、経験工学を実践しているカスタマーサービス担当者は先を見越して顧客が好ましいと感じる解決策を提示しようとする。つまり、なぜ希望するものが手に入らないのかを顧客に説明する（感情の激化や、場合によっては顧客からの暴言を招くきっかけとなることが多い）のではなく、どのような解決策が可能かという点にのみ焦点を絞る。**最後に、経験工学のアプローチは、顧客の問題に対し互いにプラスになる解決策を見つけ出すことに重点を置いている。**つまり、顧客の実際のニーズ（はっきりと告げられない場合が多い）と会社が提供できるものを一致させるのである。大盤ぶるまいや多額の払戻金によって顧客のロイヤルティをつなぎとめておこうというのではない。会社と顧客の双方が受け入れられ、互いにとって真のメリットとなる結果を目指すのだ。

経験工学：チャンスと見返り

どのようなサービスを受けている最中であっても、顧客は、そのサービスを受けるためにどれくらいの努力が投入されたかを常に（それぞれの方法で）評価している。努力値に最も高い数値をつけた顧客は、おそらくは、カスタマーサービス担当者とのやりとりにおける相手の態度や言葉づかい以上のものに影響を受けた重大かつ複雑で多面的な問題を経験していると考えられる。そういう場合は、往々にして会社が改善しなければならない何らかの重要な問題が存在している。そしてもちろん、それが何かはたぶん明白だ。したがって、経験工学のコンセプトは最悪の種類の顧客の惨事を避けるための方策ではない。むしろ、**平均値以上の努力を経験してきた顧客**への効果に的を絞るという目的のはっきりした取り組み方法である。

経験工学が重要なのは、中程度の高い努力を必要とした経験と中程度の低い努力を必要とする経験との線引きがあまり明確ではないからである。初めて努力軽減に向けた施策を実施する場合、ほとんどの企業は顧客の労力削減を目的とする。最も多くの労力を必要とする状況が発見されて改善されれば、他にできることは何もないように感じられる。しかし、**できることが何もないように思えても、できることは必ずある。**

私たちが確信しているのは、労力をそれほど必要としないやりとりであっても、顧客の解釈だけに基づくと多大な努力が必要と判断されてしまうものが大変多いということである。この場合、顧客が肯定的な解釈をするように影響を与えることもできたはずだ。経験工学が必要なのはこういったケースである。高努力と顧客が解釈するのを予測し先回りしてそれを回避し、たいして苦労しなかったと感じさせられれば、結果を大きく変えることができる。

誤解のないように言っておくと、これは単に調査結果の評価を改善させるためだけのものではない。努力程度が低ければ顧客のディスロイヤルティは低下すると解釈され、それが会社の戦略上や財政上の成功と理解される。認識される努力程度の軽減は、とくに労力を減らすために他に何もできない状況では、顧客と会社、また悪い知らせを日常的に顧客に伝える辛い立場にあるカスタマーサービス担当者の三者全員にとってベストな、まさに究極のウィン・ウィン・ウィンな方法だ。

天性の資質か訓練か

経験工学は教えられて身につくものなのだろうか。業績トップの社員だけの特別な能力なのか、あるいは現場での毎日の訓練で習得できる技なのだろうか。疑問に思うのも当然だ。うれしいことに、私たちは、経験のない社員でも理解しやすく比較的容易な方法でカスタマーサービス担当者にこのやり方を教えている何社かの企業を発見した。本章の残りの部分では、そうした企業のうちの3社の舞台裏を紹介する。

- オスラム・シルバニアは世界的な電球メーカーで、現場の社員たちに肯定的な言葉の力を生かす方法を教えるためのこのうえなく簡単なフレームワークを作り出した。
- ロイヤルティワンはロイヤルティプログラム（編注：優良顧客などに対して特典を提供する施策）業者で、カスタマーサービス担当者が「代替案」を適切に提案できる繰り返しの使用が可能なフレームワークを開発した。このフレームワークは、その代替案が2番目によい案であっても、もともと求めていたものと同じ程度に（あるいはそれよりも）好ましいと顧客に感じさせることを可能にする。
- ブラッドフォード・アンド・ビングレーは英国を本拠地とする住宅金融会社で、各顧客が持つ中心的な人格特性を診断する簡単なモデルを社員に提供し、サービスエクスペリエンスを顧客が好むスタイルのやりとりにその場でカスタマイズできるようにしている。

「ノー」を捉え直す

すべての顧客のあらゆる要求に対して常に「イエス」と言うわけにはいかない。それが可能ならすばらしいことだが、客が求めるものとこちらが提供できるものが同じではないという状況は多い。では、どうするのか。

「イエス」の反対はもちろん「ノー」だ。そこで、この「ノー」という言葉を少し考察してみよう。この言葉を聞くとどのように感じるだろうか。ほとんどの人にとって「ノー」は、一連の負の感情の連鎖を引き起こすきっかけとなる言葉である。怒り、激怒、口論などは、すべてDNAに刷り込まれている。生後6カ月から12カ月のあいだのどこかで初めて経験し、今日までずっと体のなかに住みついているのだ。

子どもが母親に「ノー」と言われたら、選択肢は3つ。

- おとなしく受け入れて、あきらめる（可能性は低い）。
- 父親に頼んでみる（父親から「イエス」をもらえる可能性は五分五分なので）。
- 物を蹴とばしたり泣き叫んだりして機嫌が悪いと訴え、この感情の爆発によって「ノー」が「イエス」に変わることを期待する。

サービス・インタラクションでは、「ノー」を聞いた顧客はいろいろな反応を見せる。そのいずれも会社にとっては非常によくない結果だ（しかも、子どもの反応と大差がない）。

- 感情的な反応をする。担当者と口論する、腹を立てる、汚い言葉を使う、感情を爆発させるなど。
- 電話を切って、さらに別のカスタマーサービス担当者に電話をする。これはよく「担当者漁り」（rep shopping）と呼ばれている。もちろん、「父親に頼みに行く」の顧客版だ。
- エスカレーション、つまり担当者に上司を電話口に出すように言う。いわゆる事情通版の「担当者漁り」だ。というのも、たいていの顧客は、癪（しゃく）に障る手数料を免除する、追加料金なしで価格の高い商品に交換する、規則を曲げるといった対応をする権限は上司のほうが大きいことを知っているからである。
- 二度とその会社を利用しないと脅す。単に言葉だけの脅しの場合も、本気の場合もある。

いずれにせよ、第1章で述べたように、たとえそれがただのこけおどしであっても、SNSには、話を聞こうとしてくれる人ならどんな人とも、誰とでも容易に共有できるデジタルの演説台が用意されている。

「ノー」というたった1つの単語からたくさんの悪い結果が生れてしまう。もちろん、会社も、社員にはできるだけこの「ノー」を使って欲しくないと思っているのだから当然であるが。カスタマーサービス担当者は、誠実で（残念なことに誠実に対応しても答えが「ノー」の場合は多い）、負の感情の反応とそれに伴う多くの好ましくない結果を引き起こさない方法を見つけ出さなければならない。**肯定的な言葉づかいが違いを生むのはここである。**

たとえば、ホスピタリティ企業のなかには、ゲストに応対する際の思考プロセスを見直し、すべてを肯定的な用語で考える方法を社員に教えている企業もある。伝説によれば（少なくともカスタマーサービスの伝説によれば）、ディズニー・ワールドでは、すべての「キャストメンバー」（どんな職種にも単なる「従業員」は存在しない。グーフィーの衣装を着た出演者のみならず、バスの運転手やアトラクション係、ファンネルケーキ〈訳注：生地を漏斗に入れて油に流し込んで揚げるお菓子。ディズニー・ワールド内の店舗で販売されている〉の製造係だって、全員が大きなショーを構成するキャストの1人だ）は肯定的な言葉を使う術を学ぶ。このスキルは「パークは何時に閉園するか」という質問の答えを見ればよくわかる。キャストメンバーは、最も単純な質問であってもできる限り前向きな答え方をするよう求められる。肯定的な言葉を使った対応に初めて挑戦するときは、誰もが苦労する。

「あー、パークの閉園時間は魔法が解けたときです（間違い。実際の閉園時刻は8時）」
「お客様がお帰りになるときが閉園時間です（間違い。8時1分にまだ園内にいたら、おそらくディズニー式の追い出しを食らうだろう）」

正解は「パークは夜8時まで開園しております。そして、楽しいことをもっとお届けできるよう、明日は朝9時に開園します。明日またお会いしましょう」という内容の、いくつかのバージョンである。これにネガティブな反応をする人がいるだろうか。

言葉づかいの何がそれほど重要なのだろうか。単に、よさそうに聞こえる回答をしなさいというのではない。だが、今から顧客に伝えようとしている話がネガティブな反応を引き起こしかねないとわかっているのなら、その可能性を減らす言葉づかいにしたいと思わないだろうか。

それがまさにオスラム・シルバニア社がコンタクトセンターの現場スタッフと開発した戦略である。しかし、同社は窓口の担当社員全員に肯定的な言葉づかいを習得させ、考えられるすべてのシナリオにおいて顧客と話をするときにどう対応すべきかに関する思考回路をまるっきり配線しなおそうとしたわけではない。その代わり、最も頻繁に発生する状況に限定して、カスタマーサービス担当者がネガティブで感情的な反応を回避するのに役立つ簡単なツールを開発した。

オスラム・シルバニアは、最も多く寄せられる顧客の要望、すなわち最も頻繁に生じる問題の分析から始めて、顧客の要望が通らないことが明確になった際の現場の担当者の対応の様子を聞いた。わかったのは、大半の企業でも同様だろうと思われるのだが、**最も頻繁に発生する負のシナリオのトップ10だけで「ノー」の状況全体の約80%を占める**ということだった。

したがって、こうした状況が発生した場合に、顧客の問題すべてにではなく、これらトップ10の問題が発生した場合に限って「××ではなく○○と言う」といったような、これまでのものに代わる簡単な対応をサービス担当者に教えれば、顧客の努力の解釈に大きな影響を与え、会社に対する顧客の将来のロイヤルティにプラスとなるだろう。これはすべて簡単な図表にまとめられて、それぞれのカスタマーサービス担当者が自分のデスクの前にピンでとめておけるようになっている（図4・4参照）。

これはすべて、「顧客に**提供できない**ものを告げるのではなく、**提供できる**ものを告げよ」という昔からのサービスに関する教訓を別の形で表現しているだけである。

客：コカ・コーラをください。
接客係：ペプシがございますが、いかがでしょうか。

否定的な言葉づかいのシナリオのトップ10		否定的な言葉づかいから	▶ 肯定的な言葉づかいへ
1	入荷待ちの商品	その商品は在庫が**ありません**	……日に入荷いた**します**
2	発注	……日にならないと発送**できません**	……日に発送**できます**
3	価格に関する問題	価格の問題は販売担当者と話を**しなければなりません**	この件については販売部門の者が**ご協力できる**かもしれません
4	出荷の間違いあるいは破損	こちらで代替品を発注**しないといけない**ですね	この問題の**一番いい**解決法は……
5	在庫の確認	その商品は扱って**いません**	……なら**ございますが**
6	注文の状況を知らせる	ご注文の品は……にならないと用意**できません**	……にはご注文の品をご用意**できます**
7	価格の間違い	販売担当者に価格を確認してもらう**必要があります**	販売担当者が……の価格を確認**いたします**
8	発送遅延を説明する	お客様が期限までに発注**しなかった**ので	タイムリーにお届けするには……日までにご注文を**お願いします**
9	返品手続き	荷物に返品番号を記入する**必要があります**	荷物には**忘れずに**返品番号をご記入願います
10	商品の扱い先	一般の方への小売りは**していません**	……で購入することが**できます**

出典　オスラム・シルバニア、2013年

図 4.4　オスラム・シルバニアの肯定的な言葉づかいの手引

嘘も、ごまかしも、心理的なトリックもない。会話を解決の方向に推し進めるだけである。信じられないくらいに単純なことだ。「私が言ったものは100%間違いなく提供できます」

オスラムでは、カスタマーサービス担当者の机の前に貼られたカンニングペーパーに、「現在、在庫を切らしております」ではなく「××日に入荷しますので、入りしだい直ちに発送いたします」と答えるようにという指示が書かれている。

カスタマーサービス担当者は顧客の信奉者のようにふるまう。顧客の味方であり、顧客の経験が容易で労力の少ないものになるようにできる限り尽力する。もちろん、存在しない在庫を作り出し、電話越しに届けることはできないが、事態を後退させるのではなく前進させる前向きな会話ができる。取るに足りないことのように思えるが、こうした状況が少しずつ増大されて日々の何千回もの顧客とのやりとりに広がっていき、否定的な態度や考え方が持つ心をじわじわ消耗させるような効果や、それが顧客のロイヤルティに与える影響が軽減されていく様子を考えてみよう。

カスタマーサービス担当者には予想されるすべてのやりとりに肯定的な言葉づかいができるように指導するべきだとする意見もあるが、オスラム・シルバニアでは、最も頻繁に発生する10種類のケースのみを対象にした簡単なツールを提供するだけで、大きな結果が得られることがわかった。ツールが実際に使用されると、エスカレーション率（上司の介入が必要になる電話の割合）はおよそ半分まで減少し、顧客から報告される顧客努力指標は全体で18・5％改善し、同類のB2B企業の平均値を上回った。

これも、単に顧客に親切にするという問題ではない。肯定的な言葉づかいをすればいいということでもない。オスラム・シルバニアが効果をあげているのは、ノーと言うことは（「できない」、「しない」などと同様に）相手の努力を引き起こす最も大きな要因と捉えて、高努力ゾーンに入る可能性が高い、最も一般的な状況における最善の対応方法をカスタマーサービス担当者に教えているからだ。

オスラム・シルバニアの経営陣は、このツール導入の恩恵の1つにカスタマーサービス担当者自身がこの考えを気に入ったことをあげている。このツールは、正確に何を言うべきかを指示するためのものではなく（会社は台本通りの逐語的な対応を強要しない）、会社がカスタマーサービス担当者の成功を支援する1つの手段とみなされているのだ。まずは始めてみようという方のために、巻末に「否定的言葉づかいの指導者用ツールキット」をつけた（「付録C」参照）。

日々の業務でカスタマーサービス担当者が受ける電話のうちで最悪なものは、顧客が立腹する、敵対的になる、あるいは挑戦的になるといった「口論の電話」である。顧客の立場としては、こうした電話では頭に血が上る。電話先の会社にイライラが募って、大声のひとつも出したいほどだ。しかし、電話の向こうにいるカスタマーサービス担当者も顧客と同じくらいにこの種の電話を嫌っている。カスタマーサービス担当者の立場で考えてみよう。顧客としてこうした電話を経験するのはたまのことだが、カスタマーサービス担当者には1日に何度も起きるのだ。しかし、肯定的な言葉づかいがこうした敵対的なやりとりのかなりの部分を緩和するので、顧客と1日中会話する仕事がずっと容易で扱いやすいものになる。顧客の要望が通らないようなケースでは、とくにそうだ。

〝できることが何もないように思えても、できることは必ずある。〟

代替案を顧客の利益と位置づける

第一希望ではないことがはっきりしている代替案を顧客に承服させる、それも不承不承ではなく、最初に希望したものと同じくらい（あるいはそれ以上に）いい結果を得たと感じさせるにはどうしたらいいだろうか。それが**オルタナティブ・ポジショニング（代替案の位置づけ）**のコンセプトの主題だ。これは、肯定的な言葉づかいから一歩進んで、顧客へのさらなるオプション提供の可能性を、多くの場合は顧客がいちばんに望むものが得られないと知る前に、探ることを目的とした戦略である。これを最もうまく取り入れたのが、カナダ企業のロイヤルティワン。ロイヤルティワンで開発された枠組みは、すべて簡単な人間の心理に基づいており、あらゆる業種のあらゆる企業で利用可能だ。

読者の多くはこの企業の名前になじみがないだろう。ロイヤルティワンはB2BとB2Cのハイブリッドという独自の業態の企業で、分析、顧客ロイヤルティサービス、ロイヤルティのソリューションを世界各地のフォーチュン1000社に提供している。ロイヤルティワンは、複数の企業が参加するカナダの有名なロイヤルティプログラムであるエア・マイルズ・リワードプログラムを所有、運営している。このプログラムには著名な消費者ブランドが数多く参加しており、カナダの全世帯の3分の2がこのプログラムに加入している。参加しているパートナー企業は末端消費者とのあいだの長期的な関係構築を目的として、商品購入ごとにリワードマイルを発行する。消費者がマイルと交換できるリワードの種類は1200以上。小売店の顧客が商品購入で獲得したリワードマイルを引き換えるためにフリーダイヤルに電話するとき、実際に応対するのはロイヤルティワンのカスタマーサービス担当者である。この点が、以下のような理由により、マイル引き換えのための電話の扱いを面倒なものにしている。

- 顧客はリワードマイルを使って、飛行機を使った旅行などのレジャーやその他の娯楽を含む無料の商品やサービスと交換しようとする。
- こうしたサービスの在庫数は限られている。たとえば飛行機の旅行では、すべての便のすべての空席が交換の対象になるわけではない。
- ロイヤルティワンは消費者が満足する交換をおこなうことで、パートナー企業の価値を確実に高めたい。

そこで、顧客がリワードマイルを使って予約したい便に、提供できる席がない場合、電話を終了するまでに、ロイヤルティワンのサービス担当者が納得できる他の代替案を考え出し、何らかの形での「イエス」を顧客に提供できなければ、顧客は失望して電話を切ることになり、これがプログラム加入に長期的な影響を与える可能性もある。ロイヤルティワンにとってオルタナティブ・ポジショニングが極めて重要なのはこのためである。彼らが「全部かゼロか」の状況から学んだものは応用範囲が広く、どんな企業も、顧客が望む通りのものが手に入らず、多大な努力が求められるような状況に直面した場合に使用できる。実際、ある会社ならではの状況が理由で創造的なアイデアが必要になり、その結果として生まれたものが他の企業にとってベストプラクティスになることも多い。

ロイヤルティワンは「経験設計図」と名づけた電話対応モデルを作成した。これは、顧客の要望の第1の動機を探り出すことで顧客が実際に何を考えているのかを知り、当初の要望と同程度に満足できると思われる提供可能な代替案の提示を目的としている。全体のプロセスは、リワードマイルの交換を希望する顧客とカスタマーサービス担当者とのやりとりの方法からスタートする。

カスタマーサービス担当者が顧客の質問への回答を探すあいだは、電話を保留にして顧客に待ってもらうのが一般的だが、ロイヤルティワンではカスタマーサービス担当者がスクリーンに表示される情報を眺めているこうした時間を、顧客とそのニーズに関する何かをつかみその後の会話で利用するチャンスと捉えて戦略的に利用している。

この説明を聞いただけでは、平均的なカスタマーサービス担当者に教えるには難しいように思えるが、オスラム・シルバニアで教えている肯定的な言葉づかいのフレームワークと同様に、ロイヤルティワンはどのカスタマーサービス担当者でも効果的に使え、繰り返し使用できる手法を作り出した。

おわかりだろうが、引き換えの電話はどれも顧客が希望を告げることから始まる。顧客は何かを希望する。そしてそれがある特定の日の特定の時刻に特定の目的地に向かう特定の航空便である可能性は高い。顧客が希望を述べ始めた瞬間に、すでにカスタマーサービス担当者は次の2点に気づいている。

- 顧客の希望通りのフライトを予約できるかどうかが判明するには少し時間がかかる。
- 予約できない場合は、カスタマーサービス担当者は別の提案をして、別の日や時間の便、ときには他の目的地への便など、顧客が希望と異なるフライトを受け入れる用意があるかどうかを探る必要がある。

このとき、アラームが（カスタマーサービス担当者の頭のなかで）鳴り始める。オルタナティブ・ポジショニングのプロセスの始まりだ。カスタマーサービス担当者は、フライトの空きを調べるときに、顧客が希望する日時と目的地をキーボードで打ち込みながら、顧客には他愛のない世間話と感じられるような会話を交わす。ほとんどの場合、それは「それで、バンクーバーへはどういうご用事で?」などの、穏やかな感じの質問で始まる。

電話を保留にして顧客を待たせるのではなく、担当者はその時間を使ってあとで役に立ちそうな情報を集めるよう努める(ちなみに、大多数の顧客は保留で待たされるのを嫌う。担当者が実際にまだ電話口にいるのか、それとも放っておこうと思っているか電話を切ってしまうつもりでいるのかがわからないからだ)。

顧客の旅の目的は商用か。目的地でのビジネスの用事のついでに個人的な時間を過ごすつもりがあるのか。それとも休暇旅行か。一人旅か、配偶者や家族がいっしょか。どうしても特定の目的地でなければならないと思っているか、他の提案を受け入れそうか。実際にどういう情報が得られるかはサービス担当者にはわからないが、すでに予備のプラン作成にとりかかっている。予約システムが顧客が希望する日時と目的地のフライトが利用できないという結果を出したら、この顧客にはどのような提案をすれば当初の希望と同じように満足してもらえるだろうか。

もちろん、顧客の希望が叶って要望通りのものが利用可能であれば簡単である。しかしそうでない場合は、「ノー」という言葉が出てくるのに顧客が気づく前に、カスタマーサービス担当者はすでに先回りしていくつかの動きをおこなっている。うまくいきそうないくつかの代替案を頭に描きながら。そして、こうしたカスタマーサービス担当者の頭のなかの策略は、親しげなおしゃべりから始まっているのである。2人の人間が世間話をしているだけなのだから、その瞬間は、とてもさりげないように見える。だが、実はここが成功と失敗の分かれ目なのだ。

以下はこのプロセスが功を奏した場合の代表的なやりとりの例である。

顧客：月曜日の午前中のバンクーバー便を予約したいのですが。
カスタマーサービス担当者：承知いたしました。空席状況をお調べいたします。（キーを叩く音が聞こえる）それで、バンクーバーへはどういったご用事で？
顧客：月曜の午後に、仕事の大事な会議があるので。
カスタマーサービス担当者：そうですか。空きがあるかどうか調べますので、しばらくお待ちいただけますか。

（サービス担当者はバンクーバー行きの月曜の便は空きがないことに気づく。が、日曜日の朝と午後には利用できそうな便がたくさんある。そこでサービス担当者は、現場の担当者がとりがちな、顧客を保留にして待たせる方法の代わりにそのまま会話を続ける）

カスタマーサービス担当者：バンクーバーへはよく行かれるんですか？　観光されたことは？

顧客：実は今回が初めてなんですよ。いいところだそうですね。

カスタマーサービス担当者：ええ、きれいなところです。バンクーバーではゆっくりする時間が取れそうですか。

顧客：そうだといいんですが、残念ながら月曜は会議で忙しくなりそうです。

カスタマーサービス担当者：えー、調べましたところ、日曜日の午後の早い便なら十分お席が取れそうです。実は月曜の朝の便は満席でして。でも、これなら早めに着いて街を散策することもできますし、月曜のラッシュ時にフライトが遅れて会議に間に合わないかもしれないという心配もありません。いかがでしょうか。

このプロセスには応用幅の広い重要な教訓が含まれている。以下でそれについて考察してみよう。

「ノー」と言うのを急がない

代替案を顧客に受け入れられるようにするポイントは、何が利用**できない**のかをすぐには伝えないことである。少し余分に時間をかけよう。顧客の要望をシステムが処理する時間がどのくらいかは顧客にはわからない。この大切な時間を使って、**顧客の要望ではなく真の関心事を見極めるのだ。**相手が頭のなかで何を考えているかを把握し、どの程度の柔軟性があるかを判断する作業を始める。

カスタマーサービス担当者に、多大な努力が必要な状況を避けるための弁明をさせない

ふつうの企業のふつうのカスタマーサービス担当者は、顧客が希望するものを提供できない理由を説明するのに顧客の時間と精神的なエネルギーをあまりにも多く浪費する。理由を説明するのはもっとものように思えるが、顧客にはたいてい、自己弁護あるいは好戦的な態度と受け取られてしまう。「あなたは私の希望するものを提供できない理由を正当化しているだけだ。私にとってそれがいったい何の役に立つのだ?」。もちろん、カスタマーサービスでは防御にまわったら負けである。

顧客の要望を額面通りに受け取らない

顧客が求めるサービスと実際の問題とが大きく異なるケースは大変多い。全体的な状況を理解すると、まったく違ったニーズが浮かび上がってくることも多い。たとえば、ケーブルテレビの加入客がサービスの復旧を怒り狂って要求している場合、その怒りの背後にあるのは、明日友人たちが大事な試合を見にやってくることかもしれない。カスタマーサービス担当者がそれに気づけば、遅くとも試合の時間までにはシステムが復旧すると告げて顧客を安心させることができるだろうし、おそらくは顧客の怒りも急速に収まるはずだ。

シカゴ行のフライトがキャンセルになって腹を立てている顧客は、実際には翌朝に娘のダンスの発表会があるという事実に反応しているのかもしれない。だとすれば、肝心なのはフライトの変更や、さらにはシカゴへ行くことですらなく、子どもの大切な晴れ舞台の場にいるという約束を果たすことである。こうした種類の絶望的な状況には、顧客が受け入れられる代替案は数多くあるかもしれない（違う都市まで飛行機を使い、残りの行程を車で行く、あるいはどこかの都市まで地上交通機関で行き、そこから飛行機でシカゴへ飛ぶなど）。ここでも、サービス担当者が顧客の要望の背後にある事情を理解していなければ、こうした代替案のどれひとつとして提案できない。

もちろん、この方法はすべての顧客のどの問題でもうまくいくわけではない。カスタマーサービス担当者との世間話を喜ぶ人ばかりではないし、代替案の提案で解決する問題ばかりでもない。しかし、オルタナティブ・ポジショニングが功を奏する状況の割合は、試してみる価値があるという以上に高い。

ロイヤルティワンでは顧客の要望が希望した通りの形で叶う割合はかなり高いという。そして、当然ながらこうした人たちにはそれ以上の代替案の提案は必要ない（しかしながら、顧客の希望通りのものがあるかはカスタマーサービス担当者にはすぐにはわからないので、念のために顧客の要望の背景を探る会話型の質問はいつもおこなう）。

最初の希望が通らなかった顧客のうち、約10％は旅行の理由についてカスタマーサービス担当者と話をするのを嫌がる。こういう場合、現場の担当者は最善を尽くして可能な代替案の提案を（肯定的な言葉づかいで）し、最良の結果を出そうと努める。顧客が情報を共有しようとしないのだから、サービス担当者が顧客のニーズに一致する代替案を提案できる能力は当然損なわれるが、それは顧客側の損失であり、担当者たちは、良好な解決策を導くために自分たちができる限りの努力をしていることを認識している。

しかしそうした顧客を除けば、非常に高い割合の顧客が日程や時間が異なる便や目的地の違う便を少なくとも検討してみてもいいと思っている（そして多くの場合は受け入れる）。そして、これらはすべて、カスタマーサービス担当者がすぐに「ノー」と言わずに、顧客についてほんの少し知るための時間を持ち、ポジティブな流れを維持しようとしたことによって達成された。

その方法は、顧客の要望の背景を理解し、顧客の話からわかった真の動機に直接働きかける他の代替案が見つかるのを待つという単純なものである。

代替案の提供は顧客のためにおこなう。顧客が欲しいものを手に入れる手助けであって、ごまかしや心理トリックではない。ロイヤルティワンは引き換えを完了して利益を得るわけだが、中心となる動機は、顧客のために上質でそれほど努力を必要としない経験を作り出すことにある。

このオルタナティブ・ポジショニングの効果を測定するために、ロイヤルティワンはカスタマーサービス担当者のパイロットグループを試験的に組成し、このグループだけにこの考え方を教えて、従来の方法で顧客に応対したカスタマーサービス担当者のテストグループの結果と比較した。顧客に電話の応対についての全体的な満足度をたずねたところ、パイロットグループの満足度は他のグループより8%高かった。「顧客として丁寧に対応してもらえた」という評価では11%高かった。それに加えて、パイロットグループでは問題が1回目で解決する割合が7%上昇した。それだけでも見事だが、さらに電話のかけ直しやエスカレーションの減少という間接的な効果ももたらした。これはサービス業務運営の全体的な費用に大きな経済的効果をもたらす。

しかし、その他にもう1つ、電話の「平均処理時間（AHT）」がわずかだが減少するという非常に思いがけない効果があった。一見この結果はまったく矛盾するように思える。顧客の要望の根底にある理由を少しでも探ろうと顧客と世間話をすれば、1件当たりの電話の会話時間は長くなるはずだ。

もちろん、そういうケースもある。いくつか質問を加えていけば会話の時間は長くなる。しかし、口論やエスカレーションなどを招く最悪のタイプの電話、つまり希望通りのものが入手できないために顧客がかなりいら立って担当者と口論になり、上司を電話口に出すよう要求するといった種類の電話に費やしていた時間は大幅に削減される。

オルタナティブ・ポジショニングは特効薬ではないが、ネガティブさや苦労の多くを電話でのやりとりから排除する効果がある。顧客の経験がそれほど努力のいらないものになるからだけではなく、現場のカスタマーサービス担当者が日々取り扱わなければならない最悪の電話、精神的に消耗する電話を、少なくともいくらかは減らすこともできるからである。

パーソナリティに基づいた問題解決策

もしも、顧客とのやりとりを扱う方法を完璧に一貫したものにする代わりに、顧客一人一人に合わせた方法をサービス担当者が作り出すことができたらどうだろうか。それぞれの顧客の基本的な個性を特定し、その顧客に合わせたやりとりをするための方法があるとしたら？　そうしたスキルがあれば、上質なサービスエクスペリエンスを作り出し、問題解決に必要な努力を軽減できるはずだ。しかし現実にそれは可能だろうか。

もちろん、大規模なサービス組織であれば、応対する顧客の波長に合わせるために細かく調整されたメカニズムを身につけている社員が何人かはいるものだ。問題を抱えた人と「ピンときて」意気投合する。何が必要なのか、何を考えているのかといった、他人の気持ちを理解し、直感的なレベルで正しいと感じられるやりとりができるようなのだ。この能力は優れた共感性のスキルによるものとされることもあり、人を助けたいというほとんど母性に近い心の動きのように見える場合もあるが、それが何であれ、この能力を持っているごく少数の人々はうまく作用している。顧客と同じ考えに立つということは、顧客努力を軽減し、顧客のロイヤルティ低下を緩和するにはおおいに役立つ。

しかし、もどかしい話なのだが、こうしたとても特別なカスタマーサービス担当者に「それをどうやってやるのか」とたずねると、たいていが「やるって、何を？」と答える。なぜなら、こうした成績優秀なトップ社員にとってこの言動は単に直感的なものに過ぎないからである。企業がこのスキルを備えた人間を見つけたら、おそらく採用したいと考えるだろう。しかし、このスキルは履歴書や面接のテストで簡単に見つかるものではない。教えることが可能で、それぞれに合わせて変えられる、人間の個性に基づいた問題解決へのアプローチが非常に求められるのはそのためだ。必要なのは、そのアプローチがなければ特殊な対人スキルを持ったわずかな人間だけに限定されてしまう言動（とその結果）を、ほとんど経験のないカスタマーサービス担当者でも模倣できるようにするための方法である。

性格型を特定する方法論やシステムは数多くあるが、今のところ最も優れていると思われるのは英国を本拠地とする金融サービス会社ブラッドフォード・アンド・ビングレーが開発したものだ。そのコンセプトは「マイヤーズ・ブリッグス・タイプ指標評価」に基づいている。基本的な構成モデルは大半の人になじみのあるもので、人間の受け取り方や考え方のスタイルにおける支配的な優先傾向を分析する。マイヤーズ・ブリッグステストでは人間を4つの「**ダイコトミー（二者択一）**」（編注：反対あるいは完全に異なるものなどを区別または対比させる方法）に基づいて評価し、4文字のコードを使って人格のタイプを表す。マイヤーズ・ブリッグス・タイプ指標は4つの異なる側面を設定し、4×4の枠の中に16タイプのパーソナリティが入ったフレームワークで表される。

これまでの人生で出会ってきたたくさんの性格タイプと比べると、わずか16というのは個性を特定し理解するにはひどく少ないように思える。しかし現場の大半のカスタマーサービス担当者にとっては、顧客との2、3分の会話のあいだに16種の異なるプロファイルを同時に手際

フィーラー
共感性重視
「次の手順は納得のいくものでなければ嫌だ」

キャラクターの特性
・協力的
・神経質
・忠実

注意する点
・意見の提供を求める
・確証する
・個人的に協力しているという姿勢を示す

エンターテイナー
社会性重視
「いっしょに楽しもう」

キャラクターの特性
・社交的
・熱心
・自発的

注意する点
・堅苦しくない調子を維持する
・個人的なことに言及する
・とにかく全体像に集中する

シンカー
プロセス重視
「じっくり時間をかけて内容と理由を説明してほしい」

キャラクターの特性
・分析好き
・几帳面
・まじめ

注意する点
・話に口を挟まない
・プロセスを説明する
・ゆっくりと話す

コントローラー
結果重視
「さっさと要点に入ろう」

キャラクターの特性
・自主性がある
・率直
・決断力がある

注意する点
・意見の提供を求める
・確証する
・個人的に協力しているという姿勢を示す

出典：ブラッドフォード・アンド・ビングレー、パワートレイン、2013

図4.5　ブラッドフォード・アンド・ビングレー社のパーソナリティ・フレームワーク

よく処理しなければならないのは大変な負担だ。そこで、ブラッドフォード・アンド・ビングレーはパワートレイン（行動変化に関する英国のコンサルタント企業）と協力し、16タイプをさらに4タイプにまとめたパワートレインのフレームワークを使用することにした。平均的な現場のカスタマーサービス担当者にははるかに扱いやすい数である（図4・5参照）。

プロファイルを構築する

顧客全体は次の4つのカテゴリーに分類されると考えよう。

- **フィーラー**　感情的なニーズに基づいて

やりとりを主導する

- **エンターテイナー**　会話を好み、自分の性格を誇示したがる
- **シンカー**　分析してから理解したがる
- **コントローラー**　欲しいと思ったときに欲しいものを手に入れたがる

一見するととても単純だが、カスタマーサービス担当者にはあまり有益ではないだろう。顧客がどのパーソナリティの特徴を見せているのかを知り、その顧客の扱い方を理解するための何らかのツールや手引がなければ、このフレームワークは直感を少々わかりやすくしたものに過ぎない。

ブラッドフォード・アンド・ビングレーが使用しているプロセスが本当にすばらしいのはそれがプロセスである点だ。プロセスに従えば、平均的なカスタマーサービス担当者でも、入手した知識を元に平均30秒から1分でどのような顧客の性格プロファイルも推測できる。さらに、最も優れているのは、カスタマーサービス担当者が顧客の性格を正しく理解するのにいくつもの質問をしなくていい点だ。カスタマーサービス担当者はすべて顧客が使用した言葉だけに基づいて推測する。問題を説明するときの声のトーンそのものや、性格を示唆するその他の要素などではなく、顧客が会社に電話したそもそもの理由を詳しく説明する際にどのような言葉づ

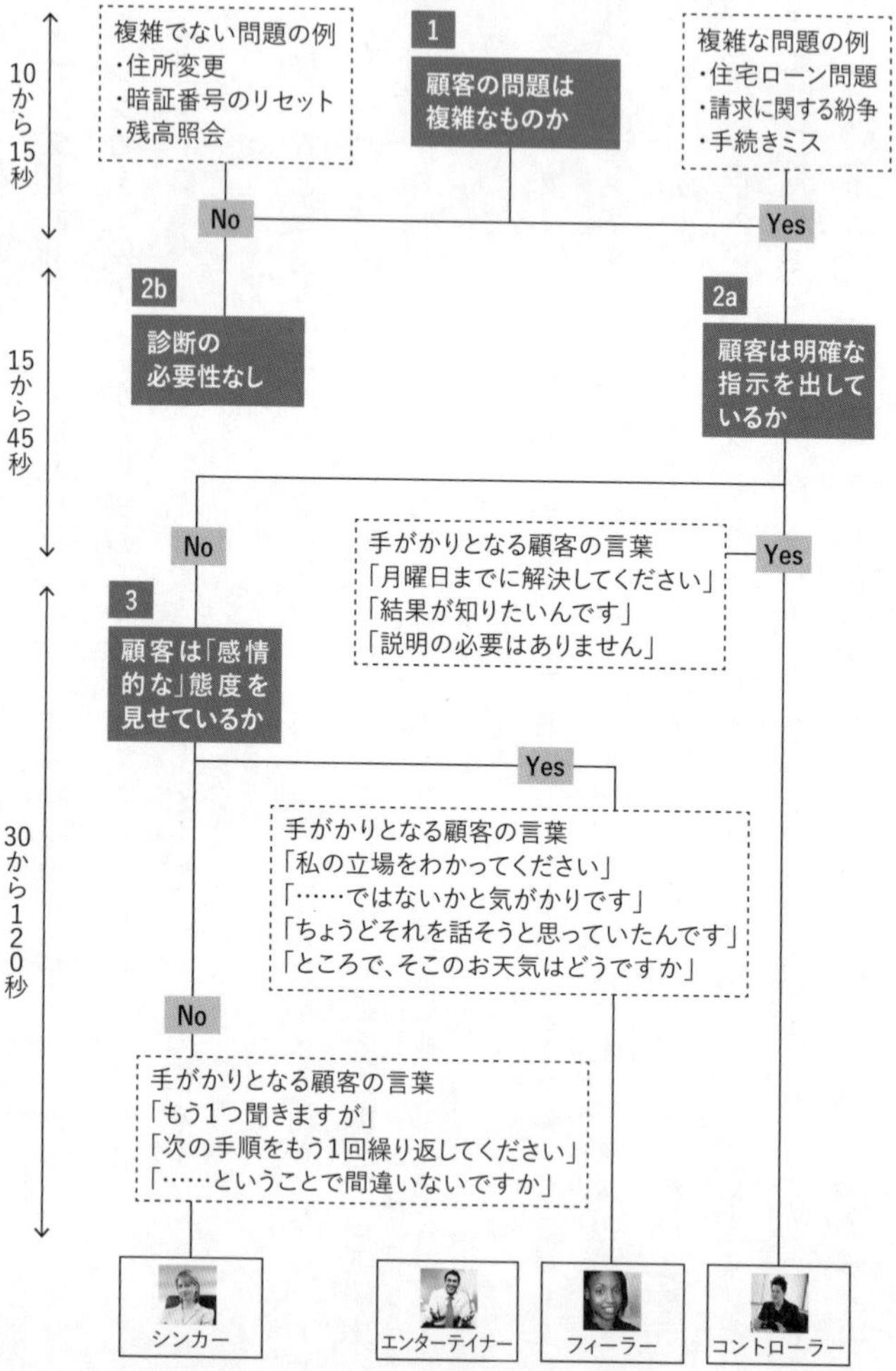

出典：ブラッドフォード・アンド・ビングレー、パワートレイン、2013

図 4.6　ブラッドフォード・アンド・ビングレー社の顧客のプロファイル特定ツール

かいを選択したかに注目する。

カスタマーサービス担当者がこれを実施する際の手助けとして、ブラッドフォード・アンド・ビングレーでは簡単な決定木を用意している（図4・6参照）。

このプロセスでサービス担当者に求められるのは、診断の過程で以下に説明する3つの質問に回答することだけだ。答えによっては3つすべての質問に回答する必要はない。

1．顧客の問題は複雑か。 答えがノーの場合は簡単である。カスタマーサービス担当者はそれ以上先に診断パスを進む必要はない。顧客の問題がわずかな会話で迅速かつ容易に解決できる場合（たとえば住所変更の手続きや残高照会）は、顧客に合わせて他とは明らかに異なる問題解決のプロセスを実施するのはまったく意味がない。プロ意識を持って丁寧に処理するだけで十分である。問題が単純な状況では、カスタマーサービス担当者はすべての顧客をコントローラーとして扱う。つまり、できるだけ丁寧に迅速に求めるものを提供し、顧客に電話を終了してもらうのだ。しかし、顧客の問題が複雑なものである場合（請求のトラブルなど）は、カスタマーサービス担当者は、顧客が自分の問題をどんな言葉で説明するかに注意深く耳を傾ける。

2. 顧客は明確な指示を示しているか。 答えがイエスならばその顧客はコントローラーと考えられる。プロファイルの診断をさらに進める必要はなく、カスタマーサービス担当者は迅速かつ簡潔に顧客の質問への回答を開始する。

3. しかし、答えがノーの場合は、顧客は感情的な態度を見せているかという3番目で最後の質問に進む。ノーであればその顧客はシンカーだと考えられる。イエスであればその感情的なニーズの発生源の違いによってフィーラーかエンターテイナーであると考えられる（言うまでもなく、エンターテイナーは冗談やおしゃべりを好む。フィーラーは個人的な見解や、ときには自分の感情を考慮してもらいたがる）。

もちろん、顧客の性格特性を特定するのが1つの目的だが、ここで真にカギとなるのは個々の顧客に合わせたサービスの提供だ。ブラッドフォード・アンド・ビングレーでは、現場のスタッフが毎日の業務でツールとして使用できる一連のカンニングペーパーを用意し、この要素も簡素化した。このカンニングペーパーには、それぞれのパーソナリティのプロファイルに最も効果があるアプローチへとサービス担当者を導き、最終的に各顧客にとって最も努力を要しない電話のやりとりを作り出すためのいくつかの簡単なヒントや合図が書かれている（図4・7参照）。

このプロセスで少し意外なのは、現場のカスタマーサービス担当者が顧客のパーソナリティ診断に関してCRMシステムにメモを残すことを厳しく禁止している点である。次に同じ顧客に対応するカスタマーサービス担当者のために、その顧客のパーソナリティプロファイルを同僚たちへの事前の警告として残しておくのはよい考えのように思われるのだが、ブラッドフォード・アンド・ビングレーではそれはおこなわないと定めている。顧客のプロファイルはいろいろな要因（問題の緊急性やそのとき顧客にどの程度の時間の余裕があったかなど）によって変化する可能性があることが判明したからで、同社は、次に電話をかけてくるときはまったく違った態度をとるかもしれない顧客を、カスタマーサービス担当者が先入観を持って判断してしまうのを避けたいと考えている。

人格特性の違いを認識する方法を現場のカスタマーサービス担当者全員に教え、時間給やパートタイムの社員までもがこのスキルをある程度のレベルまで習得するのを期待するのは、時間と努力に見合っているだろうか。ブラッドフォード・アンド・ビングレーのカスタマーサービス担当者チームや、過去数年にこのプロセスを導入した数多くの企業を観察して実施した私たちの分析によると、答えは明らかにイエスである。

顧客ロイヤルティへの潜在的な影響力を考えてみよう。対応しているカスタマーサービス担当者が自分を「理解」してくれていると顧客が感じれば、その経験は努力程度の低いものにな

コントローラー
結果重視

「無用な細かいことで時間を浪費しないでさっさと問題を解決してほしい」

留意点
・問題に直接言及する
・会話のペースを速める
・結果が出るまでのはっきりしたスケジュールを提示する

態度で示すべき点
・自信
・顧客と問題を共有しているという態度
・「できる」という態度

シンカー
過程重視

「解決のための手順を時間をかけて説明し、私にも話をさせて欲しい」

留意点
・話を遮らない
・解決までの手順を説明する
・会話のペースを遅くする

態度で示すべき点
・聞き上手であること
・几帳面さ
・次の手順に進む透明性

エンターテイナー
社会性重視

「その他大勢ではない1人の人間として扱ってほしい。誰にでも当てはまる回答はいらない」

留意点
・堅苦しくない調子を維持する
・台本通りの回答をしない
・場合に応じて個人的なことを話す

態度で示すべき点
・ユーモアのセンス
・創造性
・親しみやすさ

フィーラー
共感性重視

「私が問題をどう感じているかを理解して、その気持ちに添った方法で解決してほしい」

留意点
・顧客を苗字ではなく名前で呼ぶ
・問題は必ず解決すると保証する
・個人として協力したいという態度を示す

態度で示すべき点
・共感・我慢強さ
・理解・誠実さ

出典：ブラッドフォード・アンド・ビングレー、パワートレイン、2013

図 4.7　ブラッドフォード・アンド・ビングレー社の顧客の問題解決のための手引

る可能性は高い。これが経験工学の最重要点である。努力に対する顧客の一般的な感じ方は顧客が会社へのロイヤルティを失う最も主要な要因であり、一般的なサービス提供についての認識も同様である。ブラッドフォード・アンド・ビングレーの戦略なら、カスタマーサービス担当者は顧客が自分のためだけに特別に用意されたと感じられるサービスを提供できるのだ。

結果がこのアプローチの効果を証明している。ブラッドフォード・アンド・ビングレーでは「他の人にこの会社を推奨する意志」が20％増加した。さらに、いくつかの恩恵も発生し、そのうちの複数は誰も予想しなかった付随的な効果だった。パーソナリティベースの問題解決を実施した最初の1年に、顧客の電話のかけ直しが40％減少した。第3章で次の問題回避を論じたときに述べたように、かけ直しのかなり多くの部分は、顧客が提示された情報を信用しない、受け取った回答が単に気に入らないなどの経験にまつわる二次的な問題から発生している。ブラッドフォード・アンド・ビングレーでは、顧客のパーソナリティに合わせた方法で顧客を扱うことによって、不要なかけ直しを引き起こすこうした感情的な要因を大幅に減少させ、結果的にサービス業務の経済面に膨大なプラスの影響がもたらされた。

さらに同社は現場のカスタマーサービス担当者のエンゲージメントスコア（訳注：従業員の会社に対する愛着度や思い入れを示す指標）の上昇を報告している。これについては、パーソナリティベースの問題解決によって仕事が楽しくなっただけでなく、対応中の顧客に最適だと思う方法を自分で判断してやりとりする自由が与えられていると現場の担当者は感じており、それが大半のサービス組織の台本やチェックリストを中心とする「指揮統制」文化とは大きく異なった企業環境を作っていると説明する。

またしてもウィン・ウィン・ウィンだ。顧客にとっても、企業にとっても、サービス担当者にとっても最高の環境である。

要するに、カスタマーサービス担当の経営陣が「何がよいか」を定義しすべての現場の担当者がこの基準を順守する「一貫したサービス」から、顧客一人一人が個々の扱いを受ける「一貫してそれぞれの顧客に合わせたサービス」への移行は文化の変化なのだ。あらゆる状況で従業員に何をするかを告げるだけでは達成されない。一貫して優れたサービスのためには、カスタマーサービス担当者をどう扱うかについて真剣に考え直す必要があるのは容易にわかる。

その点を念頭に置いて、私たちはいつもやっていることをした。新しいプロジェクトに着手したのだ。今回はとくにカスタマーサービス担当部門の運営に注目した。顧客努力をそれほど必要としない企業は現場のカスタマーサービス担当者をどのように管理しているかを理解するのがプロジェクトの目的だった。それらの企業と他との違いは何か。社員の態度を徹底的に管理したり操ったりすることが顧客それぞれの個性に合ったサービスエクスペリエンス創生への正解であるはずがない世界で、それらの企業はどのように社員たちを掌握しているのだろうか。

結局のところ、私たちは発見したことにおおいに驚かされた。そしてその驚きが、私たちと、低努力のエクスペリエンスを顧客に提供するための方法を探る道へと踏み出した多くの企業に新しいブレイクスルーをもたらすこととなった。

本章のまとめ

- 努力とは「何をするか」が3分の1で「どう感じるか」が3分の2。顧客努力の大きさを左右するのはサービス・インタラクションが努力を要するものだったかどうかに関する顧客の受け止め方であって、やりとりの過程で過度の努力が実際に必要だったかどうかではない。
- 顧客の受け止め方をうまく処理するためには単に親切にすればいいというわけではない。「経験工学」は顧客の反応をうまくかじ取りする1つの方法で、従来のソフトスキルとは形態も目的も著しく異なる。経験工学は行動経済学に基づいており（アドボカシー、オルタナティブ・ポジショニング、アンカリングなどのテクニックを使用し）、目的を持った言葉づかいをよりどころとして、よくない結果の知らせにも肯定的な反応が返ってくるようにするものである。

第5章

主導権を握るには、主導権を手渡さねばならない

カスタマーサービスを管理する立場として生涯をすごしてきた人たちには、とても厳しいが受け入れなければならない現実がある。最高のカスタマーエクスペリエンスを作り出すために多くの戦略や方法が考え出されてきたが、その経験を日々顧客に届けるのは、たいていは、何千とは言わないが何百というカスタマーサービス担当者の責任であるという事実だ。そこには経営陣たちの力は遠く及ばない。

努力をそれほど必要としないカスタマーエクスペリエンスでロイヤルティの低下を抑えるという目標が達成できるかどうかは、大半が時間給やパートタイムで働く現場のカスタマーサービス担当者の仕事ぶりに100%かかっている。つまり、本社の指揮官たちが作り出したすばらしい戦術の成否は何百人、何千人の歩兵たちの行動によって決まるのに、肝心の彼らが作戦成功に注ぐ意欲は、「安定した収入がほしいくらい」のものでしかないかもしれないのだ。それが、多くの企業がこんな身も蓋もない言い方で思い知らされたくない現実なのである。

企業と企業の戦略上、財政上の利益に関する限り、1人のカスタマーサービス担当者のスキルと能力にかかっている部分が相当あるのは確かだ。顧客とのやりとりを聞いている上司もいない（電話がカスタマーサービス担当者から上司へとエスカレーションしなければ）し、セーフティネットもない。そのため、大半のカスタマーサービス事業者で一般的な従業員管理の戦略は、あらゆることに関する手綱をできる限り締めて、会社のリスクエクスポージャー（編注：リスクに晒されていること）を抑えるためにできる限りの手段を講じるというものである。カスタマーサービス担当者が顧客とのやりとりで必ず使用すべき用語をすべて指定している企業は珍しくない。多くの企業は、平均処理時間（ＡＨＴ）を削減する、１つ１つのやりとりでカスタマーサービス担当者が必ずおこなう行為をすべて指定するチェックリストを品質保証（ＱＡ）評価として採用するといった、時代遅れの生産性向上手段をいまだに重視している。

しかしながら、私たちが発見したのは、努力をそれほど必要としないサービスを実現している企業の業務の方法や従業員の管理方法は、それとはまるで違うということだ。そしてこれが一流のカスタマーサービスを生むための４つ目の柱である。多大な顧客努力を要しない企業のオフィスや仕事の現場は、一般的なコンタクトセンターとは雰囲気がまったく異なる。**通話時間をできるだけ短くしろと担当者を急かすＡＨＴ時計もない。サービスの一貫性を測定する項目をチェックするＱＡ担当者もいない。**顧客の名前を３回呼べとか、「いつもご利用ありがとうございます」と言えとか、「電話中はずっと笑顔で」などと、担当者に指示する人もいない。

顧客努力をそれほど必要としないサービス企業では、対応しているこの顧客だけが経験しているこの人だけの問題をどう扱うべきかを担当者自身が判断する。言い換えれば、カスタマーサービスのトップ企業は、大半の企業が気づいていないことに気づいている。

それは**主導権を握るには、主導権を手渡さねばならない**ということだ。

これは、論文や研究室のなかだけで達成可能な壮大な理想像ではない。ここで説明しているのは現実であり世界中の先進的なサービス企業ですでに起きていることだ。これらの企業のリーダーたちが平均的な企業よりも早くに気づき始めているのは、顧客の期待と要望が昔よりずっと速いスピードで変化しているという現実である。かつてのトップ企業が採用していたサービス戦略は急速に時代遅れとなり、効果が十分でないか、もっと悪い場合はむしろ有害なものになっている。カスタマーサービスのリーダーを長年務めていれば、なぜ多くのリーダーたちがこれを否定するのかは容易に理解できる。**何も変わっていないと思いたい**のだ。

しかし、すべて今まで通りを望む人々にとっても、違いはおそろしいほど明確だ。過去20年のあいだに、顧客の期待と、その期待に添うために現場のカスタマーサービス担当者が必要とするスキルの両方で大きな変化が起こっている。カスタマーサービスの世界は、顧客の問題の大半が型通りのものだった（そのためカスタマーサービスを工場での作業のように管理できた）時代から、簡単な問題はセルフサービスで処理され、複雑な問題だけが残される時代へと進化した。これに加えて、顧客の期待が急激に高まり、企業がその期待に応えられないと、顧客はソーシャルメディアを使って即座にその企業を攻撃できるようになった。また、カスタマーサービス担当者の責任は明らかに以前より大きくなり、仕事の内容は複雑になっている（図5・1参照）。

こうした状況では、私たちがおこなった最近の調査で、サービス組織の80・5%がこの2、

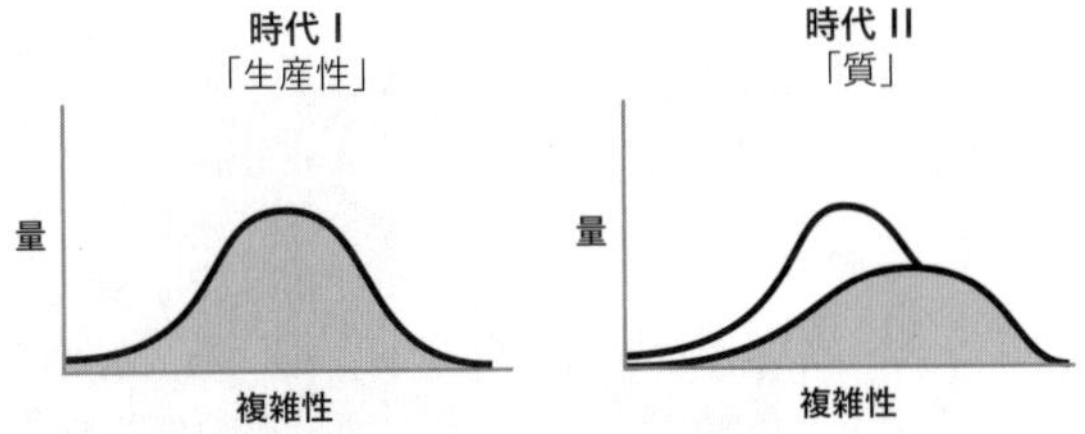

	時代 I「生産性」	時代 II「質」
コンタクトセンターへの問い合わせ内容の組み合わせ	問い合わせ件数が多い。担当者への問い合わせ内容は複雑なものと容易な問題が同じくらい。	単純な問題はセルフサービスで処理。コンタクトセンターに問い合わせる問題の件数が減り、内容は複雑になる。
顧客の期待	簡単な問題の迅速な解決	複雑な問題を顧客や問題の内容に合わせて解決してほしい

出典：CEB、2013

図 5.1　カスタマーサービスの時代の変遷

3年はカスタマーサービス担当者の業績に大きな伸びが見られないと回答しているのも驚くに値しない（図5・2参照）。

確かに気が滅入るニュースではある。すばらしいカスタマー・エクスペリエンスの提供に向けた経営陣の努力、顧客にとって考えられる最善の結果を達成するために（大半の）サービス担当者が注ぎ込んだ気配りやエネルギー、これらすべての結果が実質的なゼロ成長なのだ。まるで下りのエスカレーターを上ろうとしているようなものだ。どんなに頑張ってもどこにもたどりつかない。現場のサービス担当者の業績をあげられず（そのうえ悪ければ業績悪化の可能性もおおいに現実的）、サービス業務の責任者たちは数々の大きな疑問を抱くことになっ

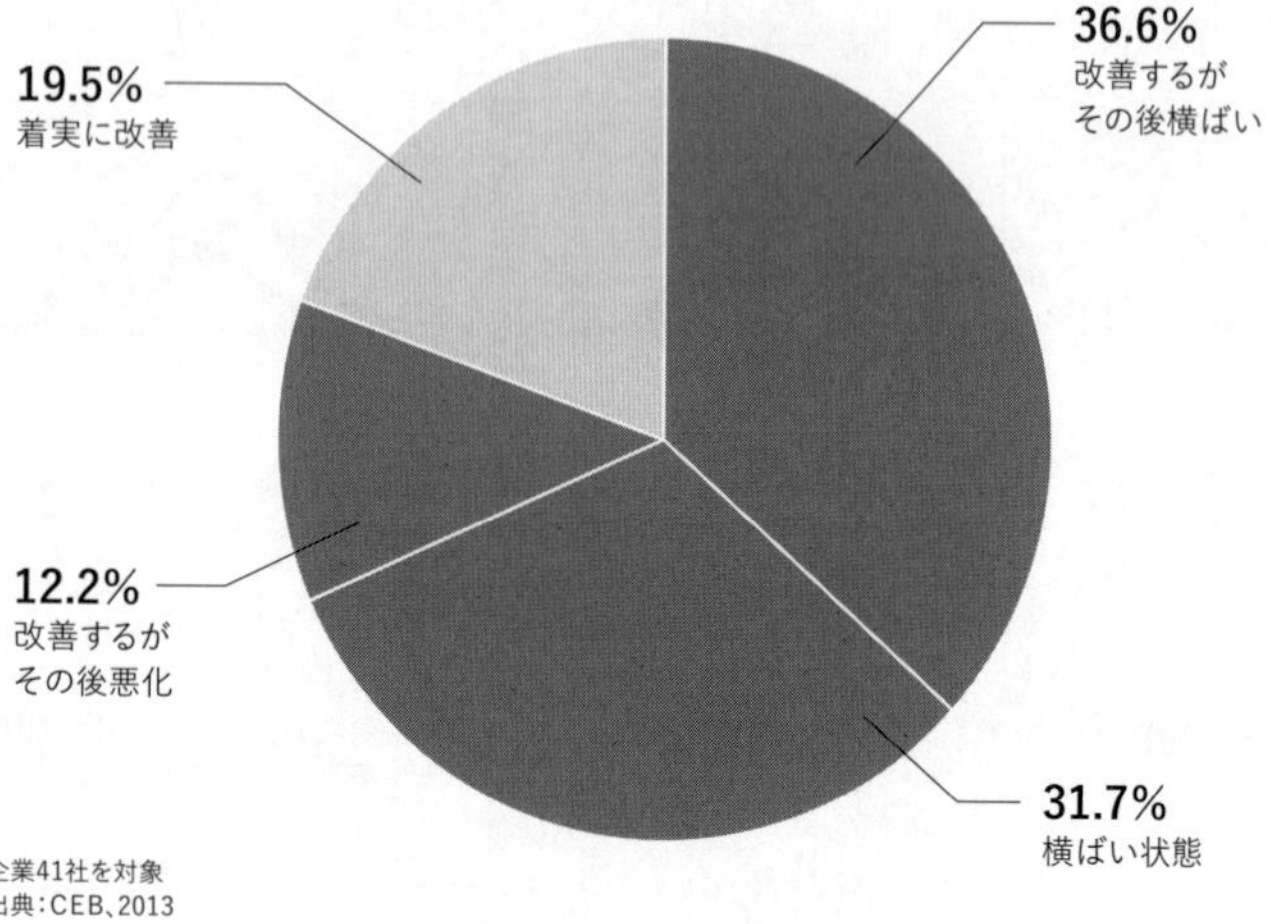

図 5.2　カスタマーサービス担当者の業績改善傾向（企業報告による）

たが、得られた答えはわずかである。ある銀行のカスタマーサービス担当役員は「カスタマーサービス担当者は顧客の期待に十分応えられていないように思える。これと年間平均30%の離職率を考え合わせると、私は入社した社員を退職させるためにオンボーディング（訳注：中途採用者を含む新入社員を対象とする新人研修）をしているような気になる。要求が高い顧客や融通の利かないシステムのせいでバーンアウト（編注：燃え尽き症候群）してしまうケースが多い」と語った。

顧客の期待と要望がこれまでと大きく異なる時代に、社員にはどのような心構えをさせるべきなのか。今日の顧客環境にはどのようなタイプの現場従業員が適しているのか。企業は現場の業務にどのような人間を採用すべきか。業績、とくに顧客努力の緩和という点に最も大きな影響を与えるのはどのようなスキルや態度か。どのようなトレーニングやコーチング、カスタマーサービス担当者へのインセンティブを取り入れればもっと大きな成果があげられるのか。これらを整理してまとめると、今日の世界で企業が担当者たちを成功に導く方法は何か、顧客に低努力の経験を提供しようとする場合に最も重要なスキルは何かという、2つの疑問に行き当たる。

私たちが、現場サービス担当者の業績に関する分野では最も包括的かつ広範囲に及ぶ調査に着手したのは、これらの疑問に対する答えを得るためである。目標は、顧客ロイヤルティの向上と上質のカスタマーエクスペリエンスの創出に最も大きな影響を与えるのはどのようなスキルと態度かを正確に知ることだった。対象範囲が広大で実施計画も非常に複雑な調査だが、中心的な命題は極めて単純だ。多数の現場担当者たちが持つスキルや主要な行動の特性を知り、そのスキルと行動をそれぞれの担当者の業績レベルとつき合わせてみたらどうなるか。あるサービス担当者の得意分野を知り、その担当者の業績が他の同僚と比べてどの程度優れているのかがわかったら、そのプロセスを何百人ものカスタマーサービス担当者たちに繰り返し実施すれば、高い業績を引き出すには何が最も重要かという問題についてさらに明確な結論が得られるかもしれない。

個々の現場担当者をもっと深く知るために、私たちは世界各地に呼びかけ、カスタマーサービス担当者たちを最もよく知る人々、すなわち直属の上司たちに協力を依頼した。最終的には、さまざまな業種やビジネスモデル、企業規模、地域、文化を代表する多種多様な企業から440名のカスタマーサービスマネジャーの下で働く社員のリストを作成することができた。

これらのマネジャーには、直属の部下でその人となりをよく知る現場のカスタマーサービス担当者を無作為に3名選び、それら3名の詳細な情報を提供してもらった。これにより、合計1320名の現場サービス担当者を分析対象にすることができた。私たちはマネジャーに、75を超えるさまざまなスキル分野での専門知識（今日のサービス環境における堅実な業務遂行に何らかの形で貢献すると私たちが仮説を立てた一連の行動を並べた、うんざりするほど長いリスト）に基づいて、3名のカスタマーサービス担当者を評価するよう依頼した。

スキル分析の次に、担当者の個々の成績評価をおこなった。所属企業が採用する成功指標（顧客満足度、ネット・プロモーター・スコア、初回解決率、顧客努力指標など）に照らすと、その社員は全サービス担当者中どこに位置するか。業績トップか、平均的か、下位か。

最後に、1320名のスキルを業務成績の順位と比較すると、非常に明らかな結論がいくつか浮かび上がってきた。私たちの疑念や仮説を裏づけるものもあれば、実に意外なものもあった。

私たちの発見は2つの分析結果から得られたものだ。要因分析により、この長いリストにあげられたスキルは統計上定義された4つのカテゴリーにきれいに分かれ、それぞれのカテゴリーには共通の特性と性質面の関係があることがわかった。

次に、回帰分析から、現代の顧客環境でカスタマーサービス担当者の成績向上に最も大きな影響を及ぼすのは4つの要因のうちのどれかが明確になり、この研究のカギとなる疑問の答えが得られた。

影響の小さいものから順に説明していく。最初の要因群は以下の4つのスキルで構成される。

- 好奇心が旺盛だ
- 創造的である
- 批判的思考ができる
- 新しいことを試すのが好き

この4つは私たちの多くが高度な問題解決力、略してIQと呼ぶ分野にぴったりとはまる。

私たちの分析では、この分野が平均より優れているとカスタマーサービス担当者の成績は3・6%向上することがわかった（ここで示すカスタマーサービス担当者の成績向上率は、どれもあるスキルあるいは態度について25パーセンタイル（編注：計測値として100人いる場合、小さい数字から25番目に位置する人）のカスタマーサービス担当者と75パーセンタイル（編注：同上、75番目の人）のサービス担当者とを比較したものだ。したがって、最低と最高の比較ではなく、「それほどよくない」と「かなりよい」というより有意義な比較である）。

これをCSATやネット・プロモーター・スコアの3・6％の改善、あるいは顧客努力の3・6％の軽減と考えてみよう。調査に協力してくれた企業のほとんどすべてが、カスタマーサービス担当者の成績における3・6％の向上は、カスタマーエクスペリエンス指標全体における著しい改善と言えると述べている。忘れてならないのは、IQが4つのグループのなかで最下位にランキングされていることだ。これから先はどんどんよくなる一方なのである。

次のグループは6つのスキルで構成される。

- 製品に関する知識がある
- 技術的な専門知識がある
- 自信にあふれたコミュニケーションができる
- 明快なコミュニケーションができる
- 的確な質問ができる

●複数の作業を並行しておこなうことができる

私たちはこのまとまりを「**基本的なスキルと態度**」と呼ぶ。これらは大半のカスタマーサービスのリーダーがサービス担当者が備えているべきと考える基礎的なスキルだ。この分野に秀でたカスタマーサービス担当者の成績は5・1％高い。これは当然である。カスタマーサービスの基本的なスキルが平均を上回っていれば、そうでないサービス担当者よりはいくらかいい業績があげられるはずだ。

しかし、基本と同じくらい重要な3番目の要因のほうが向上率はわずかに高い。これは6つのスキルで構成される。

●相手に共感できる
●異なるパーソナリティのタイプに合わせて臨機応変な対応ができる
●カスタマーサービスについての倫理観がある
●外向的である（見知らぬ人との会話が苦痛ではない）
●顧客の立場になる
●人を説得する力がある

この要因は**感情知能（EQ）**と呼ぶのがぴったりだ。この要因の影響は5・4％の業績改善となって表れている。EQの影響はIQや基本的なスキルおよび態度と比べると少し大きいものの、差はごくわずかである。したがって、検討対象がこの3つの要因だけだったら、どれか1つを社員の採用や研修の際に注力すべき分野として企業に強く勧めるのは難しい。企業がこのなかのいずれか1つの方向にすべてのリソースを投資したり、あるいはエネルギーをこの3つに分散したりするのであれば、いくらかはプラスになっても、驚くほどの結果を得られる可能性は低い。

しかし、私たちが見つけた選択肢は3つだけではない。4番目が存在するのだ。そしてこの4つ目の要因は、以前は確認できなかったミッシングリンク（編注：ある完結する「系」において欠けている部分）であり、他の3つのどれと比較しても著しく大きな影響力を持つ。その影響力は、他の3つのいずれか2つを合わせたものより大きかった。この要因は次の5つのスキルと態度で構成される。

- 立ち直りが早い
- プレッシャーがきつい状況をバーンアウトせずに乗り切ることができる

- 自分の行動に責任を持つ
- 上司の建設的な批判に肯定的に反応する
- 長時間でも職務に集中できる

ここでも、これらの5つのスキルのデータは統計的に近く、他のすべての要因とは分かれる。この発見はまったく予想しなかったものだったので、私たちはかなりの時間をかけてこのスキル群を検討し、なぜそれらがこれほどまでに重要なのかについてのいくつかの仮説を引き出した。ここでは、**この4番目の要因を「コントロール指数」、略してCQと呼ぶことにする。**なぜこう呼ぶのか、そしてこの要因が現代におけるカスタマーサービス・インタラクションになぜ大きな影響を持つと考えるのかについて話を進めることにしよう（図5・3参照）。

今日の複雑な顧客環境で成功をおさめるカギとなる要因の1つは、現場の担当者が顧客とのやりとりで主導権を握る能力を持っているかどうかであることがしだいに明らかになっている。カスタマーサービス担当者は、応対する顧客の個人的な状況（扱いが難しい状況の場合も多い）に完全に集中しなければならない。顧客が自分の問題に感情的に反応する場合もある。会社が問題を十分に解決できない場合はそうした感情がさらに悪化してしまうことも多い。

想像してみよう。破損した商品の保証期間がすでに過ぎており、新しい商品を購入する以外

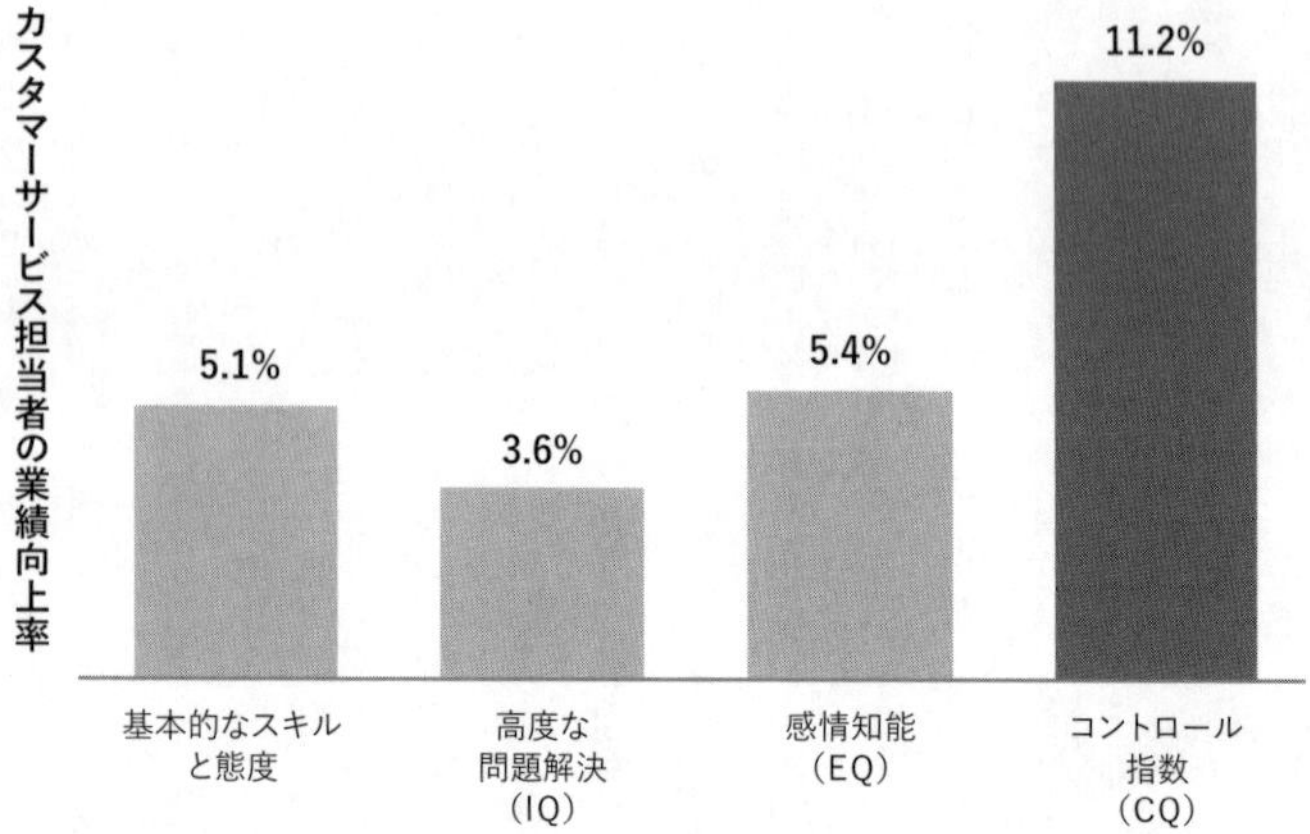

スーパバイザー 440名、カスタマーサービス担当者1320名を対象
出典：CEB、2013

図 5.3　各カテゴリーのスキルがカスタマーサービス担当者の業績に及ぼす影響

に方法がないと顧客が告げられたケース。あるいは、たくさんの親せきが集まる機会にホテルの客室に十分な空きがなく、何人かの親せきには町の向こう側にある別のホテルに宿泊してもらうしかないと言われたケース。

こうした状況で冷静さを保つ、すなわち肯定的な言葉づかいのスキルとオルタナティブ・ポジショニングを使い、込み入った難しい状況にいる顧客と感情的なつながりを築くには相当な自己抑制力が必要だ。何よりも、現場の担当者はあらゆる顧客の要望を100％満たすのは不可能だとすぐに気がつく。会社が顧客のニーズにどうしても応えることができず、顧客の気持ちを察して幸運を祈るしかない場合もある。このような状況で顧客が見せる反感や感情の爆発が担当者の心に深い傷を残すこともある。とくに気持ちの切り替えがうまくなく、自分自身の感情的な反応をコントロールできないサービス担当者はその傾向が強い。

しかし、現代の顧客環境で最も重要なのは、カスタマーサービス担当者が手ごわい客との特定の難しいやりとりをいかにうまく切り抜けられるかではなく、その担当者が次の電話、そしてまたその次の電話をどう扱うかだ。

現場の担当者のなかには難しい電話のやりとりのあとに感情の落ち込みを経験する人がいる。そうなると人は自分を守るために自分だけの世界に逃げ込む。誰でもこういうカスタマーサービス関係者に会ったことがあるはずだ。口調が単調で、プロらしさはあるが人間らしさが感じられない、ロボットのような雰囲気の人たちだ。このようなカスタマーサービス担当者と応対するのは顧客のほうもエネルギーが必要だし、ほとんどの場合は標準以下のひどい経験をするはめになる。担当者のこうした態度は顧客サービスの質の低下に直接つながり、顧客ロイヤルティの目標を達成する企業の能力を低下させる。CQを構成するこれらの5つの資質が、現代における顧客環境での成功を達成するために大変重要なのはそういうわけだ。

このCQの考え方について調査を進めていくと、**これらの資質は、強いプレッシャーがかかった感情的な状況は普段の仕事で日常的に起こる職業でトップの成績をあげている社員が持って**

いる資質に類似していることがわかってきた。

たとえば、看護の仕事を考えてみよう。看護師は、生涯最大の苦しい経験をしている患者と向き合わなければならないことも多い。悲惨な事故の被害者という患者もいるだろう。2時間前までは健康で何の悩みもなかったのに、今は病院のベッドで苦しんでいる。また、昨日までは考えもしなかった自分の死期に突然気づいた患者もいるかもしれない。しかし優秀な看護師はある病室にいるある患者だけに完全に集中して応対することができる。そして、その病室でのやりとりの結果がどうなったかに関係なく、次の病室へと移動し、隣の病室では何も起こらなかったかのように目の前の患者とのやりとりに集中する。これが自己統制の本質だ。

実際、看護師たちには、患者ととりわけひどい感情的なやりとりを経験したときに、看護師同士で励まし合ったり、心のなかで繰り返して自分を落ち着けたりするために使う**QTIP**という4文字からなるキャッチフレーズがある。これは綿棒のことではなく（訳注：Qティップは綿棒のブランド名で、米国では綿棒を指す意味で使われることが多い）**「Quit Takin' It Personally（個人的に受け止めない）」**の頭文字を並べたものである。

緊急治療室と精神科病棟で20年以上も勤務してきたあるベテラン看護師は、「嫌な思いをしたからといって、それを次の患者への応対に影響させることはできません。次の患者には私からできる限り最善の対応を受ける権利があります。少し前に誰か別の人とひどい経験をしたからといって患者に最善の対応ができないなんて身勝手です。だから私はひどい経験も個人的に受け止めません。1つ1つの状況で最善を尽くし、そしてその患者への対応が終わったら、まったく新しい気持ちで次の患者に向き合います」と語る。

単に1人の患者（あるいは顧客）だけに向き合うためだけではなく、すぐに気持ちを切り替えて次の患者や顧客にしっかりと対応するためにも必要な資質は何かを考えるうちに、それまではっきりと定義されていなかった5つのスキルと態度からなるこのまとまりが、個別に調査して明確にすべきミッシングリンクだということがさらにはっきりしてきた。

CQの影響力は回帰分析から極めて明白である。カスタマーサービス担当者の業績があまりぱっとしない会社を、顧客努力をそれほど必要としないカスタマーエクスペリエンスを提供する世界トップクラスの会社へと発展させ、それに伴う顧客ロイヤルティのメリットや財政上の利点をすべてもたらす力をCQは持っている。

コンタクトセンターのCQを強化する

カスタマーサービス・リーダーたちがこの強力な推進要因に気づいたら、ごく自然に「どうやったらこのCQをうちのチームにもっと取り入れられるだろうか」という好奇心と欲求が同時に生まれるだろう。

ＣＱをもっと獲得するには、社員の採用方法を変え、応募者を何らかの方法でふるいにかけて「高いＣＱ」を生まれながらにして身につけている人材を見つけ出さなければならない。そう考えるのはもっともだ。私たちが調査をした企業の大多数が、求職への応募書類から高いＣＱを見分ける方法や、面接でどのような質問やテストをすれば高いＣＱを持つ応募者を選別できるかを知りたがった。当然の話である。ただし、ＣＱをめぐる物語に重要な問題点がなければの話だが。

１３２０名のカスタマーサービス担当者を分析した結果、かなり驚きの事実が判明した。ＣＱを持っていない、あるいはごくわずかしかないサービス担当者は全体のたった６％に過ぎなかったのだ。

残りの94％のうち30％がすでに高いＣＱを持っていることがわかった。こうした人たちは生まれつき「自己管理」がうまく、ネガティブな経験のあとにすぐに立ち直る力も強い。スポーツの世界ではこの心理面の資質を「短期記憶」と呼ぶ。典型的な例は、これを入れればトーナメント優勝という2フィートのパットを外しても、次の試合には**まるで悪いことなど何ひとつ起こらなかったかのように**平然として戻ってくるゴルファーだ。前の試合でのひどい経験を、次の試合でのパフォーマンスに影響を及ぼすネガティブな荷物として引きずることがない。

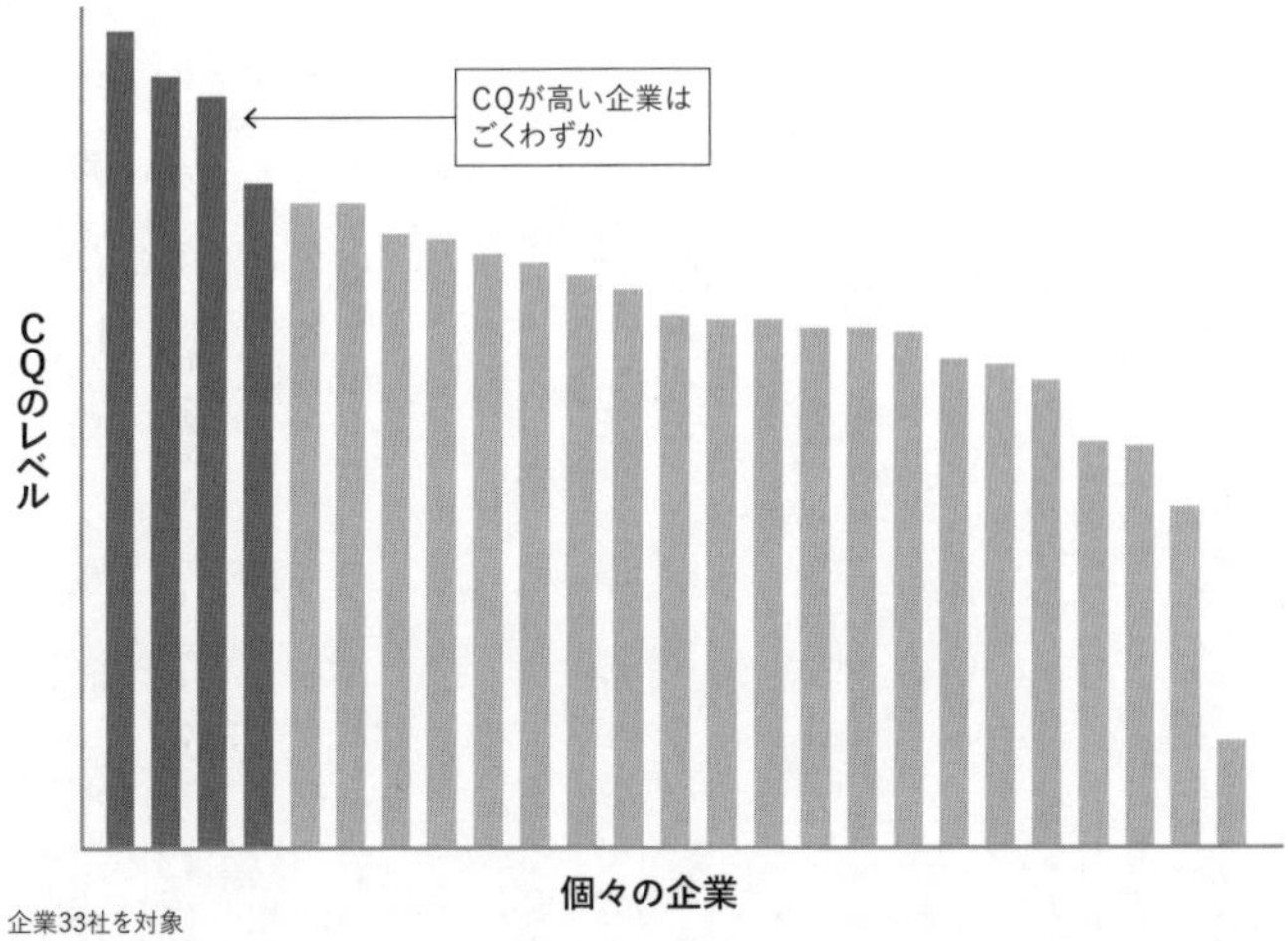

企業33社を対象
出典：CEB、2013

図5.4　企業各社の平均ＣＱレベル

しかし、カスタマーサービス担当者全体の94%（職場の中核をなす平均的な従業員だ）が、最低でも中程度のＣＱ、あるいは、少なくとも正しい環境下では発揮されるはずの潜在的なＣＱの「遺伝子」を持っている。その理由は簡単だ。一種の自然淘汰である。潜在的なＣＱを持たない者はすぐに職場を離れていく。

ただし、ＣＱの差は**一人一人を比較した場合はあまり大きくないが、企業を他の企業と比較すると著しい違いが見られる。**つまり、ほとんどのカスタマーサービス担当者はある程度の基準値レベルのＣＱを持っているが、会社という視点で見ると明らかな差がある。高いＣＱを持つ企業と低いＣＱを持つ企業が間違いなく存在するのだ

（図5・4参照）。

私たちはCQが高い企業と低い企業の双方の現場スタッフに詳細なインタビューをおこなった。カギとなる質問の1つは、「仕事に関してあなたが一番好きなことは何ですか」というものだ。おわかりだと思うが、この質問は肯定的な答えを導き出すことを意図している。仕事が好きか嫌いかを聞いて、不平不満や抑圧された負の感情がつまったパンドラの箱を開けるつもりはなかった。

私たちは、現代の複雑で厳しい顧客環境で、カスタマーサービス担当者たちを毎日仕事に向かう気持ちにさせるものは何かを知りたかった。難しい問題や感情的になっている顧客を扱うという実に苦労の多い仕事をやりたいと思うのはどういう動機からなのか。

回答のなかの違いに気づくことができるだろうか。以下はCQが低い企業の現場カスタマーサービス担当者からの典型的な回答である。

「私が好きなのは勤務時間。週末に働かなくていいのがいい」
「可能なときはいつでも、お客様の手助けができること」
「会社の社員特典やインセンティブが気に入っている」
「安定した仕事だから」

「カスタマーサービス担当者としては給料がいいので」

ここで気をつけるべきなのは、これらの社員が仕事を嫌ってはいない点だ。熱心に働き、勤務時間に見合った報酬をもらっている。そしてもちろんだが、安定した職であることや給料がいいことを喜んで悪いはずがない。

しかしこうした反応をCQが高い企業の現場カスタマーサービス担当者たちの全体的な心情と比べてみよう。仕事のどういった面が一番楽しいかという質問に対する回答のなかに、その心情が表れている。

「上司が私を信頼してくれていて、私が1人でも仕事をこなせると信じてくれているのがうれしい」

「職場の環境がとてもいい」

「お客様にとってベストだと私が感じる方法で目的を達成する自由が与えられている」

「経営陣が顧客の問題の扱い方に関する私の判断を信頼してくれる」

「マイクロマネジメント（訳注：上司が部下の業務や行動に強く干渉し、口を出すこと）をされていないと感じながら仕事ができる職場はこの会社が初めて」

繰り返すが、これらの従業員はＣＱが低い企業の従業員と何ら変わりはない。ＩＱやＥＱが明らかに高いわけでも、給料や研修に違いがあるわけでもない。全員が一流大学を卒業しているのでもない。では一体何がそれほど違うのだろうか。

この答えを得るために、私たちは、コントロール指数を浮かび上がらせた最初の調査に加えて、さらに５６６７名の現場のサービス担当者の広範囲な調査を実施し、全体的な仕事経験の類似点と相違点を探った。私たちがテストしたのは社員の管理方法、上司や管理職との関係、同僚との交流の性質、組織の「規則」や方針の性質である。

これらのなかから、私たちは根本的な相違点を発見した。すべてを**まったく変えてしまうほどの違いだ。ＣＱの潜在能力を解き放つカギ、それは環境である。**

トレーニングでもなく人材でもない。カスタマーサービス担当者の業績を向上させ、顧客努力を軽減し、最終的には会社にロイヤルティという利益をもたらすのは、従業員が日常的にさらされる職場環境である。もしも、ＣＱが低い企業の現場の従業員をそっくりそのままＣＱが高い企業に移動させたら、その従業員たちの業績は瞬時に上がるだろうと言っても決しておおげさではない。同様に、ＣＱが高い企業の従業員全体をＣＱが低い企業の仕事環境に移動させたら、業績低下の兆候がすぐに見え始め、平均的な数値にまで下がってしまうだろう。

では、この2つの環境の大きな差は一体何なのだろうか。それは物理的なものでも、はっきりと目に見えるものでもない。コンタクトセンターの壁が鮮やかな色で塗られているとか、人間工学に基づいた椅子を導入しているとか、ソフトドリンクが自由に飲めるとかいうものではない。まったく違う何かである。

CQが高い環境の構築

データを深く調査していくと、CQを解明するカギとなる3つのはっきりとした要因が見つかった。これらは職場の環境に関する要因であり、すべてカスタマーサービス・リーダーが管理できる範疇(はんちゅう)のものだ。

・カスタマーサービス担当者の判断が信頼され尊重される。

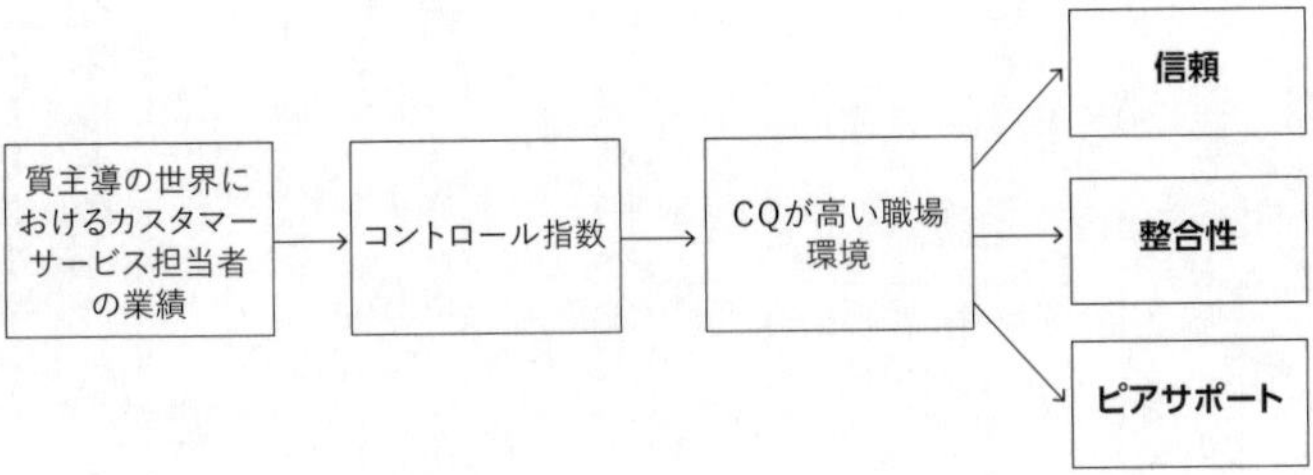

出典：CEB、2013

図5.5　CQの環境的な推進要因

- **カスタマーサービス担当者が会社の目標を理解し、それに沿った仕事をする。**
- **カスタマーサービス担当者間に互いにサポートし合う強力なネットワーク（ピアネットワーク）がある。**

他の要因にはどれも大きな差がなく、平均的な企業を多大な顧客努力を必要としない国際的レベルのサービス提供会社へと変貌させるのはこれらの3つの要因である（図5・5参照）。

これら3つの要因を1つずつさらに詳細に検討し、コンセプトの実施例を企業の実例を使って見ていこう。

CQのカギとなる要因〈その1〉カスタマーサービス担当者の判断を信頼する

CQが高い企業では、カスタマーサービス担当者は、そのときに応対している顧客にとっていいと思うことは何でも自由にやっていいと感じている。まさに、これを実施するのは管理職側には勇気がいる決断に違いない。顧客にとって最善に思えることを何でも許可すれば、サービス担当者と顧客の両方がそれにつけこんで勝手な行動をとりかねないようにも思える。「信頼」を明確に定義する必要があるのはこのためだ。

確かに、（何の制限も、上司のチェックも、予防策もなく）どの顧客に対しても好きなように対応していいという自由は、管理という考え方とはまるっきり逆である。しかし、一人一人のサービス担当者の行動を逐一厳しく制限することと、コンタクトセンター内の完全な無秩序を許すことのあいだには落としどころがある。

「一貫してすばらしいサービス」を提供するという考え方を考察してみよう。顧客はどの業界のサービス組織でもこの言葉を耳にする。当然だ。できるだけ多くの顧客に安定して高品質のサービスを提供するという目標に取り組まない経営陣がいるだろうか。

しかし、企業ごとに大きく異なるのは一貫したというコンセプトの解釈である。CQが低い企業には、一貫性は「すべての顧客を同様に扱うことで」達成されるとする特有の理解が（公表されているかどうかにかかわらず）存在する。管理職側は、すべての顧客に一貫した言葉づかいで接し、すべての顧客の問題に同じ方法を用い、すべての類似した問題をあらかじめ定められた解決策で処理する重要性を説く。所定の望ましい解決の道筋から外れるサービス担当者は、企業のサービス基準に沿わない行為をしていると注意を受ける。それを繰り返せば業績管理による処置の対象となる。

ＣＱが低い企業では、現場のカスタマーサービス担当者がどのように顧客の問題を処理すべきかを管理職側がすでに決定している、つまり、一貫して決められた通りに行動するのが仕事だと考えられているのだ。公平を期すために言えば、これは確かに一番の安全策のように見える。何百、何千ものカスタマーサービス担当者が、毎年何百万件もの顧客からの問い合わせを扱う企業にとっては、サービス提供におけるリスクを回避するにはこれが最善の方法のようだ。リスク管理はサービス管理チームの責任の１つである。ただし、ある一点を除いて。

高圧的なアプローチは、顧客の問題とサービスへの期待がわかりやすく、かなり画一的だった5年ないし10年前なら十分に功を奏していたかもしれないが、今日の顧客環境では平均以下の結果を生む運命にある。だから**ＣＱが高い企業は、すべての顧客を同一に扱うのでは、一貫して高品質のサービスは（当然だが）決して達成されないと考える。**なぜなら顧客は一人一人違うからだ。パーソナリティもニーズもサービスへの期待も、それぞれの顧客で異なる。自分の問題を理解して言葉で伝える能力の差も非常に大きい。会社と会社の商品に関する顧客の経験はさまざまに変化する。**ある顧客と次の顧客で一貫しているものがあるとしたら、顧客は誰もが同じではないことを理解しているカスタマーサービス担当者に対応してほしいという希望である。**

担当者の判断への信頼がＣＱに及ぼす影響は14％で、信頼が大きいほどＣＱは高い。全体的な業績に大変大きな影響を与える重要な要因だと言える。「従業員を信頼しているか?」。職場環境における信頼に関する議論のなかで、こうした極めて言わずもがなの質問が出るのも当然なように思われる。結果は予想通りで、顧客サービス担当の役員たちにアンケートをしてみると、従業員を決して信頼しない、あるいは信頼するのはごくまれだと回答した人の割合は見事にゼロだった。

しかし、これは間違った質問だと私たちは気づいた。

もっと重要な（そしてもっと厄介な）問題は「従業員は信頼されていると感じているか」である。

そして、現場のカスタマーサービス担当者から聞こえてきたのは、はっきりとした「それほどでもない」という声だった。多くの職場環境（とくに顧客に対応する多数の現場担当者が働く環境）は言葉で表されない不信感に覆われている。小売業界で働いたことのある人なら無作為の「荷物検査」を経験しているだろう。「シュリンケージ」（訳注：万引きや帳簿のごまかしなどの不正行為による流通段階での商品減少）を減らす目的の、個人の持ち物であるハンドバッグやバックパックを対象とした検査だ。何らかの悪事を探るために従業員を無作為に選んでうそ発見器のテストを実施する企業もある。銀行の監視カメラは銀行強盗を捕えるためだけにあると考える人は誰もいない。カジノに行ったことがある人なら、スモークガラスの球形照明が天井からたくさんぶら下がっているのを知っているだろう。これらは、いかさまをするような者は「昔ながらの方法で」扱われることになりますよという、遠まわしとは言い難い警告なのだが、真の目的は従業員からカジノを守る大がかりな監視カメラネットワークである。マーティン・スコセッシ監督の映画『カジノ』のなかで、カジノの経営者エース・ロスティーン（ロバート・デ・ニーロが演じた）が次のように言っている。

「ベガスでは誰かが誰かを見張っていなけりゃならない。ボックスマン（訳注：テーブルの監視員でディーラーや客のいかさまやミスを監視する）はディーラーを見張る。フロアマン（訳注：ディーラーのゲーム進行や両替の監視をする）はボックスマンを見張る。ピットボス（訳注：いくつかのゲームテーブルをまとめて1つのピットと呼ぶ。ピットボスはピット内のテーブルを見渡せる場所でピットエリアにいる従業員を監督する）はフロアマンを見張る。シフトボス（訳注：朝、昼、夜に分けたシフトのそれぞれの時間帯の責任者）はピットボスを見張る。カジノマネジャー（訳注：カジノの最高責任者）はシフトボスを見張る。俺はカジノマネジャーを見張る。そして天井の監視カメラが俺たち全員を見張っているのさ」

典型的なカスタマーサービス環境のビッグブラザー（訳注：大規模な監視をおこなう人物または機関）は、空から見張っているのではなく空で聞き耳をたてている。電話の内容は録音され、その大半をあとから品質保証チームがこっそり聞く。顧客とのすべての電話で実行すべしと厳格に規定されている業務行動をチェックするシステムで、カスタマーサービス担当者の評価をするためである。チェックリストに含まれる行動には次のようなものがある。

- 担当者は指定された適切な用語であいさつをしたか。
- 安全性を確認するために顧客の情報をすべて照合したか。
- 定められた問題解決マップに従って顧客の問題の診断をおこなったか。
- 正しい方法で電話を終えたか（たとえば、顧客の問題をすべて解決したとみなし、顧客に会社への愛顧を感謝する言葉を述べる）。

品質保証チェックリストの多くには、電話のやりとりのたびに実際にやらなければならない必須要素がたくさん含まれている。台本になっていて、顧客ごとに変えたりせずにすべての顧客に一語一句そっくり同じ言葉を使わなければならないとしているものもある。

これは信頼のまったく逆である。

私たちがある大手家庭用電化製品メーカーのコンタクトセンターで実際に目撃した例を紹介しよう。当時その会社では、顧客との電話で必ず顧客の郵便番号を聞くようにという指示が経営者側から現場の担当者に出されていた。1つの組み立て工場で品質問題が多発したために、会社は、欠陥製品報告の地理的パターンを特定し、高い規則性で問題が発生している地域をつきとめようとしていたのだ。

以下に示すのはある顧客との電話の内容である。品質保証チームが評価をする際に私たちもいっしょに聞いた。

顧客：ああ、電話がつながってよかった。本当に困っているんだよ。今、娘のダンスの発表会の会場にいるんだけれど、ビデオカメラが動かないんだ。実はこういうわけなんだ。妻は出張で出かけていて、発表会に来られないのをとても悲しんでいる。それで、僕が発表会の様子をビデオで撮影しなかったら……わかるだろう？　大変なことになっちまう。発表会が始まるまでもう5分もないし、どうしたらいいかわからない。助けてもらえるかな？

カスタマーサービス担当者：もちろんです。……で、郵便番号は何番ですか？

顧客：郵便番号だって？　一体誰が郵便番号なんか気にするんだ。今すぐに助けてもらわないと困るんだよ！

これは企業が現場のサービス担当者を信頼しないとどんなことが起こるかという典型的な例だ。企業が、顧客とのすべての電話で指定された標準的な基準を使用するように命令し、自然な会話で、自らの意志で顧客を人間的に扱う力をカスタマーサービス担当者から奪い取ってしまうと、顧客とサービス担当者とのやりとりは機械的で決まりきった言葉の交換になってしまう。

さらに不幸なことには、平均的な企業の規則や採点基準に照らすと、この種のやりとりはたいてい「優秀な」やりとりと評価される。カスタマーサービス担当者は会社に言われた通りのタスクを実行する。ルールに従い、チェックリストの項目を1つずつ確認し、経営陣がこうすべきと定めた通りに仕事を進めていく。

しかし顧客にとっては、このような個性のない機械的なサービスは優秀なサービスとは正反対である(注:この会社の品質保証チームがのちに私たちに語ったところによると、彼ら自身にとってもこうした種類の会話は最も嫌なものであり、顧客がこういったやりとりをどんなに不快に感じているかを痛感している。しかし、チェックリストに指定されている項目だけに基づいて採点するシステムのため、こうした電話は優秀と評価せざるを得ない)。

チェックリスト主義を排除する

世界各地のサービス組織を調査した結果、全体の64%が非常に厳格な成果基準を設けていることがわかった。3分の2強の組織は担当者が業務の一貫性を維持しているか監視している。

私たちはここまで、こうした方法は顧客が求めるものと真っ向から対立すると説明してきた。しかし、カスタマーサービス担当者によるまったく自由で制限のない判断も正解ではなさそうだ。では、どうしたらいいのだろうか。

品質保証に標準的なチェックリストを使用するのをやめ、カスタマーサービス担当者が各顧客とのやりとりでもっと柔軟に対応できる、より広いフレームワークを採用する企業が増えている。こういった種類のアプローチのなかでも、ことのほか優れた例の1つは、英国のある銀行が開発したものだ。この銀行ではサービス担当者の評価は特定の結果（業務部門や職務によって異なる）に関係する幅広い種類の能力に基づいて実施される。

この「部署や職種に合わせて調整可能な品質フレームワーク」は5つの異なる「習得度」を設定し、それぞれを明確に定義している。各サービス担当者とのコーチングセッションでは、指導教官たちは担当者と顧客とのやりとりの録音を聞き、そのなかでサービス担当者がどのレベルを達成しているかを判断する。以下の例は、集金部門の担当者の評価に使用する6つの能力である。

- 顧客とのやりとり
- 双方にとっての解決策を考え出すチャンスを特定する

- 電話をコントロールする
- 交渉術
- 問題をできるだけ早急に解決しようとする姿勢
- 問題が解決できなかった場合の結果の伝え方

各能力の習得度は特定の基準に照らして決定される。たとえば「顧客とのやりとり」の能力では5つのレベルがある（図5・6参照）。

ここに示されている現場社員へのメッセージは非常に明快である。すなわち、あなたは会社が目標を達成するのに何が必要かを理解している。そして、あなたや私たち全員が成功をおさめるために必要なスキルをさらに高めていくことがあなたの目標だ。なぜなら、1件1件の電話、一人一人の顧客はすべて異なり、あらゆる状況に当てはめることができる1つのルールや方向性は存在しないが、顧客とのやりとりを成功させるために求められる基本的な能力は常に同じだからである。会社は、あなたが顧客一人一人にとって最善なことをおこない、時間をかけてスキルを磨く努力をすると信じている。この2つを実行していけば、あなたは常に正しい道を進んでいけるだろう。あなたに何をすべきか指示する人はいないが、能力と結果を元にたゆまぬ向上に向けて自分自身を前進させていく必要がある。そしてそれを、ここにいる誰もが

能力指導のサンプル：顧客とのやりとり	
習得度	能力の説明
初級者レベル	・注意散漫である、顧客の話を遮る、あるいはすでに提供してもらった情報をもう1度たずねる ・顧客が話している最中に話し始めて、顧客の気持を考慮しない
新人レベル	・アクティブリスニングのスキルを使うこともあるが、電話のやりとりを急ぎがちである ・まちがった方向や戦略、情報提供に向かっている前兆を見落とす
中堅レベル	・交渉中は協力的かつ断定的な話し方をする ・質問を通じて問題を明確にする
上級者レベル	・共感力を発揮して顧客の信頼を獲得し、支払いの意志などの望ましい結果を顧客から引き出す
熟練者レベル	・顧客との信頼関係を構築し、真の関係を築く ・顧客と顧客の優先順位に対する深い理解力を示す

出典：英国の銀行、CEB、2013

図5.6　ある英国銀行のカスタマーサービス担当者能力ガイドライン（要約）

目指す。あなたの上司もコーチも同僚も、あなたにとって最善の方法であなたの成長を手助けしてくれるはずだ。

ここにはチェックリストはない。あるのは常識的な助言だけである。

柔軟な能力ベースのアプローチへの切替えは、この銀行の集金部門の従業員たちに多大な利益をもたらした。わずか1年のうちに、遅れていた支払いをその場で終える顧客が8％増加し、さらに、何らかの支払いプランを契約する顧客も50％増加した。カスタマーサービス担当者を管理する唯一の方法は、担当者たちのやりとりを統制して客観的な基準を連ねた長いリストに沿って評価することだとするのが社会通念だが、それに逆行する目覚ましい結果が得られたのだ。

時間的制約を排除する

昔から、コンタクトセンターの業務は誰も疑問を持たないある1つの前提の下におこなわれてきた。すなわち、短い電話は効率的な業務の表れだとする考えだ。1件当たりの電話時間が短ければ、1時間で処理できる電話の件数が増え、カスタマーサービス担当者の人数も少なくてすむ。効率は**「平均処理時間（AHT）」**と呼ばれる指標で監視される。これはすべての顧客のすべての電話にかかった時間の平均値で、さまざまな方法で測定される。

- 業務全体における総合的なAHT。
- さまざまな顧客層ごと、あるいは会社のさまざまな商品の利用客ごとの処理時間。
- シフト別あるいは各スーパーバイザーのAHT、また各カスタマーサービス担当者のレベルでのAHT。

測定方法に関係なく、サービス部門の誰もが1件1件の電話の処理時間が測定されていることとを知っている。常に時計の針がチクタクと動いていて、誰も監視から逃れられない。このシステムはいたるところに存在し、担当者に無意識のプレッシャーを与え、矛盾した目標が生まれる。顧客にていねいな対応をしても、そのために平均的な担当者より時間がかかるとしたら、それはいい仕事とはみなされない。サービス業務に初めて就いた人がそれに気づくまでに長い時間はかからない。

しかし、簡単な問題がセルフサービスで処理できるようになり、一人一人に合わせたサービスに対する顧客の期待が増大するようになって、サービス担当役員は、カスタマーサービス担当者から最後の一滴まで生産性を搾り取るよりも、**やりとりの質のほうが、実際にははるかに重要であることに気づいた。**顧客との電話が長引くにつれて頭のなかで時計が時を刻む音がしだいに大きくなっていくような状況で、果たして顧客一人一人に合わせたサービス提供に集中できるだろうか。

事実、サービス部門のマネジャーを長期にわたって務めている人が私たちに語ったところによると、複雑な問題で解決にかなりの時間を要した顧客との電話を終えたサービス担当者が、次にどういう行動をとるかはいつも決まっているという。次の電話を明らかに短い時間で処理するのだ。次の顧客の問題が同じように複雑であっても、サービス担当者はできる限り短時間で電話を終わらせようと努めるだろう。なぜなら、自分のＡＨＴを台なしにしたくないからだ。

カスタマーサービス担当者は、長い電話ばかりを繰り返していると上司がAHTを抑えるようにと「念押し」しにやってくると考えている。さらに悪いことに、上司が気づかなくても、担当者自身が時間のプレッシャーを、ときには自分でも意識しないうちに感じているのがふつうだ。この理由から、**CQが高い企業ではAHT測定を廃止する傾向にある。**カスタマーサービス担当者の成果指標からAHTの項目を削除する企業や、あるいは最も極端な例ではAHTというシステムを完全に廃止してしまった企業もある。

生涯にわたってコンタクトセンターで働いてきたサービス部門の責任者たちには想像できないことかもしれない（そのレベルでの管理を止めてしまったらどうなるんだ？ 通話時間は長くなり、その結果コストも急増するのではないか？）。しかし、実際にはAHT測定をあっさり捨ててしまっても効率性は悪化しないことを示す証拠があちこちで見られるようになっている。

ある大手製薬会社が絶好の例だ。その会社はサービスの質向上のために最近ある思い切った手段を講じた。カスタマーサービス担当者たちに「今、電話をしているその顧客に対処するために必要であれば何でもやりなさい」と助言したのだ。もしこの顧客が複雑な問題を抱えているならば必要なだけ時間をかけていいというのが暗黙の了解だった。それに、時間がかかる電話ばかりが7件続いたとしても何も問題はない。重要なのは平均処理時間ではなく、顧客が得る結果である。

ただし、この製薬会社は効率性をまったく無視したわけではなく、カスタマーサービス担当者のレベルでAHTを報告する代わりに、**「有効な通話の割合(ATP)」**という新しい成果指標を導入した。

ATP=(通話時間+空き時間)/(シフトの長さ-(食事休憩時間+その他の休憩時間))

ATPは通話時間および空き時間(サービス担当者が電話に出られる状態だが応対待ちの人がいない時間)の合計を測定する。それを(昼食とその他の休憩時間を差し引いた)予定のシフト時間で割る。ATPは、いわば担当者が顧客と話す以外の作業、たとえば電話を終えたあとの作業やフォローアップ、その他の管理業務をいかに効率よくおこなっているかを測定するのだ。

CQが高い企業は「テキパキ働け、時は金なりだ」ではなく、**「対顧客以外の作業はできるだけ手早く処理して、助けを必要とする顧客と話す時間を増やすようにしよう」**というメッセージをカスタマーサービス担当者たちに発信する。AHTからATPへの転換は、この会社のカスタマーサービス部門管理チームの期待を大きく上回った。わずか1年のうちに顧客満足度(この会社の主要顧客指標)は15ポイント上昇した。カスタマーサービス担当者は電話後の処理業務を効率よくおこなうようになり、その分の時間を顧客との電話に充てることができるようになった。頭のなかで時計の針の音が聞こえるプレッシャーを感じることもない。**主導権を与えることで主導権を握る**すばらしい方法である。

同様のアプローチでAHTを抑える試みをおこなった企業も興味深い波及効果を報告している。**再問い合わせの電話が減少した**のだ。ある顧客との初めての電話を1分間延ばせば、数日後にその顧客とあらためて4分間電話のやりとりをする必要がなくなる。処理時間を意識しないことにより、第3章で検討した「次の問題回避」が可能になる。サービス部門の大半の責任者は費用要因として通話時間を何よりも優先するが、皮肉なことに、通話時間を厳しく管理すると実際にはより多くの費用がかかってしまうのだ。

多くの企業文化における標準的な手順とは直感的に相容れないものかもしれないが、これが信頼の本質である。そしてこの点が、会社との整合性によって信頼のバランスをとり、また信頼を補完する必要があるところだ。会社の目標と使命をしっかりと把握し、会社と同じ視点を持つカスタマーサービス担当者であれば、不満を抱いている顧客をなだめるために大盤ぶるまいをする可能性は非常に低い。

CQのカギとなる要因〈その2〉カスタマーサービス担当者が会社の目標を理解し同じ視点を持つ

このコンセプトは、一人一人の社員が日常業務と会社としてのより大きな目標や目的の達成とのあいだの関係性をはっきりと認識する手助けをするものだ。顧客ロイヤルティは戦略上、財政上の成果に直結する。カスタマーサービス担当者がこの顧客ロイヤルティとカスタマーサービスとの直接的な関係をしっかりと理解していれば、自分が担当する顧客の電話は十分にコントロールできると思われる。この〝コントロール〟という感覚がCQの本質であり業績向上へのカギである。

従業員エンゲージメントに関する研究をしていると整合性と関連性というコンセプトに詳しくなる。**エンゲージメントの価値は、従業員が、会社が掲げる組織としての使命の全体像と自分の毎日の仕事との直接的な関連性を正しく理解していれば、その従業員はより高い業績を目指して努力する、つまり自発的な努力を見せる可能性が高い**という点にある。

自分の行動がすべての人によい影響をもたらすことがわかったら、これは強力なプラスのインセンティブとなる。この関連性の力はしばしば「2人のレンガ職人」のたとえ話で説明される。

ある少年が建築現場のそばを通りかかると、レンガ職人が2人並んで作業をしていた。少年は1人の職人に「何をしているんですか」とたずねた。

職人は「レンガを積んでいるんだ。他に何をしているように見える?」とぶっきらぼうに答えた。

少年はもう1人の職人にも「何をしているんですか」とたずねた。
その職人は「すばらしく立派な家を建てる手伝いをしているんだよ」と答えた。

より大きな使命との連帯感は、コントロールという感覚を従業員に呼び起こしてCQを最大化するために極めて重要であり、会社は、つながっているという気持ちを現場スタッフが持てるように積極的な手段を実施することが重要だ。従業員は、顧客との1件ごとのやりとりに他のすべての従業員の運命がかかっていて、その瞬間の全体的な成功や失敗のカギは完全に自分が握っているのだと認識する必要がある。

さて、カスタマーサービスは人間を扱うという理由で、たとえば経理などの事務管理のように1人で黙々と作業するのがふつうの仕事に比べると、比較的容易にこのつながりが作れると思われがちだ。誰かと一対一で向き合っているときにつながっているという感覚を持たないはずがないだろう。

しかし、私たちの調査によれば、何時間も次から次へと顧客への対応を単調に繰り返していると、仕事の人間的な側面を喪失し、機械的なトランス状態に陥って「早くシフトを終える」以上のモチベーションを持てなくなりがちだ。

従業員のこうした傾向を打破するには、より明確でわかりやすく、従業員一人一人に合わせた形でつながりを理解させるのが理にかなった方法である。もちろん、規模の大きな企業ではこれを個々の従業員レベルで成功させるのはとても不可能のように思える。組織のゴールや目的を各従業員に浸透させるには膨大な時間が必要で、数えきれないほどの一対一の話し合いやサービス組織全体を巻き込んだ議論の実施が必要になるだろう。

そのため、カナダのある金融サービス会社が開発した方法を知って私たちは大変驚いた。その会社は、各カスタマーサービス担当者がサービスに関する会社の使命をそれぞれの方法で吸収して自分のものにし、その使命達成に貢献できるいくつかの重点エリアを各社員が申告するプロセスを作ったのだ。

プロセスとしては、まず個人レベルではなくチームのレベルでスタートする。現場のカスタマーサービス担当者のなかから数名が自発的に立候補してサービス担当者委員会を構成し、現場の社員全体のサービス目標を設定する責任を負う。委員会は一連のワークショップに参加し、そこで会社の価値観や会社全体としての戦略的な使命について個々の要素を検証して、それらを構成要素に分類する。そして、それらを達成するのにカスタマーサービス部門は正確にどのような貢献ができるかを決定する（これを個々のカスタマーサービス担当者レベルにどのように周知させるかについてはあとから簡単に検証する）。

ここで注意すべきなのは、典型的な企業の使命やビジョン、価値観などが平均的な従業員にあまりにもハイレベルな「いかにも企業っぽい」印象を与える点だ。この浮世離れしたスローガンの何が私に関係あるんだ？　そこでサービス担当者委員会の出番となる。「私たちにとって何が重要かを決めるのは、君たちに任せたよ」。まとめ役が指名されてこれらのセッションの進行役を務め、委員会のメンバーに各企業の価値観と戦略目標を１つずつ提示し、それぞれについて委員会が次の４つのステップを通じてプロセスを進む手引をする。

第1のステップ：ノーミング（*）

委員会はまずそれぞれの価値観を検証し、それが具体的に何を意味するかについて一定の共通見解を出す。レベルの設定や定義の同時性の確認、グループ内に価値観の内容に関する誤解や不整合が存在しないようにすることなどである。この作業は、企業価値がどのように表現されているかによって、難しくもなり容易にもなる。企業の目標があまりに壮大だったり、具体性に欠けたりしている場合はある程度の解釈が必要になるようだ。

＊編注：ノーミング＝規範などの形成期。統一期。

第2のステップ：ブレインストーミング

次に委員会は、ある1つの企業目標達成に何らかの影響を与えると思われるもので、カスタマーサービス担当者ができることを列挙した包括的なリストを作成する。ここがつながりが発生するポイントだ。議論は会社の使命からカスタマーサービス部門の日常の業務へと移行する。しかし、どのブレインストーミングもそうであるように、この時点では「不正解は存在しない」。この時点での唯一の目標は、各分野の成功に貢献するために現場カスタマーサービス担当者ができることをできる限りたくさんあげることだ。ブレインストーミングの結果あがるのは、たとえば積極的に話を聞く、明快な言葉づかいをする、顧客のコミュニケーションスタイルに合わせる、共感を示すなどである。

第3のステップ：リファイニング

委員会の議論がヒートアップするのはここである。ブレインストーミングで作成した「カスタマーサービス担当者が実施できることリスト」の項目を、最も高い価値を導き出し、最も現実的で、（特別ではない）通常の環境下で実行できるものへと絞っていく。このステップではまとめ役がコントロール感覚を発揮するよう求められる。というのは、この段階の議論では、口論やムダな脱線、ネガティブな感情など、プロセスにとって逆効果となる感情の爆発が起こりがちだからだ。まとめ役の手助けの下で、グループは1つの企業価値につきアイデアが3つか4つといういたって短いリストをあらためて作成する。

第4のステップ：ポリッシング

この最終段階では、前の段階で絞り込んだアイデアを現場のカスタマーサービス担当者が日常の業務で実践できる実際の行動や態度へと置きかえる。それらは企業としての目標に明確に関連づけされている。委員会が最終的に決定したリストは文書化されて現場の担当者全員に配布される。「これが、私たちカスタマーサービス部門の社員がどのような形で会社の成功に直接の貢献をもたらせるかについて、職場の仲間たちが導き出した結論です。経営陣からの指示ではなく、あなた方と同じ仕事をする、あなた方とまったく同じ人間が出した結論なのです」。たとえば、強力なコミュニケーションスキルをサービスチームに関連づける場合に委員会が決定する最終目標は、「顧客の特徴を特定し、その顧客一人一人に最も直接的にアピールする方法でコミュニケーションをとる」になるだろう。

委員会の文書は、現場の従業員たちで共有するときには直接の「申し入れ」を添えて提示される。「どう思うか、読んでみてくれ」ではなく、「これらの行動のうちのどれなら実行しようと思うか。全部を選択する必要はない。むしろ数多く選ばないほうがいい。最も好きなもの、毎日の顧客とのやりとりを考えて自分が実行できそうだと思うものを選んでほしい」というお願いだ。

次に、目標設定とコミットメントに関する個人的な話し合いが各従業員と上司とのあいだで一対一でおこなわれる。これは、契約書に同意して署名するための1回限りの協議ではなく、現場のサービス担当者が上司とおこなう通常のコーチングセッションの一環である。この考え方は、いろいろな意味において、昔からある三段階の従業員管理法に近い。

1. 各従業員に自分を向上させるための計画を作成させる。
2. その向上計画が妥当なもので、組織の使命と一致することを確認する。
3. 従業員には自分が選択した目標に責任を持たせる。目標達成に向けた行動をしているときは称賛し、そうでないときは行動を促す。

この会社は、もしもカスタマーサービスの管理チームが行動リストを作成していたとしても、委員会のプロセスが出した結果とほとんど同じものになっていたはずだと気づいている。しかし、**大きく違うのは、これらが「従業員の、従業員による、従業員のための」目標だという事実である。**会社にとっては「あなた方の同僚による委員会が、あなた方がどう責任を持つかを決めたのだから、これらはあなた方全員の新基準である」と宣言してしまうほうが容易だし、融通が利くと同時に、このプロセスの効果を絶大にしているのは、一人一人に合わせた目標設定である。

これが企業文化にもたらした影響について企業のサービス組織の人々が語った声をあげていこう。

カスタマーサービス業務担当役員：すばらしい結果が出ている。社員のやる気が上がって欠勤も減少し、顧客からの賛辞も20％以上増加した。

カスタマーサービス部門監督者：自分の仕事が会社にとってどういう意味を持つかについてカスタマーサービス担当者は理解を深め、事業推進にとても重要な役割を担っている

現場のサービス担当者：

会社が自分を1人の従業員として尊重してくれていると感じるようになった。自分の目標を仕事に直接関連させられるように、いろいろと考えて自分で管理するようになった。

これが「CQの影響力」かと私たちは感動している。繰り返すが、これを実現させたのは会社の重役やリーダーたちではない。実際のところ、もしも経営陣が必死になって成し遂げようとしていたら、その努力はすべて裏目に出てしまっていただろう。しかし、会社側はこれが自然な形で実現するように導き、その結果、現場のサービス担当者たちの業績向上と、さらにその先の顧客ロイヤルティ増加に大きな影響をもたらした。

現場のサービス担当者たちが従業員レベルで協力し合っていると、周囲の行動と同じような態度、すなわち、どの客に対しても型にはまった機械的な受け答えをするのではなく、自分で設けたガイドラインを適度に使用して、顧客と会社の両方にとって最善の解決策を可能にする姿勢を自らもとるようになってくる。

CQのカギとなる要因〈その3〉従業員間の強力なサポートネットワーク（ピアサポート）

信頼、整合性、ピアサポートは成功に不可欠な要素だが、そうした環境の創出に関して私たちが学んだ重要な教訓の1つは、これらのどれも作り出すことができないということだ。従業員に経営陣や上司を無理やり信頼させることも、会社が掲げる使命に自分の目標を合わせろと強要することも、従業員同士でもっと助け合えと命令することもできない。可能ならばやっているだろう。だが、不可能なのだ。

しかし可能性を与えることなら間違いなくできる。職場のマネジャーやリーダーとして、**これら3つの状況が自然に発生するように環境を変えるのは可能だ。**職場にこの3つの状況を起こさせるにはそれが唯一の方法である。

従業員間の強力なサポートネットワークがCQに与える影響は17%で、他の2つの要因（信頼と会社との整合性）より大きな影響力を持つ。しかし、私たちが実施した何百社もの企業の現地調査結果によると、正しく理解するのが最も困難な要素でもある。トップ企業が何を実施しているかを観察した結果、ピアサポートの効果を最大にするには同時に満たすべき3つの条件があると考えられる。

条件1：適切な時間

どのレベルであっても、同僚へのサポートは余計な負担や面倒ごとだと社員たちがみなしているのであれば、どんな規則を設けたところで実施できるようになる可能性は低い。会社は現場のサービス担当者たちが互いにサポートしやすくなる方法に重点を置き、サポートは仕事の一環であり、空き時間にするものではない点を周知させる必要がある。

条件2：成功事例の共有

現場スタッフたちは、いつでも考えや意見を交換し合っているものだ。とくに、休憩室や屋外の喫煙エリア、オフィスの向かいにあるバーなど、堅苦しくない場所で。本当の問題は、そこで共有される考えが前向きで有益なものか、あるいはあまり好ましくない手抜き策や抜け道、「システムのごまかし方」のようなものかという点だ。担当者間のサポートでは、共有される情報が顧客への最適なサービス提供に関するものであることが極めて重要である。とりわけ、正解が1つではない、あるいは顧客の問題がすこぶる珍しく、これまでに扱ったことのないものだといった複雑な状況ではなおさらだ。

条件3：受容性のあるカスタマーサービス担当者

助けを望んでいない人を助けようとしたり、まったく興味を示さない人と情報を共有しようとすることほど辛いものはない。このため、企業のなかには会社側が管理しないフォーラムなどの場としてサービス担当者たちが助け合えるシステムや体制を設けるところもある。援助を受け入れようとする気持ちは支援がどこから発生しているかに直接関係している。もしもカスタマーサービス担当者がどんなピアサポートも形を変えたマイクロマネジメントに過ぎないと感じるならば、その失敗は目に見えている。

この3つの条件を満たしているもので現在実施されているのは、「現実」世界でおこなわれるピアコーチングと「仮想」世界でおこなわれるチームのディスカッションフォーラムの2つだ。顧客サービスを提供する企業はこの2つの実施を真剣に検討すべきだと私たちは考えている。

カスタマーサービス担当者のディスカッションフォーラム

これは5年、10年前には存在しなかった方法だが、現在ではほとんどの大手企業で実施できる可能性が高い。また、とても理にかなった方法だと思う。カスタマーサービス担当者がオンライン上で互いに質問し合ったり、よく起こる問題の解決状況に関するメモを比較したり、あるいは単に顧客の愚痴を言い合って発散したりできる場を提供する。これにより、少なくとも3つの非常に大きな利益が得られる。

- この種のピアサポートは、時間に追われる上司たちからプレッシャーを取り除く。なぜなら、カスタマーサービス担当者たちは幅広い情報源から回答や提案を得ることができるので、判断に迷う問題が発生するたびに上司に質問する必要が減るからだ。
- カスタマーサービス担当者たちは、マネジメント側ははっきりわかっていないが容易に修正できる問題を、ディスカッションフォーラムを通じて特定できるようになる。
- 業績のいいサービス担当者がカスタマーサービスチーム内でリーダーシップを発揮する場となり、やがてはさらに大きな責任を負う立場へと導くものになる。

私たちはこの総合的なカテゴリーに適合するさまざまな解決方法を検証してきたが、そのなかでフィデリティ・インベストメンツが開発したものは、他の会社が追随すべき最高のモデルだと思われた。フィデリティはカスタマーサービス担当者たちだけで運営する「スペース」というフォーラムを作り、そこからいくつかのすばらしい結果が生まれた。成功の主な理由は、フォーラムが持つ3つのユニークな特性である。

●会社の経営者側が立ち上げたフォーラムだが、運営はカスタマーサービス担当者に一任されている。

これは「会社の」サイトではなく、アイデアや提案を自由に交換できる、サービス担当者だけが参加できる場である。

●1人の現場カスタマーサービス担当者がモデレータを務める。

チームメンバーの1人がスペースのモデレータとして指名される。通常は6カ月のローテーションで交代し、モデレータを務めている期間は勤務時間の約90％をこの役割に割く。モデレータは議論のトピック設定を担当し、カスタマーサービス担当者たちの主要な課題や提案に関する報告書を作成して経営者側に提出する。経営者側がおこなった改善や決定について現場に報告を戻す役割も負う。

・各部署やシフトごとに「チームチャンピオン」を選んで、サイトの活気を維持する。
チームチャンピオンは活発にサイトに参加するよう同僚を促し、自分の職場に最も直結する問題に関してチームメンバーと情報を共有する。スペースの運営開始から1年間で3000を超えるコメントが世界各地にあるフィデリティのサービス部門のカスタマーサービス担当者から寄せられた。モデレータは合計で350以上のアイデアや提案を経営者側に提出し、そのうち100は要対処事項となり、それに沿った改善や修正が実施された。

フィデリティによると、顧客からの無用な電話の件数を減らす方法や作業効率をあげる方法など多種多様な問題に関する提案が寄せられた。これらの提案を実行に移し成果を得た結果、会社は多額の経費節減を達成し、現場スタッフはピアサポートの深まりとCQの向上を経験した。

現代の顧客環境は、顧客の要望が高いうえに求められるものも多い厳しい環境である。こうしたなかでいかに現場のカスタマーサービス担当者を業績向上へと向かわせるか、またどうやって「社員を成功へと導く」かに関するこうした発見から、次のような明確な結論が導き出される。

社員を一人一人に合わせて管理し、一人一人が考える「成功」に合わせてさまざまな期待を

設定する必要がある。

これは「プログラム」や「キャンペーン」では達成できない。休憩室に新しいポスター(たとえば「3月はCQ月間です!」)を貼るだけですばらしい成果が達成できるはずがない。実際にはその逆である。顧客努力をそれほど必要としない世界トップクラスのサービス事業を目指した活動が、単なる月間目標と受け取られたら、上り坂で大きな岩を押し上げようと頑張り続けるようなものだ。取り組まなければならないのは、あなたとあなたの部下が何を達成しようとしているのかの徹底した再検証だ。何をすべきか、それは顧客にどのような影響を与えるか、それはどうやって測定するか。私たちの調査に協力してくれたあるカスタマーサービス・リーダーは、「努力軽減を目指す戦略の方向へ組織を転換させる作業は短距離走ではなく、マラソンだ。実のところ、何回も続けてマラソンを走るような作業だ」と語っている。

マラソンで自分のペースを常に確認するのと同じように、低努力の経験を顧客に提供すれば、顧客の努力の程度を直接測定することができる。これはもう1つの大きなメリットだ。コンタクトセンターの文化の見直しは、最初は、おそろしく大変なプロセスのように思えるかもしれない。しかし、その第一歩は比較的単純である。問題解決に必要になった努力について顧客にたずねればいい。顧客が経験した努力が大きいものであったら、それはなぜか、どのような努力だったかを理解しようと努める。次の章では、「努力」がただのコンセプトではない理由を説明する。努力は、顧客への応対の成功度を測るために日常的に使用する測定手段の重要な構成要素となり得る。いやそうであるべきものなのだ。

本章のまとめ

- 判断とコントロールが現代の最も優秀なカスタマーサービス担当者を際立たせる。業務の内容が複雑化し、顧客の期待度が高まっている（簡単な問題はセルフサービスで解決されるので）現代では、カスタマーサービス担当者が持つべき最も重要な能力は「コントロール指数（CQ）」である。CQは、プレッシャーが厳しく複雑なサービス環境で判断をくだし、コントロールを維持する能力だ。
- CQは学習で身につけるものではなく、引き出されるもの。CQはカスタマーサービス担当者を差別化する最大の要因だが、実際にはほとんどのカスタマーサービス担当者が中程度から高程度のCQを潜在的に持っている。問題は、ほとんどの企業がカスタマーサービス担当者がCQを発揮するのを禁止していることだ。業務は規則を厳格に順守したうえで実施するものという環境が長年にわたって維持されてきたためで、こうした環境では判断力やコントロール力は歓迎されない。

- 最前線の現場をコントロールしたければ、主導権を引き渡す。カスタマーサービス担当者の潜在的なCQ能力を引き出すには、カスタマーサービス担当者の判断力に対する信頼を企業がはっきりと示して見せる必要がある。方法としては、処理時間と品質保証チェックリストを重視しない、あるいはそれらを廃止するなどがある。カスタマーサービス担当者の業務と企業が目指す目標とのあいだの整合性を明らかにし、また同僚の経験や知識を総合的に知る場を設けて、カスタマーサービス担当者がそれらを活用して賢明な判断をくだせるようにすることが必要だ。

第6章

ディスロイヤルティを見つけ出せ
──顧客努力指標V2.0

物事をどうやって測定したらよいか悩んでいる部門があるとしたら、それはカスタマーサービス部門だ。カスタマーエクスペリエンスを測定するベストな方法については論議が絶えない。たとえば、初回解決率（FCR）。別の答えを求めて電話をかけ直した顧客は、問題が解決されたとカウントするのか？　1件の問題を解決するのにかかった時間をどのように記録したらいいか？　複数回の電話、ウェブサイト、Eメール、その他の連絡手段を利用した場合は、それぞれの利用時間を測定するのか、それとも解決にかかった時間を合計するのか？　提供するサービスの質をどのように評価したらいいか？　録音された通話を聞いてスコアをつける社内チームを設けるべきか、それとも顧客にスコアをつけてもらうべきか？　どのような指標が最適か？　顧客満足度？　ネット・プロモーター・スコア（NPS）？　それとも他の指標だろうか？

サービスエクスペリエンスの指標に関する激しい論争は今後も続くだろうが、1つ断言できる。それは、顧客努力の測定により、企業はカスタマーエクスペリエンスを向上させ、全社をあげた顧客ロイヤルティへの取り組みをより適切にサポートできるということだ。より広い目で見ると、顧客努力を測定してサービスエクスペリエンスに注目を集め、それを向上させるのに何をしたらよいかをいっそう明確にできる。私たちの調査から、顧客努力を非常に効果的に測定できることがわかった（図6・1参照）。たとえば、努力がそれほどいらない経験（低努力）を

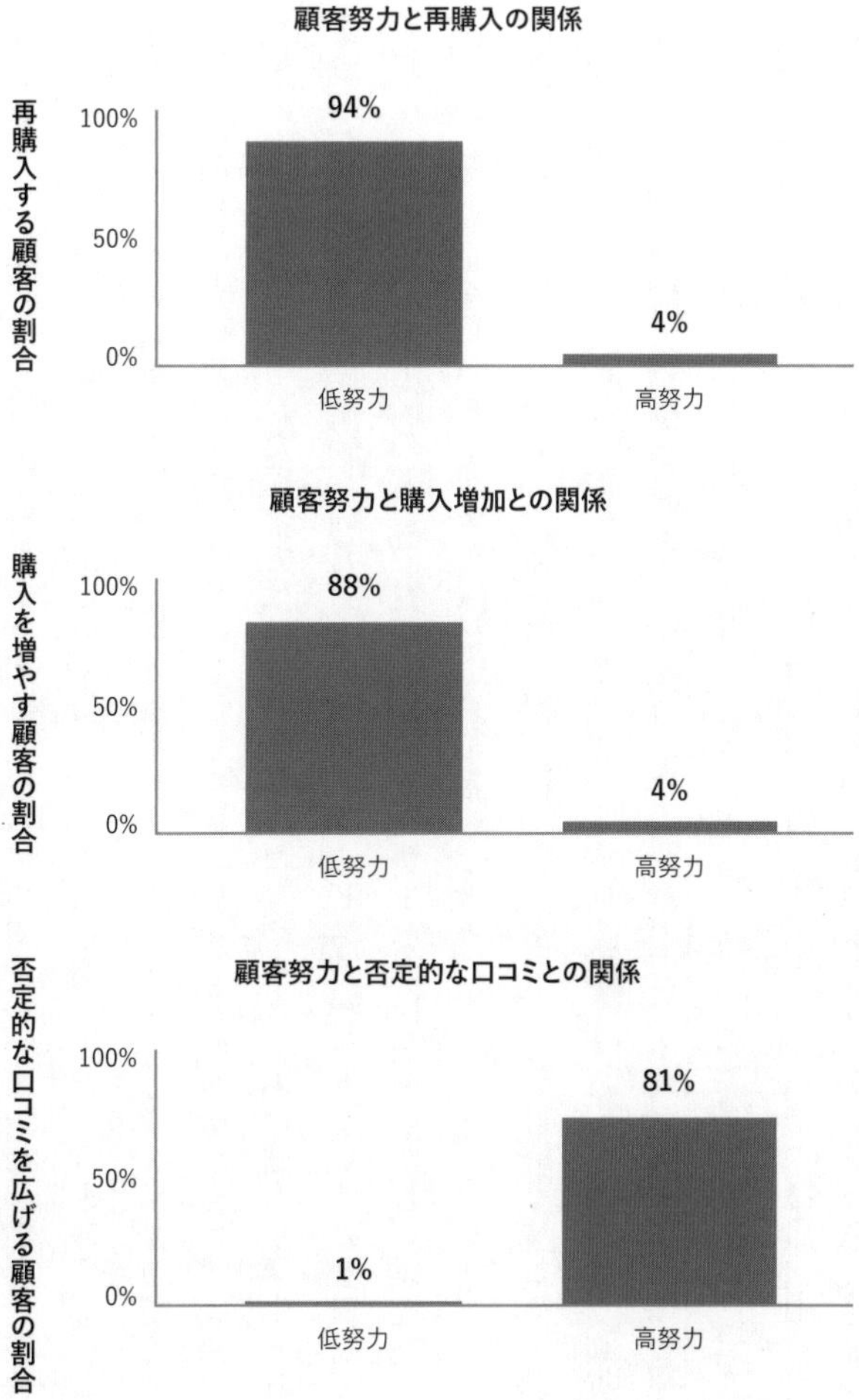

出典：CEB、2013

図6.1　顧客努力が再購入、顧客内シェア、口コミに及ぼす影響

した顧客の94％がその企業から再び購入すると答えているのに対し、多大な努力を要する経験（高努力）をした顧客の場合、再購入すると答えたのはわずか4％だった。また、努力がそれほどいらない経験をした顧客の88％がその企業からの購入を増やすだろうと答えているのに対し、多大な努力を要する経験をした顧客では4％だけだった。一方、企業について否定的な口コミを広げたと回答したのは、努力がそれほどいらない経験をした顧客の場合は1％だったが、多大な努力を要する経験をした顧客では何と81％だった。つまり、顧客努力が発生する現場の状況を理解するのは極めて重要なのだ。どのようにサービスを提供しているかを確認できるのはもちろん、サービス提供後の調査の質問では「センサー」の役割を果たし、離反して否定的な口コミを広げるおそれのある顧客を探し出すこともできる。

改善策を講じる際に共通して言えるのだが、顧客努力をできるだけ軽くする第一歩は、顧客努力を測定することである。本章では、2つの測定方法を紹介する。1つ目は、調査に基づく指標である「**顧客努力指標（CES）**」。2つ目は、顧客努力の最も一般的な指標を系統的に追跡する方法。これは、私たちが実際にさまざまな企業に導入してきた評価の指針であり、「**顧客努力評価（CEA）**」と呼ばれる。CESだけでなく、CEAのようにより詳細な評価方法を併用して測定すれば、努力軽減にどう取り組んでいるかはもちろん、それを改善するために講じることができる具体的な行動が明確になる。その過程で、世界中の企業についてCESの追跡と顧客努力の観測をおこなって収集したデータやベンチマークも紹介する。さらに、それぞれの企業や組織で顧客努力を測定する際に「するべきこと」と「してはならないこと」に関する見解も述べる。

顧客努力指標（CES）

カスタマーエクスペリエンスの分野では、顧客ロイヤルティを予測するために考案された鋭い調査質問がおおいに注目を集めている。なかでもとくに際立っているのは、**顧客満足度（CSAT）とネット・プロモーター・スコア（NPS）**だ。また、顧客努力に関する調査質問は顧客努力指標（CES）と呼ばれ、数年前の初公開以来、カスタマーサービス界で多く取り上げられている。

顧客ロイヤルティを理解するため、データをくまなく調べてさまざまな指標の予測力について検討したところ、いくつかの非常に驚くべき事実が明らかになった。まず、第1章でも述べているが、CSATでは顧客の再購入の意志や顧客内シェアを予測するのは難しい（フレッド・ライクヘルド〈編注：顧客ロイヤルティの研究者〉もすでにこの事実を発見している）[1]。NPSは反対に、ロイヤルティを予測するのに適した指標だと言える（＊1）。カスタマーエクスペリエンスの測定プログラムにNPSを導入している多くの企業と同じように、私たちも、NPSは顧客行動を予測するうえで有効かつ重要な指標であることがわかった。

＊1　ライクヘルドはNPSを考案し、『顧客ロイヤルティを知る「究極の質問」』（ランダムハウス講談社、2006年）で詳しく言及している。NPSは、「この会社を他人や同僚に勧める可能性はどのくらいありますか」という究極の質問に集約される。

ここで、顧客努力に関連づけてNPSについて検証してみよう。NPSは、顧客が企業との関係に抱いている総体的な印象を映し出す「ざっくりとした質問」であり、大きな成果をあげている。ただし、個々のやりとりでのカスタマーサービスについて理解するには、最適な指標とは言えない。適切に使えば（＊2）、NPSは企業に対するロイヤルティ――企業、ブランド、製品、チャネル、その他のあらゆる接点（タッチポイント）とカスタマー・インタラクション全体――を測定するのに優れた指標となるが、ざっくりとした質問であるがゆえに、個々のやりとりでの顧客努力が表面化されない可能性がある。

たとえば、多大な努力を要する経験をしたにもかかわらず、友人にその企業を推薦するかもしれないと回答した顧客がいるとしよう。カスタマーサービスは不愉快なものだったが、製品自体はすばらしいため、顧客はそこそこのNPSスコアをつけてしまい、サービスチャネルを改善する機会が失われる。これとは逆に、努力がそれほどいらない経験をしてもその製品を気に入らなければ、顧客はひどいNPSスコアをつける。結果、すばらしいサービスエクスペリエンスを提供したはずなのに何が悪かったのだろうと企業は頭を抱えることになるだろう。データは、このような反応は決して珍しくないため、サービスエクスペリエンスの明確な影響を測定する別の方法を探す必要があることを示唆している。

さらに、個々のやりとりにおける顧客努力の測定によって、（少なくとも、カスタマーサービス・インタラクションでの）ロイヤルティを予測する能力を高められることもわかった。ここから、ロイヤルティを測定するうえでの重要な特徴が浮かび上がる。**ロイヤルティは、顧客が企業やそのブランドと接する多数のタッチポイントによって左右される。**サービスは、これらのタッチポイントの1つなのだ。しかも、ディスロイヤルティを招く可能性もおおいにある。企業は、より幅広い顧客関係におけるロイヤルティの状態を理解する必要があると同時に、カスタマーサービス・リーダーはサービス・インタラクションが個々のやりとりでのロイヤルティに及ぼす影響にも鋭く注目する必要がある。NPSなど、顧客関係に注目した指標を重視しているカスタマーサービス・リーダーは、サービスエクスペリエンス、さらにはロイヤルティにプラスの影響を及ぼすにはどのサービスを強化したらよいのかを見通すことができないという問題を抱えている。そこでスポットライトが当たるのがCESだ。CESはサービスエクスペリエンス（しかも、サービスエクスペリエンスのみ）が顧客ロイヤルティに及ぼす実際の影響を理解するのに役立つ。CESはシンプルな質問で、問題を解決してもらうために顧客がとらなければならなかった行動を顧客がどの程度大変に感じたかを測定するのが狙いだ。「それは楽な経験でしたか、それとも大変な労力に感じましたか?」。通常は、取引後の調査で質問される（たとえば、IVR（自動音声応答）による調査、ウェブサイトに組み込まれたアンケート、Eメールでのアンケートなど）。

＊2 フレッド・ライクヘルドをはじめとするNPSの実践者は、NPSの質問はあくまでも「方向指示器」であり、究極の指標ではないと明言している。正しく使用すれば、顧客ロイヤルティの全体の「オペレーティングシステム」の一部となり得る。本章の後半で解説するが、CESを使用するカスタマーサービス・リーダーにも同じようにアドバイスしている。

ここまでの説明で、努力がそれほどいらない経験の提供はカスタマーサービスの究極の目標であることは理解できたと思う。CESによって、マネジャーは長期にわたって、取引ごとにさまざまなチャネルや部門でこの目標を達成できたかどうかを容易に把握できる。さらに重要なことに、CESによって離反のおそれのある顧客をすぐに特定できる。

2010年に『ハーバード・ビジネス・レビュー』に寄稿した「Stop Trying to Delight

Your Customers（顧客を喜ばせるな）」のなかで初めて紹介して以来、CESで使う質問の言い回しは進化している[2]。このバージョン1（「CES V1・0」）では、次のように質問した。「問題を解決してもらうのに、どのような努力をしなければなりませんでしたか?」。そして、「ほとんど努力をしていない」（1）〜「大変な努力を要した」（5）の5段階で回答してもらった。さまざまな業界について調査したところ、この質問に対する答えから、カスタマーサービスでの個々のやりとりが顧客ロイヤルティに及ぼす影響を効果的に測定できることがわかった。

この発見は明るい材料だったが、CSATやNPSとは違い、すべての企業がCESを実施するのは一筋縄ではいかなかった。まず、CESはいわゆる「逆方向」の指標であるため、誤った答えを引き出す傾向があることがわかった。やりとり後の調査では、ほとんどの顧客が、低いスコアが「悪い」、高いスコアが「よい」と考える習慣がある。そのため、調査の最後にCESの質問をすると、顧客はしばしば反射的に回答する（「前回の満足度の質問で4をつけたので、この質問にも4をつけよう」）。

これについては、基準を逆にして対応できるが（多くの企業がCES導入時に修正している）、言い回しについては対処が難しい点がいくつかある。たとえば、問題を解決してもらう経験がどれほど大変だったかではなく、自分自身で問題を解決するのがどれほど大変だったかと質問されていると勘違いするケースがある。また、問い詰められている気になる人もいる。「牛乳がどこにあるか聞く前に、ちゃんと冷蔵庫のなかを探したの？」と親にたしなめられる子どものように。

さらに、英語圏以外の顧客にサービスを提供する企業の場合、「effort（努力）」を言い換えるのが厄介だ。いくつかの言葉が考えられるが、言語によってはそれが適切な表現かどうか意見が分かれるだろう。とくに、グローバルに展開している企業ではさまざまな言語を使用しているため、ベンチマークを作成するのは難しい。

最後に、CESの質問の前の「プライミング（訳注：事前に見聞きした内容がその後の判断や行動に影響を与えること）」が不適切だと問題が生じる。つまり、サービスエクスペリエンスの特定の要素（担当者の聡明さ、礼儀正しさ、丁寧さなど）がどれほど好きか嫌いかについていくつかの方法や形式で次々に質問されたあとで、突然努力について質問されると、顧客がとまどうおそれがある。それまではどれも満足度に関連する質問だったので、心の準備ができていないのだ。

とはいえ、企業はサービス組織のエクスペリエンス指標としてCESをうまく活用できていないと言っているわけではない。まったく逆だ。私たちがCESの導入をサポートした企業の大半が、サービス環境で優れた効果を発揮していると報告している。とくに顧客の離反を阻止するのに有効だ。ところが、いくつかの企業が前述の問題のいずれかに苦戦したため、私たちは振り出しに戻ってこれが最適なやり方かどうかを確認しなければならなかった。

そこで、カスタマーサービス・インタラクションと顧客努力に関するデータをさらに集め、CESの質問の別バージョンをパイロットテストした。本書では、新たな努力の測定基準である**「CES V2・0」**（「付録D」）を初公開する。

新たなCES指標は、「その企業のおかげで、問題に容易に取り組むことができた」という見解を前提として、その見解に同意するか同意しないかを質問する（多くのカスタマーサービス調査と同様に、1～7のスコアをつける）。

CES V2・0は、元の質問の言い回しを少し変えただけだが、より信頼できる結果が得られることがわかった。顧客の誤解も少なく、多言語への言い換えもさほど難しくなく、プライミングがなくても顧客は適切に反応する。努力の概念を中心に残したまま、顧客が理解しやすいように「容易に」と表現している。さらに、「同意する／同意しない」で評価するため、調査の他の質問（たとえば、「サービス担当者は聡明である／礼儀正しい／丁寧だということに同意しますか／同意しませんか?」）との整合性も維持している。

何千人もの顧客にこの質問をしてみたところ、興味深く説得力のある結果が得られた。まず、新しい質問は顧客ロイヤルティとの相関性が極めて高く、顧客の再購入の意志、口コミ、購入額増加（顧客内シェア）の3分の1はそれで説明がついた。たいしたことではないようだが、1つのサービス問題を解決する経験についてのみ測定している点を考慮してほしい（統計的な見地から考えると、非常に有効だ）。顧客のロイヤルティの意志の3分の1がたった1回のサービス・インタラクションに左右されるとしたら、多くのサービス組織にとってかなり圧倒されるような事実である。

CES V2・0とCSATを比較したところ、努力指標は顧客ロイヤルティに関する予測効果が12％高いことがわかった（＊3）。したがって少なくとも、CESを測定基準に加えることはカスタマー・インタラクションに関するより詳細な見解を示すのに役立つと言える。

この他に、カスタマーサービスにとって適切な指標を選ぶのに、時間に対する顧客の感度は相当重要であることがわかった。時間に追われている顧客のロイヤルティを予測するとき、CSATの正確性は著しく下がるが、一方で顧客努力は有力な予測要因である（†）。実際、日々の生活で時間のプレッシャーを感じている顧客のロイヤルティを予測するうえで、顧客努力はCSATの2倍以上も正確だった。この事実は、顧客が日々の業務で過度の時間的プレッシャーに直面しているB2B企業や、子どもの多い世帯や多忙な専門職や共働き世帯に製品やサービスを提供するB2C企業にとってとくに重要である。

もう1つ重要な発見がある。以下の2つのいずれかの条件が当てはまるとき、サービスエクスペリエンスがロイヤルティに及ぼす影響が大きくなることがわかった。

1. 企業が提供する製品やサービスに対して顧客が強い愛着を持っていない。
2. 同じ製品（またはサービス）カテゴリーの転換コストが低いと認識されている。

＊3 二変量ＯＬＳ回帰分析モデルの決定係数測定と、従属変数としての顧客ロイヤルティを比べ、正確性を決定した。

†「1日にもっと時間が必要だと感じる」「やるべきことを終えるのに急かされていると感じる」といった1～7段階の質問（同意するか同意しないかたずねる）によって、時間の感度を評価した。

逆に考えると、カスタマーサポートが不十分でも製品の愛好者を多く抱える企業が生き残れるのも納得できる。ある製品が他の製品よりもずっと優れていると多くの顧客が認識すると、不十分なサービスエクスペリエンスを補っても余りある評価が得られるのだ。認識される転換コストの影響も、理にかなっているような気がする。問題解決に多大な努力が必要なら購入先を切り替えるほうが楽だと思うはずだ。実際、転換コストが低いと認識した顧客の場合、カスタマーエクスペリエンスは顧客ロイヤルティに約2倍の影響力を持つ。

競合他社と比較したＣＥＳを重視する企業は多いが、平均スコアは分布ほど重要な意味を持たない。平均すると、データの重大な矛盾が隠されてしまうからだ。そういう意味では、ＣＥ

Sスコアは他のデータと大差はない。だが、カスタマーサービスの世界では新しい指標であるため、企業は平均スコアだけに注目しがちだ。CESを調べるよりよい方法は、正規分布を無視することである。つまり、一部（10～20％）のやりとりが非常に高い（または非常に低い）スコアをつけても、大半のスコアは平均に近いはずだ。**改善機会の可能性を見つけるには、自分の会社のCESの平均値を他社と比較するよりも、分布を調べるほうがずっと有益だ。**

　簡単な例を紹介しよう。ある企業がCESを調べたところ、意外にも努力スコアが業界水準よりも低いことがわかった。あらゆる現状を踏まえた企業トップの予測とはかけはなれた結果が出たのだ。同社には多くの苦情が寄せられていたため、企業トップは真剣に改善を図る必要があると考えたのだが、部下たちは相変わらず輝かしいCESの平均値に注目していた。そこでデータの分布を調べると、いくつかの驚くべき事実が明らかになった。まず、努力がそれほどいらない経験をした顧客数が業界水準よりもはるかに多いのは、何かがおかしいことを示唆している。さらに、中程度の努力経験はごくわずかで、おおいに努力を要する経験も少なかった。このような分布の偏りは、簡単な問題でも電話をかけてくる顧客がかなり多く、セルフサービスで解決されていないという事実を示していた。つまり顧客は些細な問題でも電話をかけてきて――典型的な「1回で完了する」電話――、簡単に解決できたと感じていたのだ。繰り返すが、CESの理解は分布に大きく関係しているのである。

質問にどんな言葉を使うかにかかわらず（CES V1・0またはCES V2・0）、CESはCSATやNPSなどとは異なる指標であるため、これらを比較するのはいささかムダな骨折りだということを覚えておかなければならない。業界のある専門家が言ったように、CESと他の指標の比較はリンゴとオレンジを比べるようなもの。「CESは特定のカスタマーサービス・イベントという『ミクロの経験』を評価する指標であるのに対し、NPSとCSATはいずれも全体的なマインドという『マクロの経験』を評価する指標であり、1回のやりとりやサービスイベントのみならずカスタマーエクスペリエンス全体を考慮している」[3]。この見解は批判ではなく、顧客努力を評価する真の価値を明確に指摘している。CESは、顧客関係の総体的な状況の測定を目的としているのではなく、ディスロイヤルティの最も重大な要因、つまりサービス・インタラクションでの顧客努力の1回の取引ごとの評価を目的としている。この専門家はさらに次のように語る。CESは「適切に計画・実施されたカスタマーエクスペリエンスの管理プログラム」を効果的に強化するものである。まったく同感だ。

それはそうだが、1回の取引に関するカスタマーサービスでの努力を測定する明白なメリットの1つは、企業全体のロイヤルティ向上の取り組みにどれほど影響しているかをカスタマーサービス・リーダーが正確に判断するのに役立つことだ。

ただし、NPSを重視している企業も、CESを測定基準の1つに加えるよう検討しなければならない。私たちは多くの企業と顧客努力について論議しているが、彼らは幅広いコンセプトを認めてはいるものの、CESの導入になると二の足を踏む。「我が社はNPS派だ」と言うのだ。私たちがそれにどう答えるかって？　「それは結構ですね」だ。宗教論争ではないのだから。企業がカスタマーサービスにおけるNPSを測定しているとしたら、彼らが追跡している、サービスに関連する真のNPS向上要因は何だろう？　電話のかけ直し、転送、チャネル転換、情報の繰り返しなどを減らして、NPSを向上させようとしているのだろうか？　もしそうなら、彼らが目指しているのは顧客努力の軽減である。別の旗印を掲げていても、目標は同じというわけだ。しかし、CESを測定すればカスタマーサービス・リーダーは、より広いNPSの目的に及ぼす影響を検討することができる。最近の調査から、努力がそれほどいらない経験をした顧客のうち、「批判者（他人に推奨する可能性に関する質問に0〜6をつけた顧客）」となったのは3％にすぎないが、多大な努力を要する経験をした顧客では82％にのぼることがわかった。これは極めて大きな差であり、ディスロイヤルティの緩和には顧客努力の軽減が効果的だと如実にもの語っている。つまり、NPSを測定している企業は、NPSの目的を後押ししているのか邪魔しているのかを理解する手段として、カスタマーサービスの調査にCESの導入を検討する必要がある。

CESを実施した企業の多くは、カスタマーサービス全体の有効性を評価する手段として、さらには危険な顧客を特定する手段として、それを有効に活用してきた。ただし、忘れてはならない。これは単なる質問にすぎない。間違いなく効果的な方向指示器ではあるが、それ以外の何ものでもない。CESは、カスタマーサービス測定の万能薬でも特効薬でもない。個々のやりとりにおけるロイヤルティを測定するシステムの歯車の1つにすぎない。サービスエクスペリエンスの現状を本当に理解するには、さまざまな角度からいろいろなレンズを通して調べる必要がある。たくさんのデータを集める必要がある。言い換えるなら、カスタマーエクスペリエンスを向上させる方法を見つけ出すには、体温を測るだけではなく、健康診断をしなければならない。サービスエクスペリエンスにおける顧客努力の要因を全体的に観察しつつ、CESを併用すれば、おおいに効果を発揮する。

顧客努力の要因を組織的に発見・排除する

確実な顧客努力測定システムは、3つの要素で構成される（図6・2参照）。第1に顧客の企業に対する総体的なロイヤルティを理解する。これを測定するには、NPSなどの高レベルの指標が最適である（なぜなら、最高レベルでロイヤルティを測定する優れた手法であり、さらには、カ

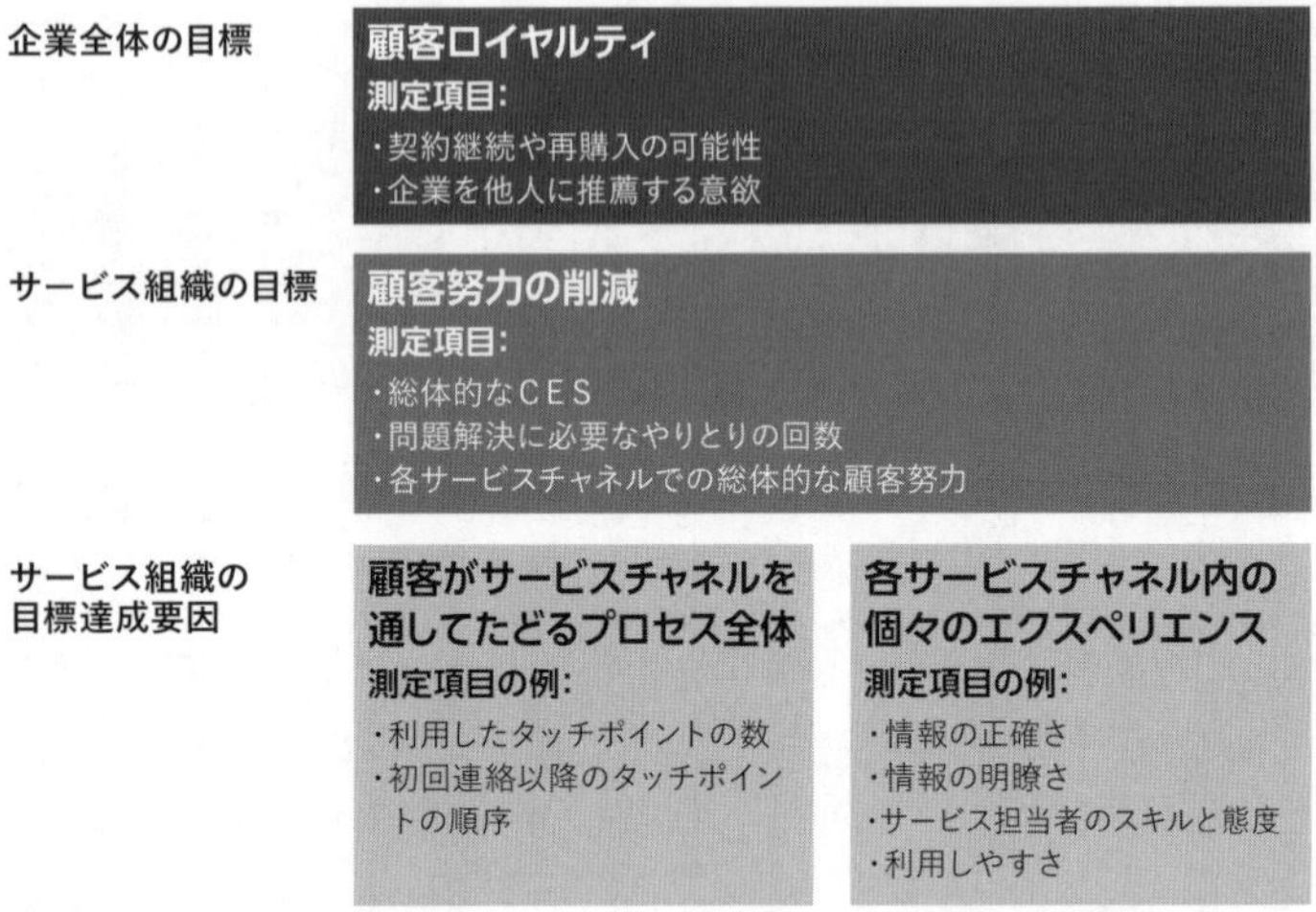

企業全体の目標	**顧客ロイヤルティ** 測定項目： ・契約継続や再購入の可能性 ・企業を他人に推薦する意欲	
サービス組織の目標	**顧客努力の削減** 測定項目： ・総体的なCES ・問題解決に必要なやりとりの回数 ・各サービスチャネルでの総体的な顧客努力	
サービス組織の 目標達成要因	**顧客がサービスチャネルを 通してたどるプロセス全体** 測定項目の例： ・利用したタッチポイントの数 ・初回連絡以降のタッチポイン トの順序	**各サービスチャネル内の 個々のエクスペリエンス** 測定項目の例： ・情報の正確さ ・情報の明瞭さ ・サービス担当者のスキルと態度 ・利用しやすさ

出典：CEB、2013

図 6.2　ロイヤルティに関する企業目標と、カスタマーサービスの戦略や目的の関連づけ

スタマーエクスペリエンスとマーケティングのチームが活用できる重要な情報を提供するだけでなく、サービス組織の役割と影響をより広範のロイヤルティの結果に結びつけるのに役立つからだ）。次に、サービス提供の場面での顧客努力の度合いを把握する。理由は極めて明白だ。企業全体のロイヤルティにサービス組織が具体的にどのように貢献できるか、理解を深めたいからである。CESはこれに適した手段であり、顧客努力を実証するデータ——1つの問題を解決するまでの連絡回数など——を調べてCESの結果と照合するのが望ましい。

　最後に、カスタマーサービスにおいて顧客がたどるプロセスがどのように展開されるか、具体的には顧客が問題を解決するのに利用したタッチポイントの数と種類、タッチポイントの順序（たとえば、顧客はカスタマーセンターに電話をしただけか、それとも、まずはウェブサイトをチェックしたか？）、各チャネル内での個々のカスタマーエクスペリエンス（たとえば、サービス担当者が提供した情報の明確さ、ウェブサイトでの情報の見つけやすさなどを評価する）を理解する。

これら3つのレベルで情報を集めると、総体的なロイヤルティパフォーマンス、カスタマーサービスがロイヤルティに及ぼす影響、サービスエクスペリエンスでの顧客努力を軽減するのに企業が講じるべき措置を評価するのに役立つだろう。

アクメ社のケース：顧客努力のプロセス

私たちがこれらの測定基準を統合的に使用して、ある企業が「顧客努力の特徴」を正しく理解できるようにサポートしたケースを紹介したい。データは実存する企業のものであるが、機密保持の目的から、この企業を「アクメ社」と呼ぶことにする。

アクメ社との仕事を始めたとき、同社は電話チャネルを確立させてしかも効果をあげていると説明した。実際、顧客努力のスコアは予想にたがわずすばらしいものだった。アクメ社は差別化を図るには電話チャネルについて次に何をしたらよいかを知りたがったが、私たちが徹底

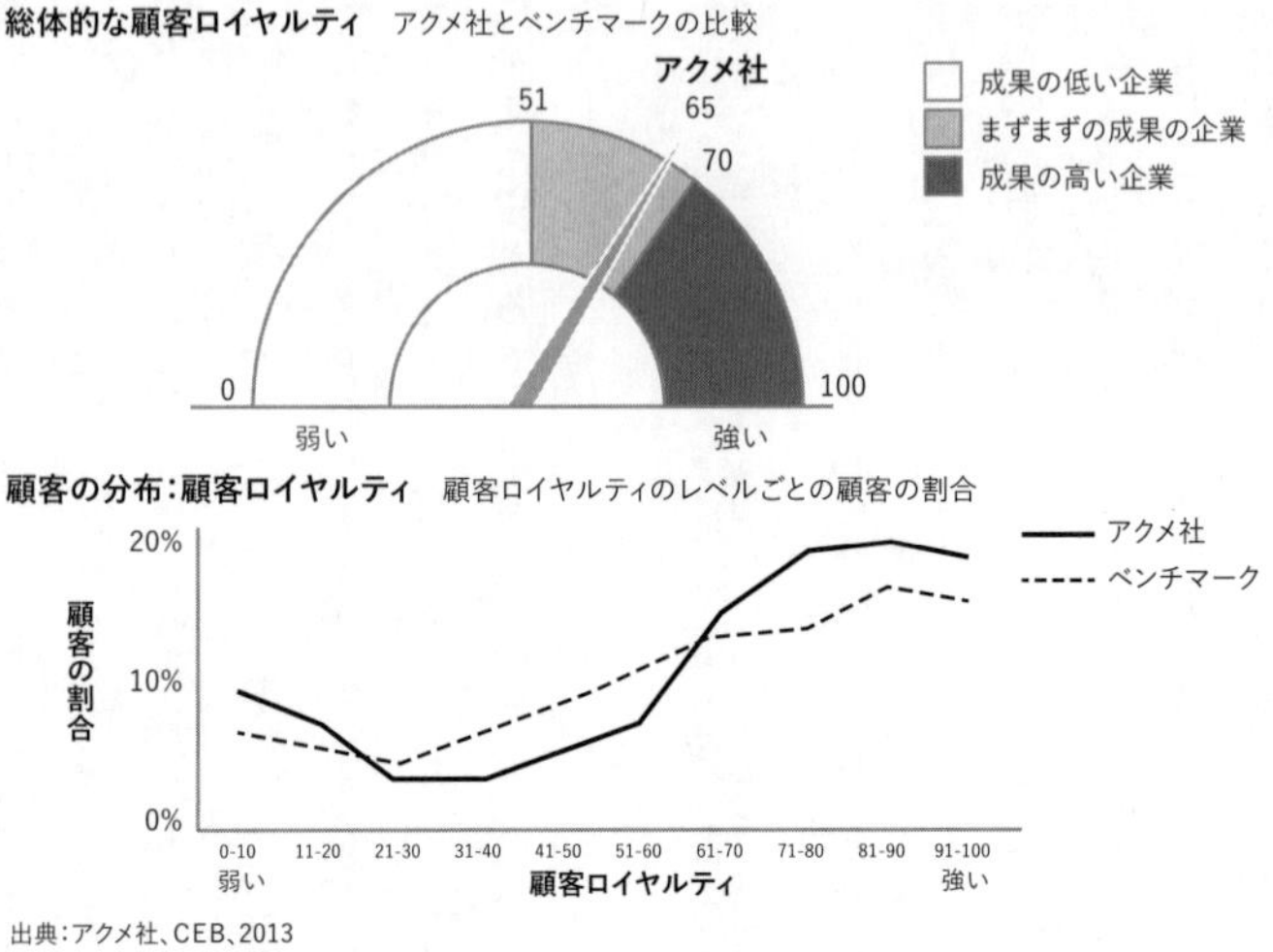

図 6.3　アクメ社の総体的な顧客ロイヤルティと顧客の分布

した評価をおこなったところ、同社の戦略を180度転換させるほど有益なマルチチャネルデータが得られた。電話チャネルへの投資を増やしてもウェブサイトへの投資ほどのリターンは得られない――データが示唆したのは経営陣には信じがたい事実だった。調査結果を知らされた経営陣は、新しい大きなチャンスがどこにあるのかをにわかに感じとった。まるで果実がぶら下がった新たな畑が目の前に広がっているかのようだ。それは、独自の手法でカスタマーエクスペリエンスのデータを収集していたときには見たことのない景色だった。

アクメ社の顧客努力のプロセス、そして私たちがどのようにして結論を導き出したかを詳しく解説し、同社の改善機会を見つ

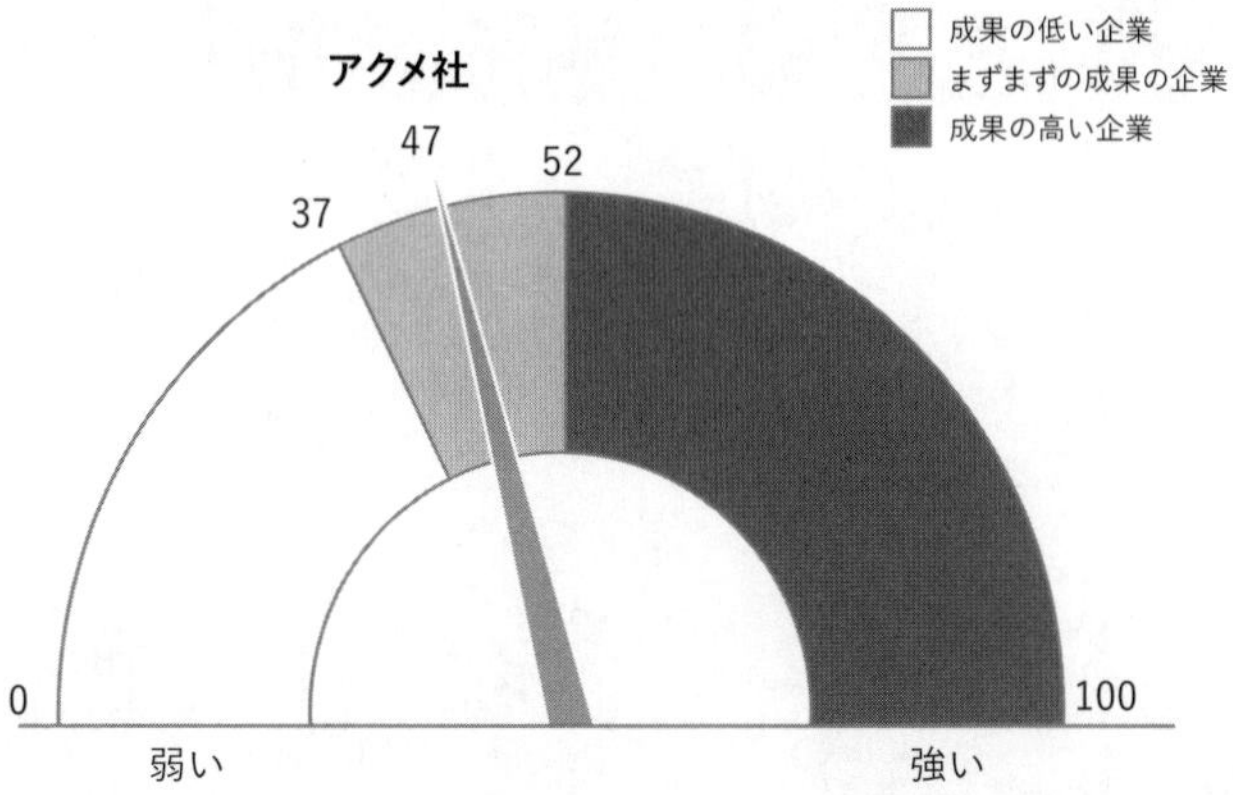

出典：アクメ社、CEB、2013

図 6.4　最新のサービス問題を解決するための顧客努力

けるのに使用した数々の分析テクニックや調査質問を紹介していこう（顧客努力診断で使用した調査質問の例については、「付録E」を参照）。アクメ社のストーリーからは学ぶものがあると思うが、それよりも、このケースを参考にして、あなたの会社のカスタマーエクスペリエンスで顧客努力が最も必要な場所を明らかにしてほしい。

枠組みとして、まず私たちは総体的な顧客ロイヤルティの把握に努めた。最初はとくに心配な点はないように思われた。それどころか、総体的な顧客ロイヤルティは平均を上回っており、成果の高い企業の水準に極めて近い（図6・3参照）ことが同社の自慢だった。同様に、ロイヤルティスコアの分布も同業他社と一致していた。ただし、

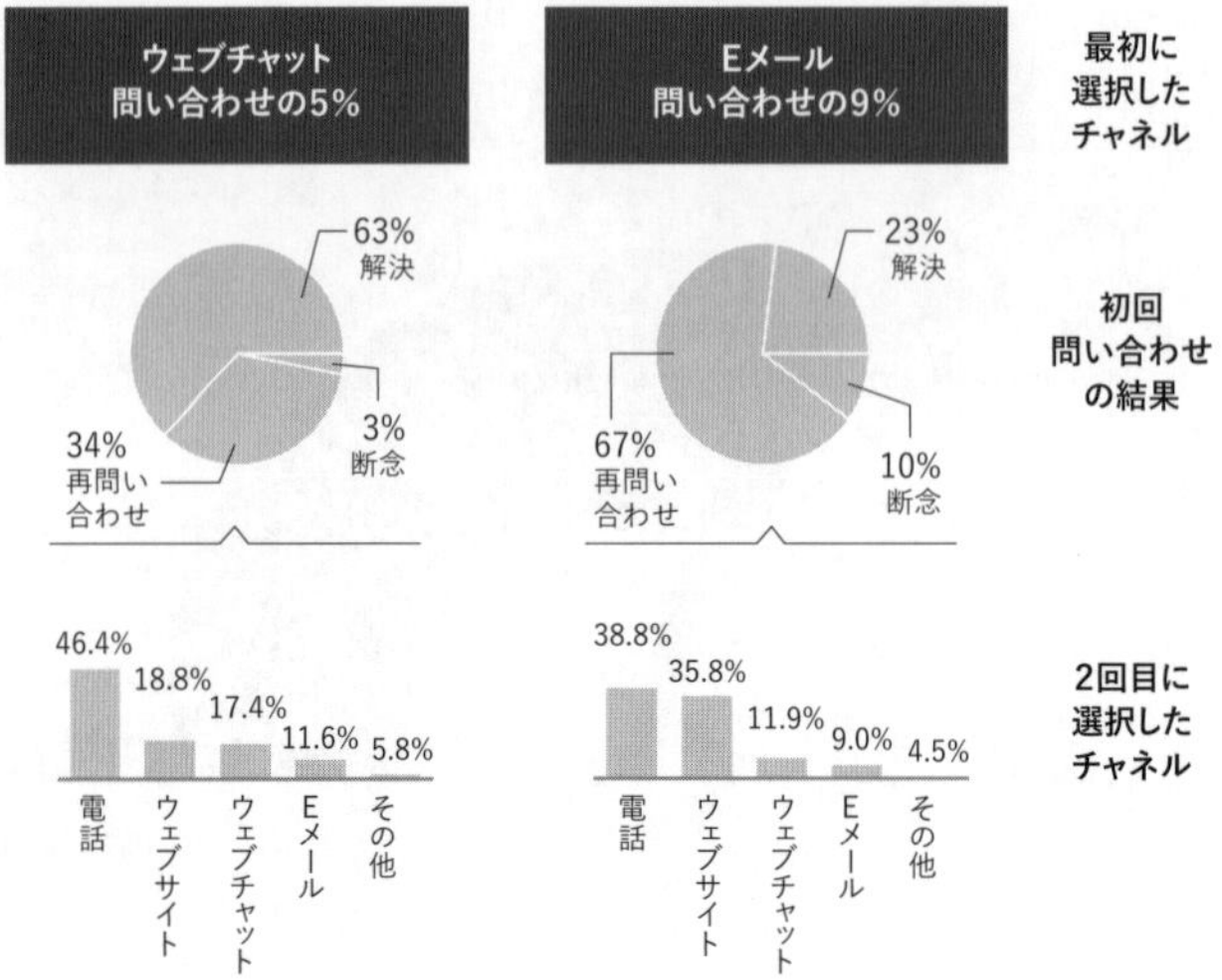

これらのデータは誤解を招くおそれがある。さらにこれは、顧客関係に基づくロイヤルティ指標が往々にして、無用の努力を顧客に強いる根本的な運営上の問題を隠してしまうのはなぜかを明らかにするよい実例でもある。

ロイヤルティスコア以外でも、アクメ社の総体的な顧客努力の特徴はほぼ平均的なように見えた（図6・4参照）。同社の顧客のほとんどが、サービス・インタラクションにおいて努力がそれほどいらない、あるいは中程度の努力をしたと回答しており、多大な努力を要する経験をしたという回答は極めて少なかった。

ところが、全体的な概要は健全な診断結果を示しているものの、何もかもが良好と

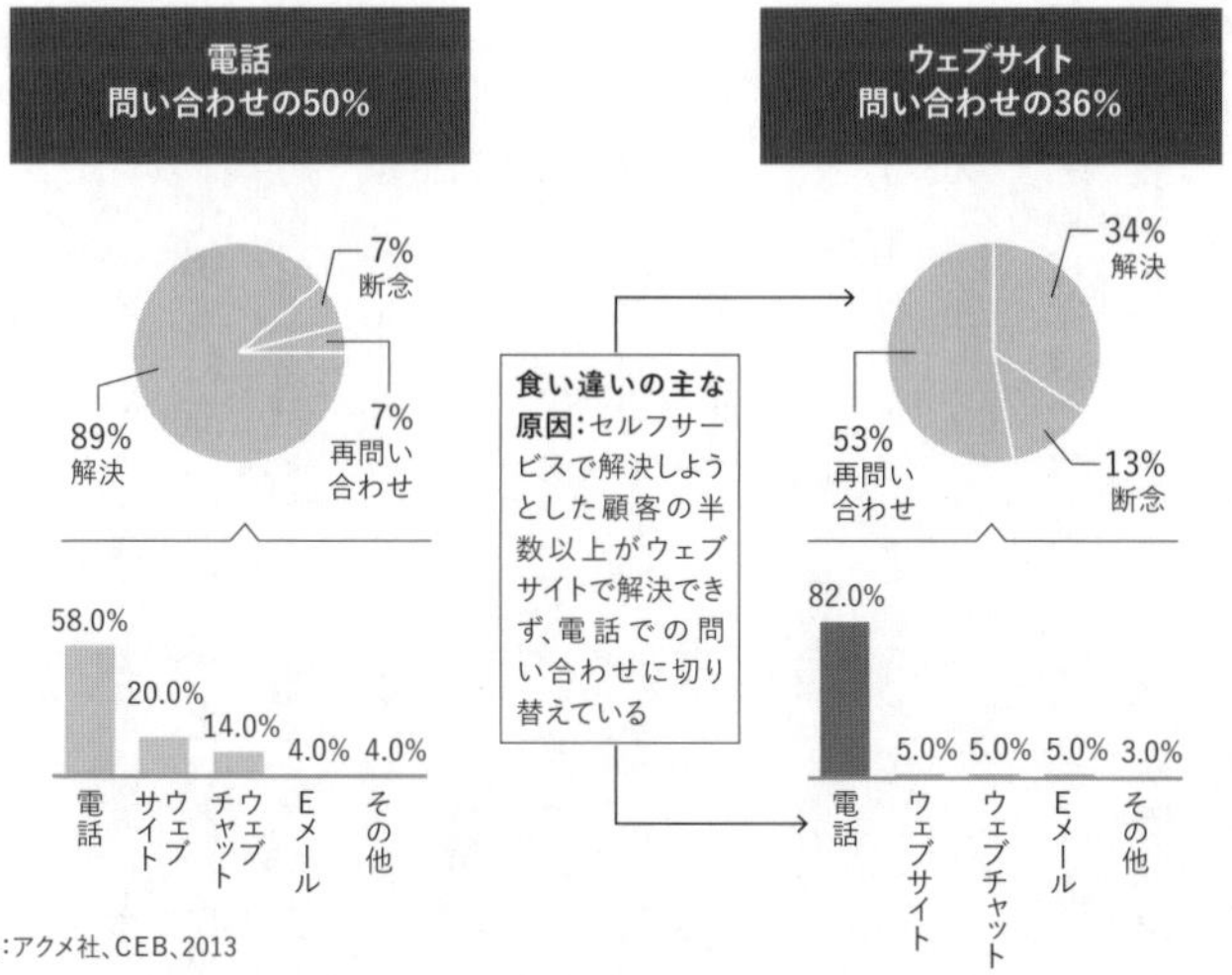

出典：アクメ社、CEB、2013

図 6.5　アクメ社の顧客が経験した問題解決のプロセス

いうわけではなかった。チャネルごとの顧客努力水準を調べ、連絡回数（訳注：全体に占める割合）と合わせて分析すると、2つの事実が浮かび上がった。しかもそのうちの1つは、すこぶる厄介な問題だった（図6・5参照）。

1. プラス面をあげると、アクメ社はセルフサービスで問題が解決されるようまく導いている。初めて問い合わせる顧客の36％がウェブサイトを選択している。しかし……

2. ……初回の問い合わせでウェブサイトを利用した顧客はサイトの使用を継続せず、53％が再問い合わせしており、しかもセルフサービスをあきらめている。

実際、ウェブサイトで解決できなかった顧客の82％は最終的に電話を利用している。

この結果から、ただアクメ社の顧客のディスロイヤルティ率が高いというだけではなく、運営コストが相当に高いのが見てとれる。ウェブサイトでの問題解決に失敗した顧客による多数の問い合わせは電話チャネルに集まる。アクメ社が当初の計画通りに電話チャネルのパフォーマンス向上に取り組んでいたら、ほとんど成果は得られなかっただろう。なぜなら、電話で問い合わせた顧客は、たった今、多大な努力を要する経験に耐えてきたばかりなのだから。（サービス担当者が知る由もない）顧客のウェブサイトでの不快な経験は、電話サービスの向上によって解消されるものではない。明らかに、アクメ社は問題の根本的な原因、つまりウェブサイトの質を改善する必要があった。

さらに調べたところ、顧客は、アクメ社のウェブサイトで多大な努力を要する経験をした（水準よりも20％ほど高い）と回答していることがわかった。ウェブサイトの大半の企業のCESスコアの水準と比べて、大きな差がある。そのため、同社にとってのカスタマーエクスペリエンスの弱点は電話ではなくウェブサイトだと言える。経営陣は、このような問題があるとは思いもよらなかった。というのも、**多様なシステム間に統一された情報伝達システムがなく、顧客の問題解決のプロセス全体を追跡することができなかったのだ。**第2章でも述べたが、カス

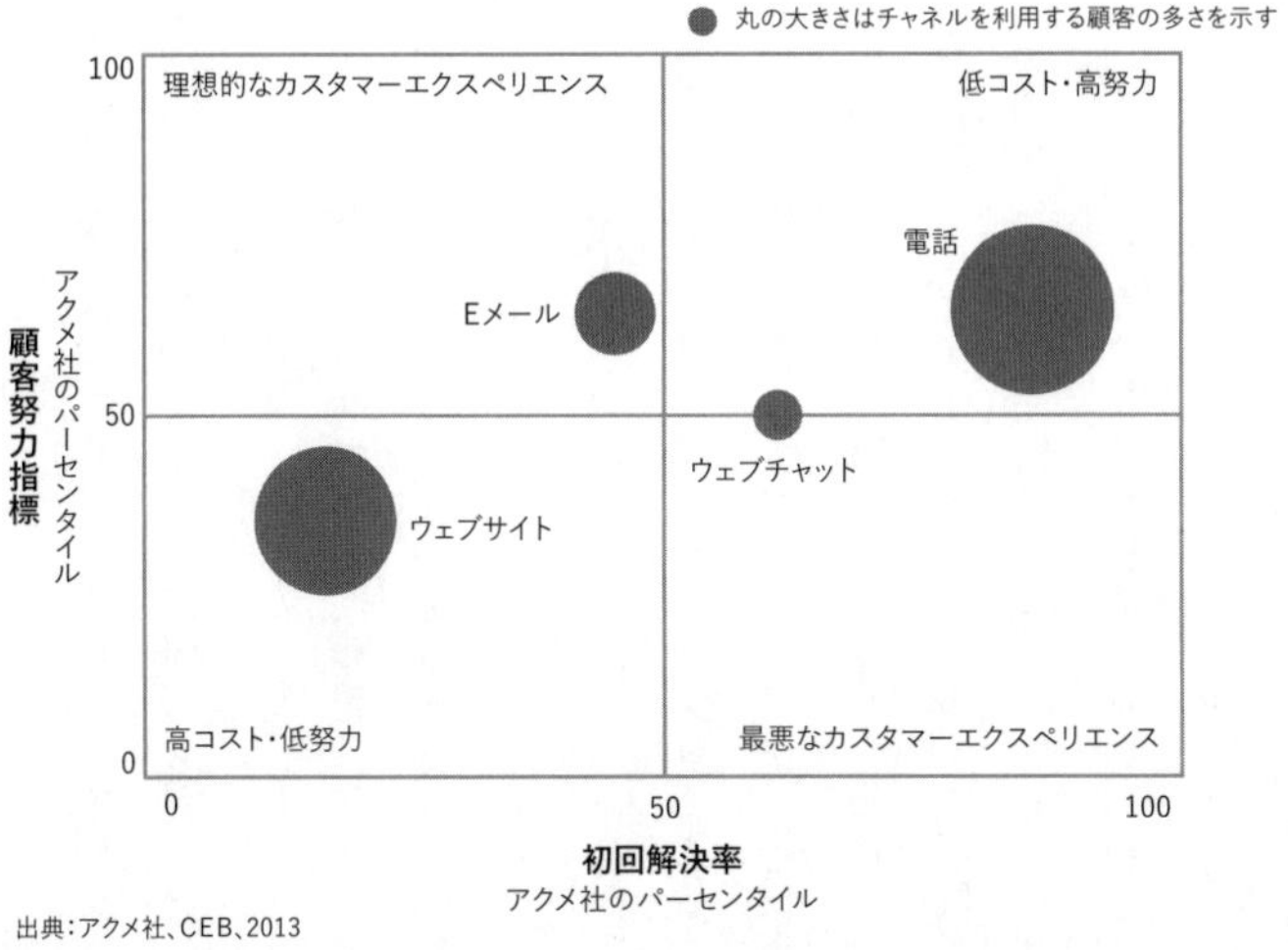

図 6.6　アクメ社のチャネル別パフォーマンスと顧客利用度

タマーサービス・リーダーは、顧客はチャネルを切り替えたりせず、1つのチャネルしか利用しない（「電話顧客」や「ウェブ顧客」とひとくくりにする）と考える傾向がある。当然ながら、この分析結果はさまざまな企業の経営陣にとっての多くの「感動の瞬間」を生み出している。

ここで、アクメ社の分析結果を簡単にまとめてみたい。同社の顧客が一般的にどのチャネルを使ってカスタマーサービス組織と連絡をとっているのかをふり返り、その有効性（アクメ社はそのチャネルで問題を解決しているか？）だけでなく、経験の種類（そのチャネルで必要とされる顧客努力の程度は？）を調べて別のチャネルと比較し、同社が注力すべきポイントをより明確にしていく（図6・6参照）。

その結果、ウェブサイトにおけるインタラクションが顧客にいかに悪影響をもたらしているかが明らかになった。顧客は何度も問い合わせなければならず、多大な努力を要する経験を強いられていたのだ。

診断を実施する前におこなった話し合いでは、同社は電話でのカスタマーエクスペリエンスを大幅に改善できる機会があると感じていると述べた。同様に、ウェブチャネルでも比較的うまくいっていると推測していた。経営陣は独自の調査結果から、ウェブサイトを利用してセルフサービスで問題を解決する顧客の割合が平均を上回ると認識していたのだ。

言うまでもなく、顧客努力のプロセスはここで終わりではない。むしろここが出発点だ。これまでに示されたデータから、アクメ社はカスタマーエクスペリエンス全体についてより批判的に考えることができたが、それを解決するのにとるべき行動まではわからなかった。そこで、さらに掘り下げて考える必要があった。診断の一環として、チャネルごとに顧客努力の主な要因を調べ、とくに注目すべきポイントを理解しようとした。予想通り、ウェブサイトでの主な努力要因のなかには水準に満たない項目があった。

アクメ社の顧客は確かに、セルフサービスで問題を解決したいと考えていた。顧客の答えにあるように、同社の問題は、ウェブサイトで目的の項目を見つけるのがかなり厄介だというこ

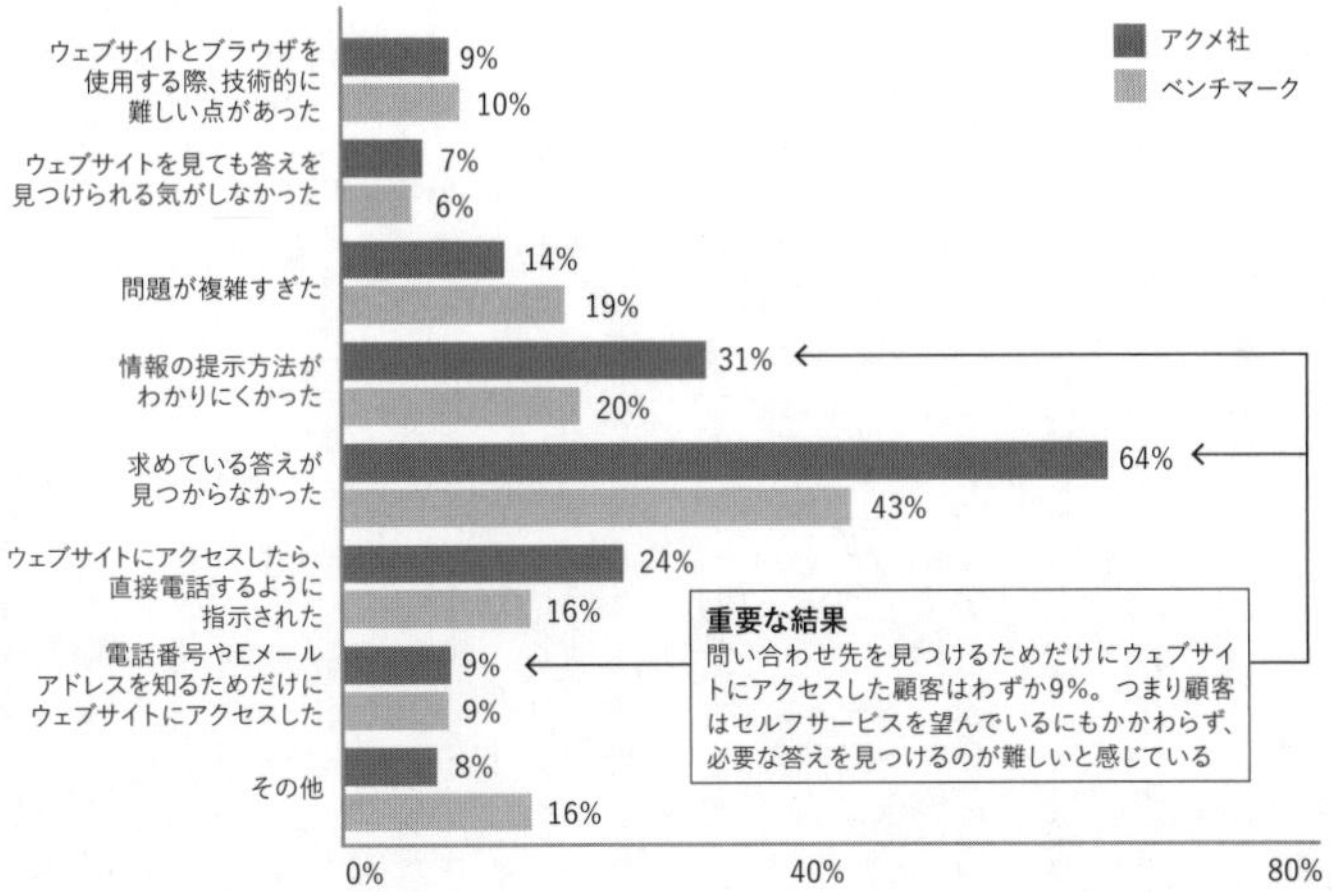

出典：アクメ社、CEB、2013

図 6.7　ウェブサイトで問題解決できない要因

とである。ウェブサイトをチェックした顧客の64%が目的にたどり着けず、たどり着けたとしても情報がわかりにくかったと回答している（図6・7参照）。

アクメ社にはまず、フィデリティと同じように（第2章参照）顧客の声を集めるシステムの整備への投資を直ちに開始し、電話している顧客がウェブサイトから切り替えたかどうか、もしそうならなぜウェブサイトを断念したのかを判断するよう助言した。それは同社が問題の性質を正確につきとめるのに役立つに違いない。顧客は何を探しているのか？　ウェブサイトに掲載されていないコンテンツや機能だろうか？　もしそうなら、それらを提供できるようなセルフサービス・チャネル作りに投資するのは効果的だろうか？　あるいはウェブサイトに掲載されている場合、なぜ顧客はそれを見つけられないのだろうか？　見つけられたとしても、その掲載方法で見つけるのが難しいのはなぜだろうか？

最初の段階で、私たちは、ウェブサイトの改良とサイト上での「次の問題回避」について、マスターカードやフィデリティがとった対策（詳細は第2章と第3章を参照）を検証するよう提案もした。次に、イシュー・トゥー・チャネル・マッピング（「付録A」）を実践して、問題のタイプ別に顧客がカスタマーサービスのウェブサイトのどこにアクセスするべきかを明らかにし、ウェブサイトの構成やタスクに基づくガイダンスを利用して、顧客が最適な（つまり顧客努力も企業のコストも最も少ない）問題解決までのプロセスをすぐに選べるようにサポートするようアドバイスした。そして最後に、顧客にとってわかりやすく使いやすいコンテンツについて、トラベロシティが作った「ウェブサイトの有用性のための10のルール」（第2章参照）のうち、いくつかを取り入れてはどうかと強く勧めた。

では、これらの行動からどのような成果が期待できるだろうか？

幸いにも、私たちは長年にわたってデータを集めてきたため、独自のモデルを作成し、アドバイスに従って顧客努力を軽減すれば企業はメリットが得られることを証明できた。顧客の総体的なロイヤルティと、チャネルでおこなう努力の程度を把握すれば、２つの要素の関係

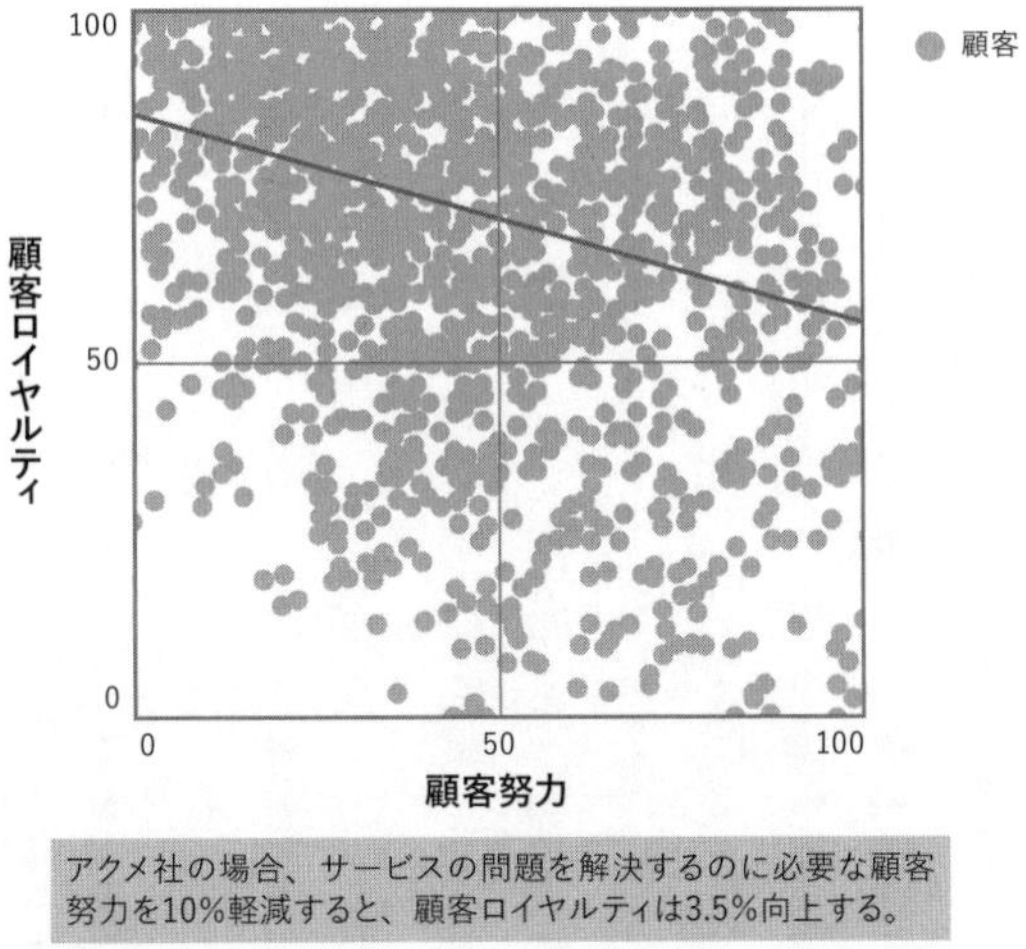
100
50
0
0
50
100
顧客ロイヤルティ
顧客努力
顧客
アクメ社の場合、サービスの問題を解決するのに必要な顧客努力を10%軽減すると、顧客ロイヤルティは3.5%向上する。

出典：アクメ社、CEB、2013

図 6.8　顧客努力がロイヤルティに及ぼす影響

（この場合はアクメ社の）がわかる（図6・8参照）。実際に顧客努力を軽減できた事例があるとすれば、アクメ社こそがまさにそうだ。顧客努力の軽減により再購入の意志が強くなり、顧客内シェアが増え、企業のよい口コミが広がるのは間違いない。アクメ社のケースでは、**顧客努力を10%軽減――達成が容易な目標――すれば顧客ロイヤルティは3・5%向上する**という結果が出た。

今よりも顧客ロイヤルティが3・5%高くなったらどうなるだろう？　アクメ社の場合、それは数百万ドルに値する。多くの企業にとっても非常に有意義な分析だ。努力の軽減によって、近い将来にロイヤルティ向上を実現できる兆しが見える。

結局、アクメ社の経営陣は戦略計画を根

本的に練り直し、成果の測定とエクスペリエンス向上の取り組みに顧客努力の要素を常に組み入れるよう努めた。

CEBでは、データ収集や調査の初期段階から、サービスエクスペリエンスにおける顧客努力の役割を高く評価していた。この5年間は、この考えをサービス組織向けの「オペレーティングシステム」として活用してきたくらいだ。今ではデータ、モデル、分析の量も膨大になり、顧客努力を軽減してロイヤルティを最大限にするために企業が適切に行動できるようサポートしている。

私たちのチームは、努力の測定方法を継続的に改善し、努力軽減を進めた企業から学ぶことに注力してきたので、取り組みを始めたばかりのサービス組織に効果的な助言ができる。私たちがサポートするか、あるいは本書で紹介したツールや手法（自ら努力評価するためのツールを「付録F」で紹介している）を用いてみなさんが自力でおこなうかにかかわらず、大切なのは、チャネル全体で顧客努力を一貫して測定する必要があり、努力の要因を組織的に観察することだ。そうすれば、サービス組織は、企業のロイヤルティ目標にプラスの影響を及ぼす方法は何かをいつでも判断することができるだろう。

本章を締めくくるにあたって、章のはじめに明らかにしたポイントをもう1度繰り返す。特効薬などない。顧客努力を軽減するのは決して容易ではなく、企業はこれまで考えもしなかったような方法でさまざまなソースからデータを（しかも大量に）集める必要がある。場合によっては現在のカスタマーエクスペリエンスやサービスチャネルの成果の測定方法を一変させなければならないかもしれないが、これはさほど難しくない。今後もほとんどの企業が「NPS派」だとか「CSAT派」だとか言うかもしれない。それでもかまわない。究極のカスタマーエクスペリエンス指標とは何かを論じている場合ではないのだから。重要なのは、カスタマーエクスペリエンスを向上させ、それに伴う運営コストを削減し、最終的に顧客ロイヤルティを向上させることだ。正確に測定するには、1つではなく多くの質問をする必要がある。

ビジネスの世界では「測定できることは成し遂げられる」とよく言われる。確かにそうだが、それだけでは不十分だ。努力の測定はサービス業務を管理する効果的な指針となるが、サービス業務に携わるスタッフが顧客努力軽減の考え方を業務に取り入れて初めて、真の向上がスタートする。顧客努力について理解し、本書の実践的なアドバイスを取り入れ、顧客努力の測定方法を明確にしたところで、顧客努力のいらない組織への変革の推進に意識を向けよう。

本章のまとめ

- 顧客努力指標（CES）を測定する。CESを使用して、サービス後の調査で、解決方法が簡単だったかどうかを評価する。CESは、個々のやりとりでの顧客ロイヤルティの有効な指標となり、カスタマーエクスペリエンスの摩擦ポイントを明確にし、多大な努力を要する経験によって離反のおそれがある顧客を特定するのに役立つ。
- 顧客努力の測定システムを利用する。CESは効果的なツールだが、顧客努力を測定する特効薬はない。優れた企業は、企業内のさまざまなレベルで多岐にわたるソースからデータを集め、顧客努力が発生しているかどうかはもちろん、努力の原因を理解する。

第7章
努力の軽減を定着させる

顧客努力の軽減はただの「今週のおすすめ品」であってはならない。定着させるには、これを事業理念としなければならない。つまり、顧客とのかかわり方やプロジェクトの優先順位づけに関して、企業文化を変えることを意味する。ただし、口で言うのは簡単だが、このような変革を起こすのは難しい。というのも、とくに大規模な組織では変革を起こすには根気がいるからだ。そこで本章では、現場担当者の新たな行動促進についての調査から得られたさまざまな教訓、そしてアメリカン・エキスプレスとリライアント・エナジー（いずれも、早くから顧客努力を事業理念に掲げていた）から学んだ重要な教訓を紹介する。

第一歩を踏み出す

本章を進めるにあたって、まず、現場での変革推進に関して明らかになった重要な事柄について説明する。これらの基本的ポイントは、試験的な取り組みを計画するうえでも顧客努力軽減戦略への協力を促すうえでも有益なはずだ。さらに、パイロットチームのみならず、経営陣や現場の担当者にいたるまで、組織のあらゆるレベルに顧客努力軽減の意識を持たせるのにも役立つだろう。

新たなアプローチが必要な理由を伝えるには、心に残る「変革のストーリー」が不可欠だ。

さまざまな方法で、現場スタッフ（担当者も監督者も）にそれぞれの役割に関する新たな考え方を教えなければならない。ところが多くの組織が、過去のアプローチにしがみつき、変革の必要性の根拠を明らかにしようとしていない。「顧客努力の軽減」というメッセージは、もはや雑音でしかない。同じように差し迫って重要に思われる他の案件と同様、単に「やるべきこと」にすぎない。説得力のある変革のストーリーは、現状との対比を明確にして、一刻の猶予もならないというメッセージを送り、「ほぼ同じことが続く」サイクルを断ち切る。うまくメッセージが伝われば、変革のためのビジネスケースが個人のレベルまで浸透する。効果的な変革のストーリーは、あらゆるコミュニケーション、トレーニング、コーチング、強化策の根幹となるのだ。

以下に変革のストーリーを紹介するが、それぞれの組織や状況に合わせて手を加えてかまわない。あなたは、どのようにして現在のアプローチが確立されたかに注目し、そのアプローチがなぜ不十分なのかを検討し、（データに基づく）説得力のある新たな方法を提示し、変革をどのようにサポートしていくかを説明しなければならない。変革のストーリーは感情、論理の両方の面から、あなたのチームに訴えかけるはずだ。これは単なる台本ではなく、企業が取り組みを進めて行くうえで常に注目すべき重要なポイントなのだ。

・何が起きているか：カスタマーサービスの世界は変わりつつあり、顧客の期待は日々高まっているように思われる。これにはさまざまな要因が考えられるが、最も注目すべきは、セルフサービスによって顧客と企業との接し方が変化していることだ。今ではもう、顧客は簡単な問題について電話で問い合わせたりしない。いきおい企業は顧客が不満を抱いている複雑な問題を扱うことになるため、ますますリスクは高くなる。不公平に感じるかもしれないが、現実問題として、顧客は企業を同業他社はもちろん、あらゆる企業と比較する。我々が提供するカスタマーエクスペリエンスも、ザッポスやアマゾンなどの企業と比べられてしまう。そこまでの基準に達しなかったらどうなる？　インターネットのおかげで、顧客がその事実を全世界に発信するのははるかに容易になった。不満を抱いた顧客は、ユーチューブやツイッターやフェイスブックに、企業が好ましいサービスエクスペリエンスを提供しなかったと投稿するだけでいい（ヒント：この段階では、現場チームが感じている痛みをストーリーに盛り込まなければならない。現場チームはこの問題を嫌というほどよくわかっている。経営陣は、今起きていることを明確にするだけでいい）[1]。

・古いアプローチ：長年にわたって我々は、カスタマーエクスペリエンスを単なるチェックリストとして利用してきた。似たような問い合わせが大半を占めていた時代には、この方法は非常に理にかなっていた。顧客一人一人を大切にしていないわけではなく、迅速に対応して次の顧客に移るというルールにのっとってサービス組織を運営することは筋が通っていたのだ。問題がまったく同じ場合には、工場のようにカスタマーサービス組織を運営し、効率性と一貫性だけを重視すればいい。このアプローチは、長年にわたって効果を発揮していた（ヒント：ここでは、問題の処理方法とその理由について率直に語る。「旧世界」では、このような管理方法に正当な理論的根拠があった）。

● **古いアプローチはもう通用しない：**今直面している新たな複雑さに対応し続けるのは大変な労力だ。我々はみなさんに多くの負担を強いている。顧客とのやりとりが複雑さを増しているなか、顧客ロイヤルティを高めるためにみなさんに多くを求めている。カスタマーエクスペリエンスをプロセスとして管理することは、必ずしもうまくいくとは限らない。しかも、データからは、企業が新たな環境で効果的なカスタマーサービスを提供するのに苦労している状況が見てとれる。法人向け一流コンサルティング会社のCEBが最近おこなった調査では、カスタマーサービスによって、顧客のロイヤルティよりもディスロイヤルティを生み出す確率が4倍も高いことが明らかになった。何よりもまず、ディスロイヤルティの緩和に目を向ける必要がある（ヒント：古いアプローチが通用しない理由を説明し、それを裏づけるデータを提示する。サービス組織が方針転換しなければならない理由について、理論的根拠を示す。自分たちで収集したデータを利用して、高まる顧客の期待に応えるのがいかに難しくなっているかを適切に伝える)。

● **サービスに関する新しい考え方：**CEBの調査の結果、カスタマーサービスによってディスロイヤルティが生み出される最大の原因は、実際のやりとりのなかで顧客が多大な努力を強いられていることだとわかった。必要以上にやりとりを困難にすれば、あるいは困難だと感じさせると、顧客はディスロイヤルティを示すようになる。考えてみれば、もっともだ。大変な手間がかかったり、何度も電話をかけ直さなければならなかったり、何度も担当者が変わったり、何度も繰り返し情報を伝えなければならなかったりというサービス・インタラクションのせいで心底イライラした経験は、我々の誰にもある。多くの場合、それはサービス担当者の責任ではないが、それでも顧客の負担を軽くすることはできたはずだ(ヒント：この段階では、新たな方法として努力の軽減に注目し、自らのストーリーや逸話を使って実感を込める)。

● **解決策：**経営陣の役割は、顧客が解決策を見つけて先に進むのを容易にする現場担当者のみなさんに力を貸し、支えることである。顧客と弊社とのやりとりが容易になるよう我々は尽力している。顧客努力の軽減は現場スタッフの手に余る問題のように思えるが、これから我々は、カスタマー・インタラクションをうまくコントロールするのに役立つさまざまなアプローチをみなさんに提供するつもりだ。その一環として、経営陣は、顧客にサービスを提供するうえでみなさんの判断をこれまで以上に信頼し、チェックリストなどの障害物を排除してみなさんをサポートしなければならない。その代わりにみなさん全員には、カスタマーエクスペリエンスをより適切に管理する方法を学び、身につけてもらう必要がある。決して簡単ではないが、監督者が思いつく限りのあらゆる方法でみなさんを支援する。経営陣は、関連する問題について顧客が電話をかけなおさなければならない可能性を低くするためのテクニックをみなさんに教える。また、顧客が問題解決にいたるまでに感じる努力や不満を軽くするのに役立つよう考えられた、具体的な言葉づかいの使用を指導する。我々がさまざまな成果基準を追跡管理するので、みなさんは顧客にとって最適な行動をとることに注力できる。さらに、さまざまなトレーニングやコーチングを実施し、スムーズに意識改革できるように道筋を整える。これは最も重要な戦略転換の1つであり、その実現にはスタッフの協力が欠かせない。一夜で成し遂げられるような簡単なことではないため、顧客が今後もずっと日々の問題を解決し続けられるように、全社をあげて取り

組む必要がある（ヒント：組織の長期的な取り組みについて、そして経営陣がサービス担当者をどのようにサポートするか、ビジョンを展開する。変革のストーリーのこのパートは、方針転換がサービス担当者の権限を強め、これまでにはできなかった方法で担当者が顧客に影響を及ぼせるようになるという視点で進める）。

経営陣全体が変革のストーリーを深く理解する必要がある。さらに、理論の裏づけを常に強化しなければならない。パイロット計画とその着手に経営陣が責任を負っているならとくにそうだ。「従来のやり方はもはや通用せず、顧客努力を軽減する必要がある」というシンプルな考えがストーリーの重要ポイントであり、すべての現場スタッフがこれに従う必要がある。コーチングも、その考えを重視しておこなわなければならない。チームのミーティングでも論議すべきだ。この中心テーマをサービス組織のスローガンとして掲げ、一気呵成（かせい）に取り組まなければならない。

最も重要な変革の要因

企業のサービス理念を劇的に変えるには、カスタマーサービスの重要な場面における現場の行動を変えることに精力的に努めなければならない。私たちは、現場スタッフの行動を変えてパフォーマンスを向上させる最適な方法について分析をおこなってきた。一般的に言って、現場スタッフに新たなスキルを身につけさせるアプローチは、主に2つ。トレーニングとコーチングだ。

この2つのアプローチをより深く理解するため、私たちは世界各国55社の、3600人を超える現場担当者と300人を超える現場監督者を分析した。調査では担当者が受けたトレーニングとコーチングの種類に関する詳細な情報、および個々の担当者の成果に関するデータを集め、どのアプローチが成果に最大の影響をもたらすかを十分に理解するのに役立てた。

分析の詳細を明らかにして努力軽減戦略に及ぼす影響を探る前に、大半のサービス組織が現場スタッフの能力開発にどのように取り組んでいるのか、概要を簡単に説明しよう。資金面でも時間面でも効果的だと思われるのは、**トレーニング**である。トレーニングとは、きちんと計画された一対大勢の指導を意味する。教室やバーチャル（Eラーニングなど）でおこなわれることが多い。トレーニングの方法にかかわらず、新たな取り組みに着手するにあたって、ほとんどのサービス組織が「従業員を研修しよう」と考えるのは当然だ。新製品を発売する？——それならトレーニングが必要だ。新たなQAスコアカードを導入する？——トレーニングしよう。ソフトスキルを伸ばす？——トレーニングしよう。

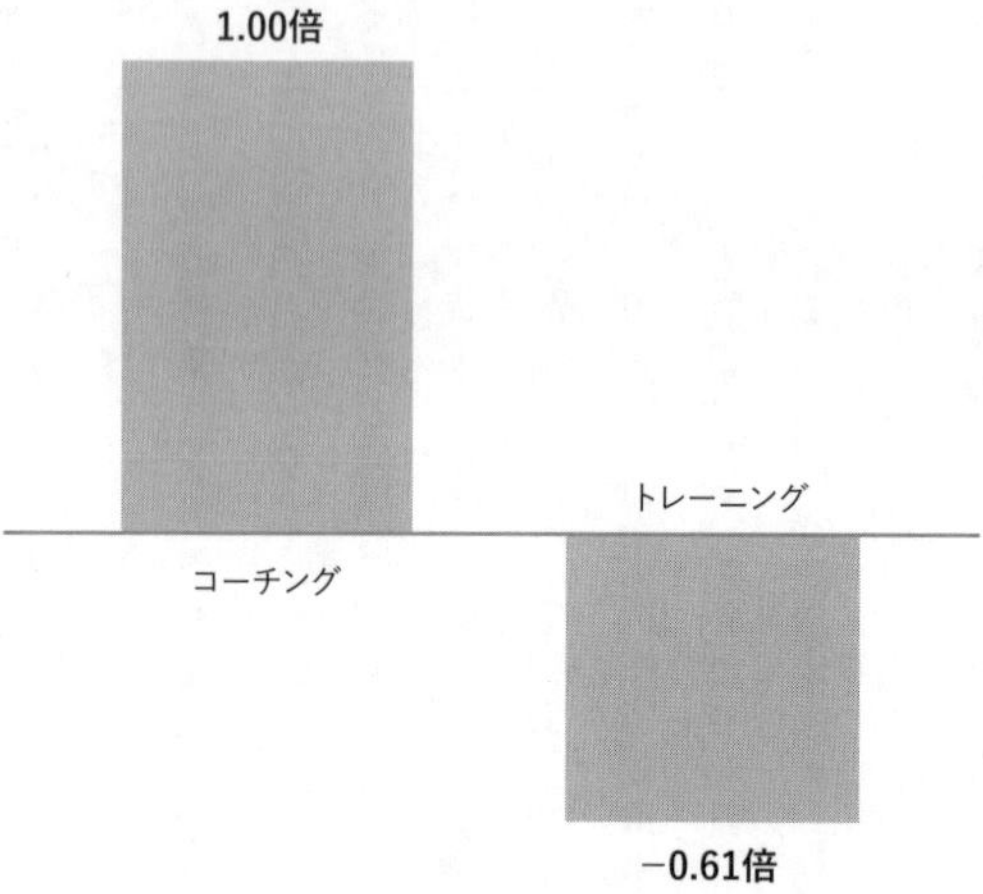

現場スタッフ3134名を対象

図 7.1　一般的なコンタクトセンターにおいて、コーチングとトレーニングがパフォーマンスに及ぼす影響の比較

コンタクトセンターではコーチングがおこなわれていないと言っているのではない。ある程度はおこなわれている。ただし正直に言うと、往々にしてコーチングはむしろ補足、要するにトレーニングでの学習内容を忘れないようにさせるためのものだ。**一般的に、コーチングは「成果管理」と同義である。つまり実際のところは上司に叱られる**の暗号にすぎない。

では、トレーニングに注力すると企業にはどのようなメリットがあるのだろう? いや、実はたいしたメリットはない。トレーニングを重視しすぎる企業は、成果の低い担当者が多くなる傾向がある(図7・1参照)。逆に、コーチングを重視している企業はスタッフの成果が高くなる傾向がある。コーチングの重要性を考慮して、本章では主に、顧客努力軽減戦略の柱となる最適なコーチングを実施する方法に焦点を定めることにする。

あなたはきっと、こう思っているに違いない。**ちょっと待って……たった今、トレーニングは成果にマイナスの影響を及ぼすと言っていなかったか？** その点に関する私たちの意見ははっきりしている。トレーニングを重視する（しばしばコーチングの時間が減らされる）企業は、コーチングを重視する（しばしばトレーニングの時間が減らされる）企業と比べて、スタッフの成果が低くなる傾向がある。ただし、すべてのトレーナーを解雇してコーチングのみをおこなうべきだと言っているのではない。トレーニングに適した時期や場面、さらにはトレーニングによって成果向上を実現できる状況や分野もある。手順の決まりきったタスク（たとえば、新システムの利用方法や新製品について学ぶ）がこれに当てはまる。ところが、理屈ではなく実践的なスキルが必要なタスク――たとえば、顧客努力の認識を軽くする言葉づかいの活用（経験工学）――では、**トレーニングを重視しすぎるとスタッフの成果が妨げられてしまう。**

新しいアイデアや新しいサービスアプローチに最初に慣れさせるには、トレーニングは有効である。しかし、トレーニングだけでは、現場担当者はそのアイデアの活用について深く掘り下げたり、リアルタイムのフィードバックで学習したり、新しいアプローチを最も有効に利用する方法を見つけたりすることはできない。大半のトレーニングは、行動方法について次々にスライドを見せて説明するだけである。たとえ優れたトレーナーが担当しても、おそらくロールプレイングをおこない、もしかしたら翌日に実地演習をおこなうくらいだろう。トレーニングは、あくまでも短期的に理解するための手段であり、持続的に適用するためのものではない。そのため、新たなサービス基準を取り入れる際の主な手段としてトレーニングを重視する企業は、成功してもそれが長続きせず、以前の状態に逆戻りしてしまう。マネジャーは困惑し、トレーニングを非難する。だが、トレーニングだけでは現場スタッフの行動を変えることはできなかっただろう。そもそも本来の目的が違うのだから。努力軽減戦略を始めるにあたって、トレーニングを実施する（本章の前半で紹介した変革のストーリーを伝えるといい）のなら、トレーニングだけをするのでは不十分だ。そして、戦略をうまく実行したければ、トレーニングに頼ってはならない。なぜなら、決してうまくいかないからだ。

トレーニングとコーチングを適切に融合させたベストプラクティスの一例として、イギリスを拠点とするある金融サービス会社を紹介しよう。このケースは新入社員研修をベースとしているが、さまざまな組織の努力軽減戦略にも適用できる、すぐに役立つ重要ポイントが含まれている。

この企業では従来、標準的な「シープディップ」（すべての羊を大樽に浸して消毒してから牧草地に放つ）型アプローチに従って新入社員研修をおこなっていた。期間は4週間で、1週間ごとに、新しいシステムや製品ラインなどのテーマが決められていた。たとえば、第1週では事例管理のシステムとテクノロジーについて学ぶ。第2週ではさまざまな金融商品について学び、第3週ではキャッシュフロー、エスカレーション、顧客要求管理の戦略などを学ぶ。これは、多くの企業で採用されている極めて一般的な新入社員研修だ。当然のことながら、研修を終えて顧客からの電話に応対する資格を得た担当者は、たちまち思い知らされる。どうすればいいのか、どうやって適切な行動をとるべきなのか、皆目見当がつかないのだ。実のところ、現場担当者が満足できる成果水準に達するには、平均7週間はかかる。この問題のポイントは、対応プロセス、システム、製品を別々のトレーニングで学んだ担当者は、すべての問題が同時に発生する（しかも不満を抱いた顧客からの電話にも同時に対応しなければならない）と混乱してしまうということだ。

そこでこの企業は、新入社員研修全体を見直し、最もよく発生する10のタイプの問題だけに的を絞った研修をおこなうことにした。1日目は、コーヒーを飲みながら簡単な自己紹介を終えるとすぐに、顧客の保険契約情報の確認方法を学ぶ。これは、顧客からの問い合わせで最も多い案件の1つなのだ。システム、プロセス、そして製品を1回の講義に盛り込んだ。最もよくある10の問題の処理についての研修を終えると、新入社員は現場に配属されて直ちに顧客対応にあたる。ただし、さらに2週間はまだ「研修中」の身だ。当然、研修で教わっていない問題も発生するだろう。そのようなときのために、この企業は優れた制度を設けていた。新入社員グループをサポートする公認の電話コーチである。めったに起こらない問題が発生すると、電話コーチもともにそれに応対する。ほとんどのケースでは、電話コーチは最後まで担当者がうまくやりとりできるように導くのだが、コーチ自身が電話を引き継ぎ、担当者にそれをただ聞いているよう指示する場合もある。しかし、どのようなケースでも、電話が終わった直後にコーチは担当者から報告を受け、どのように対応したか、あるいはどんな対応ができたか、どのように対応すべきだったかを話し合う。このやり方のおかげで、担当者は厄介な問題や特別な要求への対処方法をすぐに学ぶことができた。電話コーチが不在の場合は、新人担当者は解決策がわかりしだいすぐに折り返し電話してもいいか顧客にたずねる。たいていの顧客はそれでかまわないと答えた。このように必要最小限のトレーニングと効果的なコーチングによって、この企業は平均3週間まで新入社員研修の期間を短縮できたばかりか、「満足できる」水準をはるかに超えた水準を目指して全力で取り組むことができた。

このアプローチを参考にして、最もよくある電話のためのいくつかの努力軽減テクニックのトレーニングを現場のチームに実施することができる。たとえば、請求に関する問い合わせの努力を軽減する方法では、どの時点で肯定的な言葉づかいを用いて問い合わせに対処するか、問い合わせに関連して次に発生しそうな問題をどうやって避けるかを学ぶ。担当者は、最も一般的な問題に対する顧客努力を軽減する方法を何から何まで学習する。あなたの会社のチームがまずは最もよくかかってくるタイプの電話における努力の軽減について理解したら、今度はそれほど一般的でない問題に対処して、そのような状況でも努力を軽減できるように力を貸せる専任のコーチを割り当てよう。

この金融サービス会社の例から明らかなように、コンタクトセンターにおけるコーチングの重要性はいくら評価してもしすぎることはない。残念ながら、ほとんどのサービス組織の監督者はコーチングをひどく誤解している。担当者に対してコーチングを強いるかと彼らに質問すると、返ってくる答えは決まってこうだ。「そんなことをさせるために会社が私を雇っていると思いますか？」。カスタマーサービスの世界では、コーチングは当然の責務と思われている。そのため、監督者は自分がおこなうコーチングにおそろしく高いハードルを積極的に設定しようとしない。多くの人の考えに反して、コーチングは過去の成果を評価することではないし、1年に1、2回すればいいというものでもない。「今月の教訓」という類のものでもない（図7・2参照）。コーチングとは、過去の例を使って重要な点を説明しながら、今後の成果の改善に注力することである。担当者と監督者の継続的な対話であり、両者が等しく責任を負う。さ

コーチングの誤解		**コーチングの真実**
過去の成果を評価	▶	今後の成果の向上に注力
通常は年に1、2回	▶	継続的
マネジャー主導型で、受ける側からの情報は不要	▶	コーチと受ける側の両方が力を合わせて進める
すべての受講者に一般的な内容を提供	▶	個々の能力開発ニーズに合った内容を提供

出典：CEB、2013

図7.2　コーチングの定義

らに、誰がどのようなコーチングを受けるかを考慮して、具体的な内容を作成する。

ただし、人生のほとんどのことがそうであるように、**大切なのは何をコーチングするかではなくどのようにコーチングするかだ。**カスタマーサービス・リーダーの多くは、よいコーチングとはコーチングの頻度で決まると誤解している。実際、カスタマーサービス・リーダーの80%が、コーチングの最大の障壁は時間がないことだと回答している。しかし、私たちの分析によれば、コーチングの頻度はその有効性を左右する主な要因ではない（図7・3参照）。もっと重要なのは、コーチングの内容、コーチングの方法、コーチングをおこなう人物（担

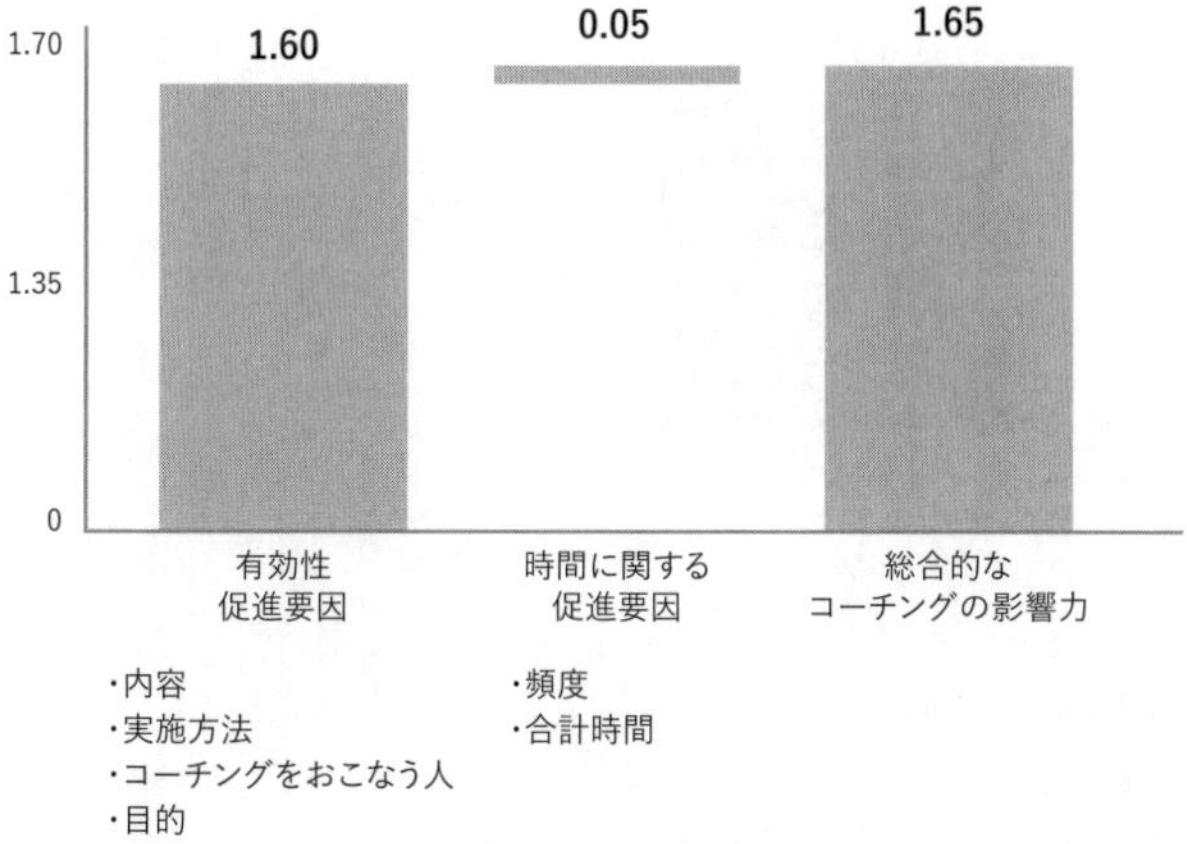

現場スタッフ3628名を対象
出典：CEB、2013

図 7.3　パフォーマンスを後押しするコーチングの要因

当者の能力開発ニーズと似たような状況を経験しそれを理解している人がコーチングをする）である。

カスタマーサービスセンターでよく見られるコーチングには、2つのタイプがある。1つは計画的なコーチングで、ほとんどのコーチングはこれに該当する。文字通り予定された時間に担当者と監督者が参加し、問い合わせの電話をふり返り、成果について話し合い、改善策を講じる。カスタマーサービス・リーダーの大部分はこのようなコーチングを定期的におこないたいと思っている。ところが、私たちの調査では、そう思っていない人もいることがわかった。むしろこういったコーチングを過度に重視する監督者のチームは、実は成果が低い

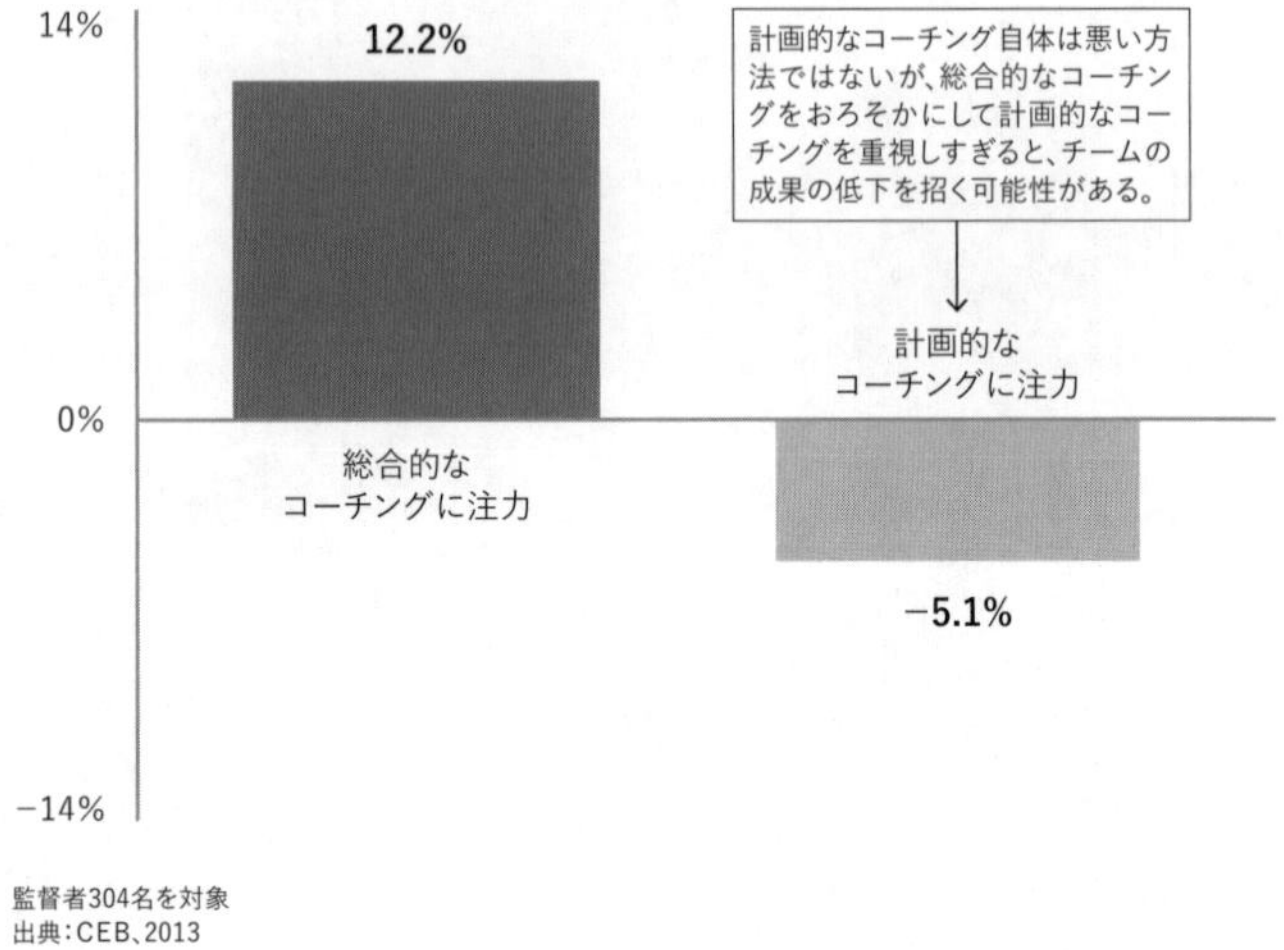

図 7.4　コーチング形式別の有効性の比較

（図7・4参照）。計画的なコーチングは、多くの人が思っているほど有益でない。なぜなら、計画的なコーチングには、ほぼ例外なく、本質的には能力開発というよりもっぱら罰則的な特徴があるからだ。計画的なコーチングでふり返るのは、扱いの面倒な電話（たいがい、サービス担当者はよく覚えていない）である。ところが、監督者は能力開発すべき分野をすぐに見つけ出す必要があるため、見直しは独断でおこなわれることが多く、QAスコアの低い電話がその対象になるのがふつうだ。サービス担当者にとってそれは、多方面からの批判を受ける場だ。耐えがたい経験であるため、仕事に対するサービス担当者の責任感は低くなり、生産性と効率性に明らかに悪影響を及ぼす。

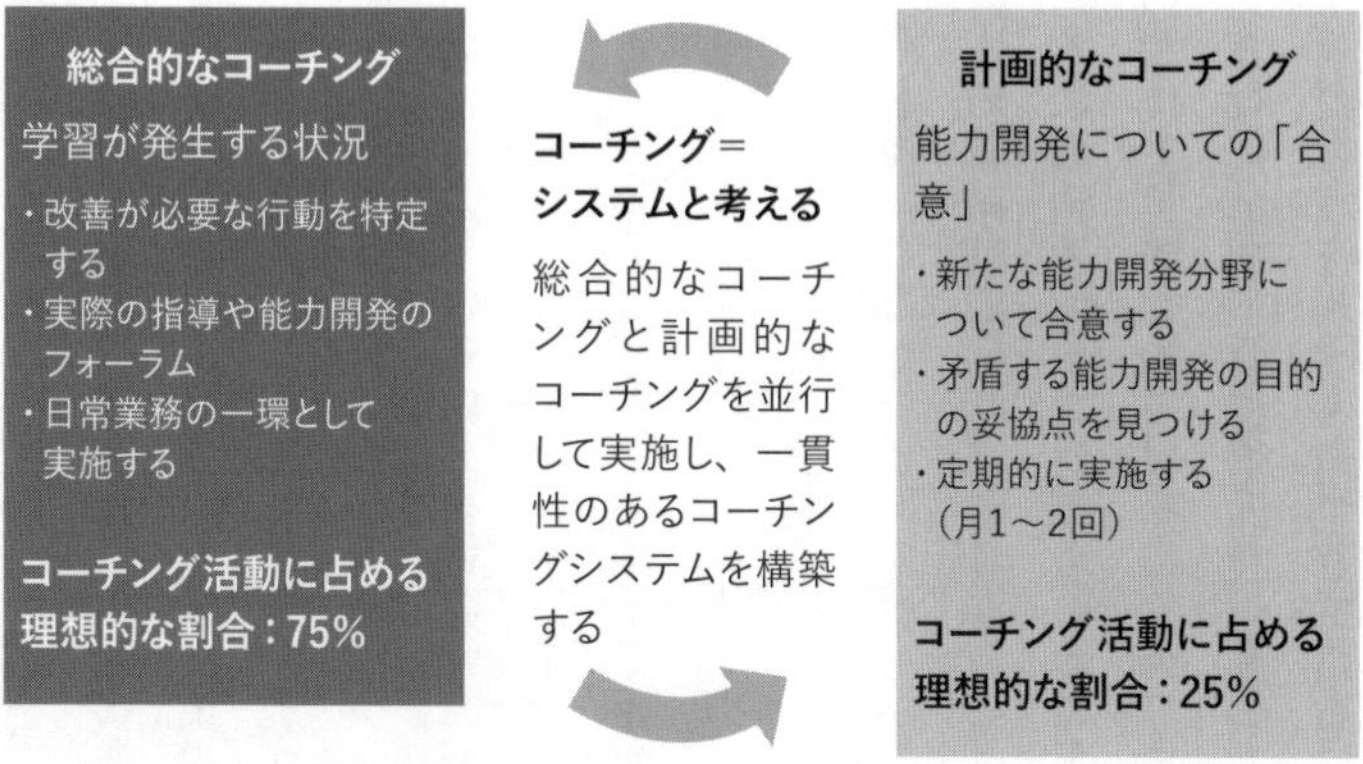
総合的なコーチング
学習が発生する状況
・改善が必要な行動を特定する
・実際の指導や能力開発のフォーラム
・日常業務の一環として実施する
コーチング活動に占める理想的な割合：75%
コーチング＝システムと考える
総合的なコーチングと計画的なコーチングを並行して実施し、一貫性のあるコーチングシステムを構築する
計画的なコーチング
能力開発についての「合意」
・新たな能力開発分野について合意する
・矛盾する能力開発の目的の妥協点を見つける
・定期的に実施する（月1～2回）
コーチング活動に占める理想的な割合：25%

出典：CEB、2013

図 7.5　総合的なコーチングと計画的なコーチングのシステム

一方で、もう1つのタイプのコーチング、総合的なコーチングは成果を著しく引き上げる。総合的なコーチングは改善を目指す具体的な顧客の状況を想定して設計されたもので、ＯＪＴで実施される。このタイプのコーチングを重視する監督者は、現場チームの成果が12%以上も改善されたと回答している。

本当に優れた監督者がおこなうのは約75%が総合的なコーチングである。残りの25%は計画的なコーチングだが、過去の電話対応のあら捜しをするのではなく、さまざまなケースをあげながら担当者の能力開発について遠慮せず率直に話し合う（図7・5参照）。計画的なコーチングでは、監督者と担当者は、協力して取り組む課題や、目標を実現するためにどんな計画を立てるかについて「合意」する。ただし、実際のコーチングは、「後日」ではなく日常業務中に現場でおこなわれる。

アメリカン・エキスプレスは、集中コーチングモデルに基づいて、努力軽減のパイロット計画に着手した。監督者は毎週、パイロットチームと問い合わせの電話をふり返り、努力軽減の成果を評価し、改善できる分野について話し合う。再問い合わせの問題を回避できるよう、見直すのはその日に対応した電話だ。パイロットチームの担当者は初期トレーニングを受けると同時に、顧客努力の軽減については主にコーチングを通して学ぶ。アメリカン・エキスプレスのケースの詳細は、本章の後半で紹介する。この集中コーチングのパイロット計画は、前述の総合的なコーチングに非常によく似ている。アメリカン・エキスプレスは、このやり方によってより率直な話し合いを進めることができ、監督者とともに新たなサービス理念を深く検討する機会を得ることができた。

努力の軽減は経験的に身につけるスキルで、明確なルールや台本などはない。担当者は、その瞬間に適切で慎重な行動をとることができなければならない。そのため、トレーニングは行動の変化を促すためではなく、あくまでも新たなサービスアプローチに対する認識を確立するためだけに活用するべきだ。行動の変化は仕事の現場で学ぶより他ない。だから監督者は担当者が新たなスキルを身につけてさらにそれを伸ばすことができるように、積極的かつ集中的にコーチングを実施しなければならない。努力軽減のパイロット計画を立ててそれに着手するうえで、あなたの組織が最優先にするべきことがたった1つしかないとしたら、それはコーチングでなければならない。もちろん、あらゆる大変革と同様に、努力軽減の道のりを歩き始めるというだけで、圧倒されるような気になるかもしれない。そこで、努力軽減の第一歩を踏み出すのに役立つ戦術的なアプローチに注目しよう。

とにかく迅速に実現させる

何よりもまず、現場担当者が顧客努力の「精神的」、「感情的な」側面を理解できるよう力を貸すべきだ。私たちはメンバーのネットワークから、顧客が多大な努力が必要だった、逆に努力があまりいらなかったと受け取るのはどんなことかを即座に把握するのに役立つ、極めて創造的なアプローチをいくつか教えてもらった。

1．個人のカスタマーエクスペリエンスを共有する

現場担当者のチームに、各自が遭遇した不快なカスタマーエクスペリエンスの話をさせよう。詳細を鮮明に覚えているやりとりを選び、できごとの正確な流れをホワイトボードに書

き出す。**1列目をやりとりの「行動」面と呼ぼう。**文字通り、担当者や監督者は個人的な問題を解決するのに何をしなければならなかったか？　最初に連絡したのはどのチャネルか？　ウェブサイトか、それとも電話か？　最初に対応したのは誰か？　情報を繰り返したか？　他の部署や担当者に転送されたか？　問題は完全に解決したか？　再問い合わせをしなければならなかったか？　こうした一連の**行動の下の列は「感情」**だ。それぞれのステップで何を感じたかを質問し、担当者や監督者がどのような感情を抱いたかを理解する。担当者は自分の行動を理解していたか、会社に対して疑念を抱いていたか、不満を抱いていたか、声を荒げたり叫んだりしたかなどの質問をしてもよい。**最後の列は「努力」である。**グループに分かれ、顧客努力が発生した場面やその具体的な形について話し合う。このエクササイズは非常にシンプルだが、顧客努力が発生する状況やその原因を担当者がすぐに把握するのに役立つ。さらに重要なのは、顧客努力と、カスタマーエクスペリエンスの理性面と感情面との強い関連性が浮き彫りになることである。また、経営陣や他部門と協力して実施するのも有効だ。

2. グループ別品質保証（QA）セッション

顧客努力に対する初期認識を深めるためにメンバー企業数社が実践したもう1つのアプロー

チは、グループでのQAセッションだ。企業を離れた担当者が対応した過去の問い合わせをいくつかピックアップして、明らかに多大な努力を要した例、ほぼ間違いなく多大な努力を要した例、明らかに努力がそれほどいらなかった例（つまり、努力を要する経験と努力がそれほどいらない経験の両方が発生した例）を見つける。それぞれの会話の内容を聞き、パイロットチームには顧客にとってやりとりが難しかった場面、担当者がうまく努力を軽減できて、顧客の問題解決を楽にできた場面に注目させる。また、顧客の行動と感情的な反応の両方について考えるようスタッフに促す。担当者が適切に対処できた顧客努力、担当者の対応は悪くなかったがもっと影響力を発揮できたと思われる顧客努力、担当者の手に負えなかった顧客努力の、それぞれのタイプについて話し合う。思い出してほしい。担当者が顧客に「ノー」と言わざるを得ない状況でも、悪い印象を和らげる効果的な言葉づかいがある。このエクササイズを終了したら、チームは少人数のグループに分かれ、「顧客努力QAフォーム」を作成する。顧客努力を知るには、やりとりのどのような側面に注目したらよいだろうか？　これは興味深いグループエクササイズであり、顧客努力軽減に対する認識を深めチーム全体に浸透させるのに役立つ。

3. 顧客努力日誌

これは非常に効果的なアプローチだ。パイロットチームの担当者は、顧客努力の軽減がうまくいったと感じた具体的なケースをメモに書き出す。顧客が抱えていたのはどのような問題だったか？　やりとりのなかで何が起きたか？　どうやって努力を軽減したか？　週の終わりにプリシフト・ミーティング（編注：業務内容の進捗などの確認をする）をおこない、各担当者は、顧客努力の軽減がうまくいったと感じた2つのケースを発表する。

注意点：このエクササイズは極力シンプルなものにして、高い期待を持ってはならない。これはあくまでも、努力がそれほどいらない優れたサービスをスタッフに思い出させ、チーム全体にそれを認識させるための簡単なエクササイズなのだ。逆のアプローチも効果的だ。もっとうまく顧客努力を軽減できたと思われるやりとりを書き出す。チームで集まり、それぞれのストーリーを発表し合う。日常的なエクササイズであるのはもちろん、仲間の失敗から学ぶことで誰もが成長できる。

これらのアプローチは戦術的な特徴が強いが、顧客努力の軽減という考えをパイロットチームに紹介するには有効な方法で、努力軽減を広範囲に展開するのにも役立つ。ただし、顧客努力の軽減についての初期認識を確立したその先に、いくつかの落とし穴があることにも注意しなければならない。そこで、この考えを早くから導入していたアメリカン・エキスプレスとリライアント・エナジー（ヒューストンを拠点とする電力販売会社）から学んだ教訓を紹介する。

早期導入者から学んだ主な教訓

顧客努力は比較的新しい考え方である。世界中に広がる多数のメンバー企業がCESの指標を採用するようになったが、本章の後半では、指標を超えて広範囲で努力軽減に取り組んできた2つの企業に注目しよう。

努力軽減は最優先の課題

アメリカン・エキスプレスのコンシューマー・トラベルネットワークは、努力軽減への取り組みの初期の段階で、大きな障壁があることに気づいた。長いあいだに指標や品質保証基準、そして現場スタッフの行動に対する新たな期待が増えたせいで、顧客努力の軽減という新たなアプローチも当然、疑いの目で見られていたのだ。パイロットチームとして選ばれた2つのチームにしてみれば、そのアプローチは「今週のおすすめ品」にしかすぎず、企業の新たな方向性を喚起させるものではなかった。努力軽減に対する関心はあったが――現場の担当者と監督者はその考えを理解していた——、すぐにはチームに根づかなかった。

アメリカン・エキスプレスは、現場担当者に対する期待を絞り込む必要があると考え、現場の担当者と監督者に求めていた従来の要件をなくし、努力軽減に集中的に取り組むことができるようにした。企業によって期待は異なるため、現場スタッフの関心が努力軽減に向けられていない企業もある。企業には、現場スタッフがエネルギーをどう注力するかを決定づける自然の重力なるものが必ず存在しているのだ。顧客を喜ばせることを重視して、期待以上のサービスをする企業もあるだろう。このような期待から現場スタッフを解放すると、努力軽減もただやるべきことの1つにすぎないという意識を弱めるのに役立つ。

品質保証（QA）基準——第5章で考察した、カスタマーエクスペリエンスを管理するチェックリストアプローチ——を通じて期待の合理化を図った企業もある。アメリカン・エキスプレスは、このQA基準アプローチに注目した。現場スタッフに注力するよう求める項目数を減らして、努力軽減を単なるやるべきことの1つではなく最優先課題にすることができた。従来の品質保証基準では26の項目について個別に測定していたが、新たな基準は7つの行動項目と5つのロイヤルティ項目に簡素化した。さまざまな点で、アメリカン・エキスプレスは従来とは異なるアプローチで努力軽減のパイロットプログラムに着手しなければならなかった。**そのアプローチとは、現場担当者がしなさいと命じられることを増やすのではなく、減らすことだった。**

リライアント・エナジーも同様に、担当者と監督者は従来から常に社内で重要とみなされてきたこと――処理時間要件――に注力する傾向があった。現場担当者は、顧客努力を適切に管理すると同時に処理時間要件にも対応しなければならなかったため、アメリカン・エキスプレスと同じような反応が生じた。顧客努力の削減はただのやるべきことの1つにすぎないと受け止められたのだ。そこでビル・クレイトン副社長は、平均処理時間（ＡＨＴ）の評価方法を変えるように求めた。副社長は、今後はＡＨＴを担当者に直接報告する必要はなく、電話終了後の事務処理時間と保留時間のみを測定すると決定した。これなら現場担当者は電話対応中に顧客サービスに注力しつつ、電話に応対していない時間の生産性も維持できた。ただし、ＡＨＴの測定をやめたわけではなく、処理時間の基準を著しくオーバーしたスタッフに限ってコーチングや成果管理をおこなった。クレイトンによると、その結果、効率的な顧客サービスを実施し、現場スタッフに自分の仕事について権限を認めるうえでの大きな障壁を取り除くことができた。

要するに、新しい行動を根づかせるには従来の行動を排除する必要があるのだ。パイロットチームには、今後してはいけないことを伝えなければならない。サービス組織は新しい行動を現場スタッフに押しつけることで悪名高い。カスタマーサービス・リーダーは、新たな期待に基づいた行動を現場スタッフに思い出させようと、すぐに「システムにプロンプトを追加する」。

ところが、担当者や監督者が仕事に注ぐことのできるエネルギーには限界がある。他の何よりも優先すべきは顧客努力の軽減でなければならない。努力軽減に取り組み、根づかせることは、リストに追加される単なる期待ではない。これまでとはまるっきり異なる期待なのだ。

ささやかな一歩

ところが、現場スタッフが自由に努力軽減に注力できるようになると、別の問題が発生する。努力軽減には非常に多くのやり方があるため、現場スタッフはたちまち呆然としてしまうのだ。自分の会社がどうすれば顧客によりよいサービスを提供できるか現場スタッフにたずねたら、こんな答えが返ってくるだろう――「どこから話し始めましょうか?」。現場スタッフは企業の欠点を嫌というほどわかっている。何しろ毎日耳にしているのだから。サービス担当者に「我々は平均処理時間要件を撤廃しますから、顧客努力を軽くできますね。さあ、お客様の経験をもっと楽なものにしましょう!」とでも言おうものなら、ぽかんとされるのが落ちだ。顧客努力を軽減できそうな方法の数は、経営陣はもちろん、大半のサービス担当者にとってもあまりにも多い。

早い段階で成功をおさめ、最終的に現場で広く取り入れられるには、現場スタッフの関心を、注力すべき、高い影響力を持つ一連の小さな事柄だけに向けさせることが不可欠だ。

リライアント・エナジーのような早期導入者のケースは、現場スタッフが顧客努力軽減の第一歩をどのように踏み出せるかを学ぶすこぶる規範的な指針となる。実際、パイロット計画と立ち上げの段階で、リライアント・エナジーは現場スタッフに2つのシンプルな方法で顧客努力を軽減することだけを期待していた。彼らは賢明にも最も影響力のある要因のうちの2つを追求しようと決めた。1つは感情的要因、もう1つは論理的要因だ。

顧客努力の感情面については、同社は現場担当者に最も基本的な経験工学を身につけさせた。それは、第4章にあげたオスラム・シルバニアの事例概要でも紹介している、肯定的な言葉づかいである。リライアント・エナジーのコンタクトセンターでは、「できない」とか「しない」という言葉がいたるところで聞かれていた。そこで同社パイロットチーム、やがてもっと広範囲のチームは、コーチングのかなりの部分を顧客に対する肯定的な言葉の使用に費やした。「私ではこの問題に対応できません。販売部門に担当を変える必要があります」と言う代わりに、「この件については販売部門の者がご協力できます。販売部に電話をつないでもよろしいでしょうか?」と言う。リライアント・エナジーのパイロットチームは、最も一般的な「ノー」のシナリオを明らかにして、最もよくある5つのケースに絞り込んだ。

言葉づかいを微調整して顧客努力を軽減するのは、最初の一歩としては非常に優れている。

ともかく簡単だ。それに、顧客努力の軽減は現場担当者が主導するべきものであることを実証できる。カスタマーエクスペリエンスの感情的な面に現場スタッフを正しい方法で——小手先のごまかしや心理戦でなく——対応させるのに役立つ。リライアント・エナジーは、顧客努力の軽減アプローチを開始するにあたって、双方向トレーニングのワークショップで「ノー」のシナリオを紹介した。ワークショップでは、現場担当者はグループに分かれて肯定的な言葉づかいの選択肢を数多く考え出し、これらのシナリオに沿ってロールプレイングや1対1のエクササイズをおこなった。こうしたワークショップで、現場担当者は言葉の影響力をはっきり認識するようになった。**最も有効だったのは、担当者が顧客の役を演じ、「ノー」と言われたときの気持ちを直接経験するエクササイズだった。**リライアント・エナジーのチームによると、サービス担当者を顧客の立場に立たせることが、初期の顧客努力軽減アプローチを進めるうえで極めて重要だ。そのうえ、このような双方向トレーニング・セッションは、典型的な教室ベースのトレーニングを回避する実に賢い方法であることも明らかになった。

顧客努力の論理的な面については、第3章に詳細を示したカナダの通信会社のアプローチと同様に、顧客からの再問い合わせの原因となりそうな問題を先回りして解決する方法を現場担当者に身につけさせた。カナダの通信会社のような完全なイシューマップを作成するのではなく、リライアント・エナジーは具体的な問題を1つだけ、先を見越して解決するというアプローチをとった。その問題とは、電気使用量の異常な多さへの不満だった。アカウントの状況を確認してほしいという顧客の問い合わせに対して、同社の担当者は電気使用量の警告を顧客が独自に設定する機会を顧客に提供するよう指導されていた。たとえば、平均的な月間使用量を超えそうになるとそれを知らせるテキストメッセージやEメールを受け取るように設定するのだ。これは次の問題発生を回避する賢い方法である。というのも、（1）顧客努力を軽減し、（2）そのうえ担当者が対応する最悪の問い合わせ――おそろしいほど高額の請求書に対する抗議の電話――を減らすのに有益だからだ。最初の顧客努力軽減の方法を限定することで、参加した最初の担当者グループは、アプローチ全体をより具体的かつ現実的に理解することができた。

顧客努力軽減手段を少ない数に絞ってとりかかると、顧客努力の少ない組織への変革の道はより明確になる。担当者は何をするべきかを正しく理解し、努力軽減の効果に対する認識をさらに高めることができる。さらに監督者が指導しなければならない新たな行動の数も限定される。努力軽減のパイロット計画と初期の展開がうまくいき、定着するのに伴い、努力軽減という新たな考えが新しいチェックリストにならないよう徹底するべきだ。顧客努力軽減の考え方は単なる任務の1つではなく、サービスに対するまったく新しい期待だという意識を根づかせる必要がある。現場チームは努力軽減における各自の役割を理解し、顧客と企業とのやりとりを容易にする新たな期待に対処する必要があるだろう。では、努力軽減を新たな技術のチェックリストにするのではなく、新たな期待として認識させるには、どうしたらよいだろうか？アメリカン・エキスプレスは、パイロット計画とその立ち上げを通じて、彼らが策定したすばらしいアプローチを教えてくれた。

ケーキを焼く VS 材料に注目する

前述のように、アメリカン・エキスプレスではサービスに対する期待を26のバラバラの基準から7つの行動項目と5つのロイヤルティ項目に簡素化した。半分以上減らしたということよりも、どのように減らしたかのほうが重要だ。同社はより良識的なカスタマーサービスを目指して電話の評価とコーチングをおこなうように、全体のアプローチを変えたのだ。

従来の電話評価モデルはチェックリストに従っているかどうかを重視していたため、担当者はスコアカードに沿って最適化しようとした（図7・6参照）。これに対して新たなモデルでは、顧客努力の軽減を目指すようになった。アメリカン・エキスプレスは、ケーキを焼くことと個々の材料に注目することの違いを例にあげて、担当者に説明した。担当者は、成果の全体像を描くのではなく、目先のQＡスコアカードに注目してしまっていたのだ。

アメリカン・エキスプレスは、新たなアプローチ「**COREスコア**」（「サービスエクスペリエ

	現行のプログラム	プログラム案
	チェックリストに従う	カスタマーエクスペリエンスに注目
方向性	注文を取る人	コンサルタント
QAフォーマット	個別行動のチェックリスト	成果主義のカスタマーエクスペリエンス
学習内容	電話中に何が起きたか	その経験は顧客にとってどれほど容易(または困難)か
コーチングのスタイル	スコアカードに沿ったコーチング	顧客努力の要因を指摘
担当者の目標	QAプロセスのための最適化	顧客のための最適化
	「個々の材料」を重視	「ケーキを焼く」方法を重視

出典:アメリカン・エキスプレスCTN、CEB、2013

図7.6　アメリカン・エキスプレス CTN の新旧QAプロセスの比較

ロイヤルティ——カスタマーエクスペリエンス

1. 顧客に働きかける
2. ニーズを明らかにする
3. 関連するオプションを提供する
4. 情報を提供する(製品や目的地に関する知識を紹介する)
5. 責任感を示す

それぞれの要素に対する顧客努力

□ 高い　□ 中程度　□ 低い　□ 不要

ロイヤルティスコアと組み合わせる

出典:アメリカン・エキスプレスCTN、CEB、2013

図7.7　アメリカン・エキスプレス CTN の CORE スコアプログラムの概要

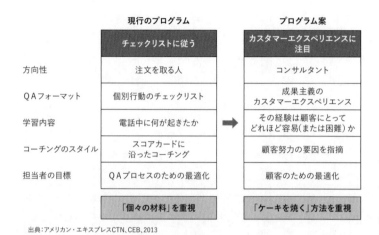

ンスで体現するべき核となる行動」を意味する略語）を考案した。これは、膨大なチェックリストを規範とせず、顧客に努力のそれほど必要ないサービスを提供することを目指した良識重視のカスタマーサービスのアプローチである（図7・7参照）。

7つの行動項目はどちらかと言えば決まりきった手順ではあるが、これらを守れば、規制上の重要なビジネスプロセスに従うことができる。7つの行動はシンプルに合格か不合格で評価する。これに対してロイヤルティ項目は、カスタマーサービスで担当者が期待される行動に見られる最大の変化を具体化したものだ。これらの行動はよくある電話のプロセスに沿っているが、行動を担当者がどのように実施するかが重要なのではない——それは個人の裁量に任される。最も大事なのは、ロイヤルティ行動がこれらの核となる行動を具体化したものであるという事実だ。

1．顧客に働きかける。電話応対を通じて、プロらしく、自信に満ちた、魅力ある態度を示す。顧客の口調やペースに合わせよう。顧客の親友になれという意味ではなく、やりとりのなかで担当者がそれぞれのパーソナリティを前面に出せることが重要だ（第4章のパーソナリティ・フレームワークの手法との類似点と、これがいかに顧客努力の感情面に効果的かに注目してほしい）。

2. ニーズを明らかにする。顧客の話に積極的に耳を傾け、ニーズを理解する必要がある場面を探る。言葉で表現されたニーズ、顧客が抱えていると思われる表に出ないニーズの両方だ。担当者は全員が確実に理解できるように時間をかけることが求められる（第3章のカナダの通信会社のケースとの類似点と、この行動に潜在的な問題解決の要素、つまり努力の論理的側面、具体的には今後の連絡の必要性の低減が含まれる理由に注目しよう）。

3. 関連するオプションを提供する。一人一人に合ったやり方でニーズを満たす方法を顧客に説明する。顧客がさまざまなオプションを評価できるようにサポートし、アドバイスをする（第4章で検討したロイヤルティワンのケースとの類似点に注目してほしい。アメリカン・エキスプレスの担当者は、顧客に選択肢を提供するが、最終的にはそれぞれの状況に適した提案をするよう求められる。その結果、努力の論理的側面と感情的な側面のどちらも軽減できる）。

4. 情報を提供する。他では得られないと思われる詳細な情報や知識を提供する。専門家としての役割を果たし、顧客が十分な情報に基づいて判断を下せるようにサポートする（担当者は、旅行のヒント、目的地の詳細、顧客が知らないと思われるその他の有益な情報を顧客に教えて、旅行の準備時間を節約するよう促すことに注目しよう）。

5．責任感を示す。どのような行動をとったかを伝え、問題にきちんと対応することを顧客に保証する。次のステップを明確に説明し、顧客のニーズを積極的にサポートして顧客の立場に立ったアドバイスをする（経験工学の賢明な手法の活用に注目してほしい。結果として顧客は解決策を信頼するようになる。また、このステップは顧客努力の感情的な面に訴える）。

QAレビューでは、ある1つの質問の答えに対してこれらのCOREスコア基準を評価する。その質問とは、「やりとりを通じて担当者は、その経験を顧客にとってできるだけ容易なものになるように導いたか?」である。監督者は、リファアレンス・ガイドに基づいて、毎週最大10件の電話を評価する。リファアレンス・ガイドは、担当者がその電話を顧客にとってどの程度努力を要する経験にしたか、努力を要しない経験にしたかを判断するのに役立つ（図7・8参照）。それぞれのロイヤルティ行動には、顧客努力との直接的で明白な関連性がある。努力軽減に成功した点や改善点を担当者が理解できるようにサポートするのは、監督者の役目だ。

パイロットチームの監督者は、パイロット期間に毎週実施されるレビューにも参加し、COREスコアの行動、評価ガイドライン、パイロット計画の効果を話し合った。監督者の意見をふまえてモデルには何度か手が加えられた。このようにしてアメリカン・エキスプレスは、教室主導型ではなく、コーチングにおける対話による現場主導で変革を進めた。

やるべきことの概要を示して広範なサービス・ガイドラインを確立すると同時に、やりとりをできる限り顧客努力の少ないものにするためにとるべき行動は担当者に任せる。これがCOREスコアの焦点だ。それだけである。チェックリストもなければ、顧客の名前を3回口にするよう担当者に求める必要もなければ、顧客のニーズを明らかにする台本もない。そのようなものは全部不要だ。これは、5つのロイヤルティ行動が努力をそれほど要しない方法で実践されるよう担当者が自分で判断できる、極めて自由なアプローチである。

文化的基盤を構築する

努力軽減はすぐに成功するプロジェクトではない。このような考えでとりかかると、必ず失速して失敗するだろう。**努力軽減は、サービス理念なのだ。**企業理念や企業文化を変えるのと同様に、時間を要し、継続的に強化し、進捗を妨げる意欲の低下や障壁を取り除く必要がある。AHT要件やQAチェックリストの排除など、業務の大変革は容易に実施できるが、**このお客様が絶対に再問い合わせしないようにするにはどうしたらよいか**といった、担当者のちょっとした認識を強化するのは容易ではない。

努力がそれほどいらない経験	努力を要しない経験
゚ロらしい礼儀正しい態度 言頼性のある情報の提供 又方向の会話 頁客のペース、口調、態度、スタイルに合わ とる 解決を試みる前に、顧客の視点や問題を理解 る	・温かく、社交的で、積極的に関与する、相手に関心を持った態度 ・情報源と洞察とともに情報を伝える ・双方向の会話 ・顧客の視点を個人として理解している態度を示す
頁客が明言したヒントに気づく 適切なタイミングで適切な質問をする 選択回答形式の質問をして、ニーズを満たした とを確認する	・顧客が明言しない、潜在的なニーズに気づく ・顧客のニーズを効果的に絞り込む ・すべてのニーズを明らかにするため、自由回答形式の厳密な質問をする
頁客の要望に対処するために適切なアドバイス する 利用可能なオプションの提供 適切なクロスセリング 不安を和らげる解決策の提供 オプション提供から販売までのプロセスがス ーズ	・明言されたかどうかを問わず、顧客のニーズに関連するアドバイスをする ・解決策によって不安を軽減できる理由と方法を明確に説明する
頁客のニーズに合わせて、製品や目的地の特 やメリットやプログラムを明確に説明する 質問に直接回答できない場合は、顧客の代わ に追加調査をする必要があることを伝える	・製品や目的地の特徴やメリットについて、包括的かつ詳細な説明をする ・価値明言によって、プログラムや特典が顧客のニーズに適している理由を説明する ・顧客の知らない新しい事柄を教えようと試みる
次のステップについて明確に説明する 頁客のニーズに責任を負う **内用:**顧客の要求を適切に記録する	・顧客の要求に直接対処するために必要な行動をはるかに超えて、顧客のニーズに責任を負う ・顧客の利便性や容易性を高めるため、直接求められていない行動をとる

ロイヤルティ・リファレンス・ガイド――ガイドポスト

ロイヤルティ項目	◆多大な努力を要する経験
顧客に働きかける	・プロ意識に欠ける失礼な態度 ・信頼性の低い情報の提供 ・一方通行の会話 ・顧客に共感せず、顧客の視点を理解しない ・顧客のペース、口調、態度、スタイルに合わせない
ニーズを明らかにする	・顧客が明言したヒントに気づかない ・適切なタイミングで適切な質問をして顧客のニーズを絞るこ とができない ・すべてのニーズを明らかにするための十分な質問をしていな い
関連するオプションを提供する	・顧客の要望に対して、不適切または不十分なアドバイスをす る ・利用可能なオプションを提供しない ・アドバイスが不明瞭、または詳細を説明していない ・クロスセリングの機会を逃す ・販売へのプロセスがぎこちないまたは脈略がない
製品や目的地の知識を提供する	・製品や目的地の特徴やメリットを明確に説明していない ・必要に応じて顧客の代わりにやるべき追加調査をおこなわ ない
責任感を示す	・次のステップについて明確に説明しない ・顧客のニーズに対する責任の放棄 **社内用:**顧客の要求を適切に記録しない

出典:アメリカン・エキスプレスCTN、CEB、CEBカスタマー・コンタクト・リーダーシップ・カウンシル、2013

図7.8　アメリカン・エキスプレスCTNのロイヤルティ・リファレンス・ガイド

大変革には組織の大がかりな関与が必要であり、マネジャーや監督者は、サービスに対する考えを変えるために組織能力の育成に余念がない。**しかし、変革は現場で起こる。**現実には、変革を推進するには経営陣の言動はほとんど重要ではなく、文化の変革を進めて新たな行動を個人レベルに根づかせる権限は現場のマネジャーになければならない。

マネジャーだけでなく、現場担当者も努力軽減の考えの下に団結する必要がある。**努力軽減の成否は休憩室で決まる**のだ。あんまりな話だと思うかもしれないが、これがカスタマーサービス部門の現実だ。現場担当者は、マネジャーや会社の上級幹部らが日々下す事業判断からほぼ完全に切り離されている。マネジャーは会社側の人間。しかし、現場担当者は違う。彼らは、努力軽減が顧客にとって望ましいこと、さらには現場の仕事もやりやすくなることを信じなければならない。**現場担当者にとって、努力の軽減は苦情の減少を意味する。**汚い言葉を言われる機会が減ることを意味する。台本通りに進めたりチェックリストに記入したりするのではなく、影響を及ぼすことを意味する。マネジャーが現場の判断を信用することを意味する。そうしたメッセージはこれでもかというほど明白にするべきであり、変革を通じてこのメッセージを感じ、実行に移さなくてはならない。現場担当者はこのメッセージを感じ取り、互いに共有しなければならない。

変革を起こすための真に戦術的なアドバイスをするのは難しいが、リライアント・エナジーが教えてくれたあるアプローチを紹介しよう。現場担当者に新たなアプローチを理解させるのに役立つだろう。同社ではこのアプローチを「顧客努力のフライト・シミュレーター」と呼んでいる。同社のカスタマーサービスを請け負っているシンプリースマート・ソリューションズが作成したアプローチであり、シミュレーターによって、独自の最適な判断で顧客サービスをおこなう方法を現場担当者が実験的に試し、安全に学ぶことができる。このアプローチによってもたらされる成長以上に、もっと大きなメリットがある。それは、担当者が互いに助け合うことだ。監督者が担当者に何をしろ、こうやって行動しろと指示するわけではない。新たな行動についての社会的規範を定め、担当者がその能力を自ら伸ばすことを信じた、極めて特殊なアプローチなのだ。

やり方はこうである。3人の担当者で構成されるチームはダミーのアカウントを任され、さまざまなサービスシナリオを実践する。それぞれ、担当者、顧客、オブザーバーの役を演じる。台本はなく、話の切り出し方以外にはとくにガイダンスもなく、「正しい」答えもない。それどころか、いっさい管理されない。ロールプレイングを通して、チームは顧客努力をできるだけ軽くして各自の判断で問題を解決する。セッションの最後に、それぞれのシナリオを分析して話し合う。「顧客」は「担当者」のどんな言葉を期待したか、意見を述べる。「担当者」は「顧客」が何を求めていると考えたか、あるいは顧客が何を理解していると思ったか、自分の考えを述べる。オブザーバーは公平なフィードバックを与える。

極めてシンプルな構成だが、多大な効果が得られる。調査をする際、私たちはこのアイデアを「**ネットワーク評価**」と呼んでいる。独自のネットワークから学習するというアイデアだ。この学習方法の有効性は目覚ましい。スキルが身につくばかりでなく、社会的な絆や社会的な理解によって、目の前のタスクに驚くほど優れた協力体制が得られる。リライアント・エナジーは、このアプローチによって努力軽減に対するすばらしい反応が得られたとは明言していないが、大きな変化が起きつつあることは見てとれる。論より証拠という人のために説明するが、リライアント・エナジーのCESは同業他社を26%以上も上回っている。

努力軽減は継続的な課題であり、今後もサポートを続けなければならない。もちろん、トップダウンの指示、優秀なマネジャーや監督者のサポート、適切な評価基準も必要だが、何よりも優先すべき事柄は、説得力のある変革のストーリー、有意義なコーチングによる指導、そしてすべての顧客に努力がそれほどいらないエクスペリエンスを提供するという期待を明確に伝えることである。チームに努力軽減への取り組みの重要性を理解させるささやかな一歩を積み重ねていかなければ、努力軽減の戦略を立ち上げても担当者の協力が得られず、勢いが失われてしまうだろう。**チームの努力軽減への最初の一歩を踏み出しやすくすれば成功の可能性が高**

くなるというのは、決して偶然ではない。

本章のまとめ

- トレーニングよりもコーチング。優れた企業は、努力軽減は教室で学べるものではないことを理解している。認識を深めるにはトレーニングは有効だが、努力を軽減するには現場の行動を変える必要があり、これを達成（そして維持）するには現場監督者が効果的なコーチングをおこなうしかない。
- 新旧の行動をはっきり区別する。努力軽減のアプローチが従来のサービス理念とどのように異なり、なぜ異なるのかを説明しなければならない。変革のストーリーを通して、チームがなぜ努力軽減に注力しなければならないのか、どのようなリスクがあるのか、どのようなサポートを受けるのかを常に明確にする。

- 努力軽減をやらなければならないことの1つにしない。現場でのタスクリストに努力軽減の項目を追加するだけでは、現場チーム全体の積極的な関与が得られず、別の優先課題と競合してしまう結果になる。処理時間やQA基準などの要件をなくせば、パイロットチームは顧客努力の軽減に注力することができ、最終的に、行動を変える正しい（さらには正しくない）方法を企業が判断するのに役立つ。
- 努力軽減が楽にできるようにする。状況や方法について明確にしないまま「努力を軽減しろ」と担当者に要求しても、混乱して失敗に終わるだろう。初期のパイロット計画の段階でチームへの期待の範囲を絞る必要がある。そのなかには、特定の問題だけを先を見越して解決する、あるいはよくある問題に的を絞って肯定的な言葉づかいを用いるなどが含まれる。十分なサポートとコーチングを提供することで、パイロットチームはこれらのアプローチに慣れていく。

第8章

コンタクトセンター以外での努力

これまで、顧客とのインタラクションに注目してきたが、顧客努力軽減のコンセプトはコンタクトセンター（サポートセンター、カスタマーサービスセンター）という狭い空間のなかだけに存在するものではない。本章では、コンタクトセンター以外の場面での努力軽減について検証していこう。

小売サービスおよびライブサービスでの顧客努力

私たちはアップルストアが大好きだ。でもそれは、あなたが思っているような理由からではない。確かに、開放的で風通しがよく、おしゃれで格好よく、高度な技術にあふれ、買い物嫌いの人でも何時間も過ごすことができる。しかし、アップルストアの成功——なぜ他の小売店と比べて床面積あたりの収益が多いのか——要因は、1つには店内での経験を努力がそれほどいらないものにするべく徹底的に注力してきたことだと思う。

かつてアップルの直営店担当上級副社長であったロン・ジョンソンは、アップルの製品そのものも顧客を呼び込む理由の1つだが、それが主たる理由ではないと認めている。（もっと安くアップル製品を購入する方法があるにもかかわらず）顧客がわざわざ直営店に群がる主な理由は、「店舗らしくない」からだ。そこは単に商品を売るのではなく、顧客サポートを目的とした場所なのだ。「人は経験を求めてアップルストアにやってくる。そのために喜んで高いお金を払う。アップルストアでの経験にはいろいろな要素があるが、おそらく最も重要なのは――これは他の小売業者にも当てはまるだろう――、スタッフが、商品を売ることではなく、人々の生活をよいものにすることに心を注いでいるという点だ。嘘っぽく聞こえるかもしれないが、本当なのである。スタッフにはことのほか研修が行き届いている。彼らは売上手数料をもらうわけではない。そのため、顧客が新しい高価なコンピューターを買おうが、スタッフの手助けによって古いコンピューターの動作がよくなったことに満足してくれて、何も買わなくても、スタッフにとっては同じことなのだ」[1]。

アップルストアの成功のもう1つの要因は、小売環境における顧客努力と言えば紛れもなくこれだというものを排除したことである。それは、行列だ。アップルストアでは、新製品の発売前に店の外に行列ができることはあっても、店のなかに行列はできない。店のなかで並んで待つイライラは誰にでも覚えがあるはずだ。惣菜店のカウンター、返品受付、デパートの会計などに並んだことがあるだろう。店内には常に人があふれているのに、なぜアップルには行列がないのだろうか?

第1に、テクニカルサービスを受ける顧客には事前予約してもらい、混雑具合を管理している。他のほぼすべての小売店では、テクニカルサービスを受けるには顧客は（ときには開店前に）

列に並ばなければならないが、アップルでは顧客が好きな時間を選んで予約できる。ジーニアスバー（Genius Bar）では信じられないくらい使いやすいオンライン予約システムを導入しており、店舗で待つことはまったくと言っていいほどない。もし時間に遅れたとしても、列に並ぶ必要はない。店舗でチェックインすれば、自分の順番が回ってくるとカウンターに名前が表示される。

第2に、アップルストアのレジや会計には行列がない。小売店で並ぶもう1つの場所と言えばレジや会計だ。多くの小売店にはレジ待ち専用の行列ができてボトルネックとなり、しかも列は店と出口のあいだにできる（とくにレジの数が足りずに顧客がスムーズに流れないと最悪）のだが、アップルストアは独自のテクノロジーを活用しているので、スタッフは誰でも会計をおこなうことができる。何かを買いたいときは、スタッフにお願いすれば、特別なカードリーダーでiPod Touchにクレジットカードを通してくれる。そうだ、もっとすごいのは、レシートも手間のかからない方法でもらえることだ――店舗にいるあいだにEメールで送ってくれるのだ。

同様のアイデアを取り入れて買い物経験を容易にしている小売業者は他にもある。一例をあげると、衣料品店のオールドネイビーはターゲット層（子ども連れの母親）の買い物経験を容易にするためにすべての店舗を徹底的に見直した[2]。商品棚の高さを低くした（母親が子どもの居場所をすぐにわかるように）のはもちろん、楕円の「トラック」のかたちに店舗を作り替え、便利な中央にレジと試着室を配置した。試着室の洋服かけには「大好き」、「お気に入り」、「いらない」とラベルをつけて、試着する服を顧客が整理できるようにした。さらに、（カーテンだけで覆った）「早着替え」ブースを設け、セーターやジャケットなど、すべての洋服を脱ぐ必要のないものを簡単に試せるようにしている。この他にも、子どもの遊び場や双方向ディスプレイを設置し、母親の買い物が終わるまで子どもたちがぐずらないように工夫している。

ライブサービス環境における努力軽減の効果は、学術的にも研究されている。最近、英国のレディング大学のある学生の論文「The Role of Customer Effort on Customer Loyalty in Face-to-Face Retail Environments（対面販売環境において顧客努力が顧客ロイヤルティに及ぼす影響）」のコピーをもらった。この学生は独自に調査をおこない、小売店に対する顧客ロイヤルティに顧客努力（努力をした場合）が及ぼす影響を明らかにした。3種類の小売環境——食料品店、デパート、家電販売店——で顧客を調査した結果、顧客努力が当該店舗のロイヤルティに大きく影響していることがわかった。

調査結果から、顧客努力と顧客ロイヤルティには強い関連性が存在することが証明された。（中略）つまり、既存顧客を維持したければ、顧客の努力を最小限にして要求に対処しなければならない。（中略）顧客努力指標（CES）は効果的な指標であり、カスタマーエクスペリエンスとロイヤルティの関係性を完ぺきに示すことができるように思われる。（中略）この調査から明らかになったように、CESは最初コンタクトセンターに導入されたが、それに加えて対面の小売環境でもスムーズに採用できるだろう。その意味で非常に有効な指標であり、優れた企業はこれを取り入れ、その分析結果を広く活用している[3]。

この学生は、小売環境における顧客努力を左右する最も重要な2つの要素は「誘導力（顧客が探しているものをいかに簡単に見つけることができるか）」と「問題解決（顧客が問題解決のための手助けをいかに簡単に得られるか）」だと指摘している。誘導力に関しては、英国の小売業者のテスコ（どの店舗でも顧客が商品をすぐに見つけられるように、スマートフォンアプリを開発した）、トレーダージョーズ（訳注：米国の食料品スーパー）、ウエイトローズ（訳注：英国の高級スーパー）（店舗スタッフは、商品を探している顧客がいると、どの棚にあるかを教えるのではなく、その商品のところまで実際に案内する）の戦術を例にあげた。問題解決に関しては、メイシーズ（編注：米国の百貨店チェーン）に注目している。メイシーズでは、顧客が購入判断を下せるように、聞かれた質問に答えるだけでなく先を見通したアドバイスや意見を積極的に述べる（別の商品を勧めることもある）よう店舗スタッフを教育している。

製品設計における顧客努力

生きているあいだに税法が簡単になることはないだろうが、少なくともイントゥイットのようなソフトウェア会社（ターボタックスの製造業者）は確定申告を簡素化してくれた。ターボタックスの秘密は、直観的で、平易な表現を使用し、質問ベースの手法で、納税者の申告書作成をサポートしていることである。この製品を使用すると、会計処理をする必要はなく、簡単な言葉で書かれたいくつかの質問に答えるだけでよい。申告書に書かれている「条件つきの非課税退職基金の積立金を入力してください」といった表現とは異なり、ターボタックスは「フォームW2（訳注：米国の源泉徴収票）のボックス11を見てください。数字が書かれていたらその数字を入力してください」と指示する。とまどったときは、ワンタッチ操作でヘルプ画面を表示できる。専門用語が使われていないFAQだけでなく、納税者や会計士が無料アドバイスを交換し合うオンラインサポート・コミュニティへのリンクも用意されている。納税者のこの手のプログラムの理解力は目覚ましいことこのうえない。2012年のIRS（訳注：米国国税庁）の報告によると、**米国人納税者の実に81%がこうしたオンラインサービスを利用して申告書を作成している。**彼らの成功は、もはや秘密とは呼べない。成功の要因は、プログラムを機能させるマーケティングの魔法などではなく、使い勝手のよさである。他の分野もそれに続き、一般人でも技術的・専門的なタスクをこなせるようになった。たとえばリーガルズームは、遺言書の作成や会社の法人化など、それまで弁護士に依頼するしかなかった作業を消費者が自分でこなすことができるように力を貸している。

シンプルなデザインと使いやすさは間違いなく製品を際立たせる。それが最も明らかなのは、おそらく家電製品だろう。アップルの使いやすさはレジェンド級だが（多くの製品には取扱説明書がない。それくらい設定や実行が容易なのだ）、あまり有名でないメーカーも、難しそうなタスクをいとも簡単に実行できるように工夫している。たとえば、（ネットフリックスやアマゾン、HBOなどのケーブルチャンネルの）さまざまなビデオ・オン・デマンド製品を利用する映像配信サービスの確立というアイデアは、複雑で相当な努力がいるように聞こえるが、ロク（編注：米国で第1位のストリーミング・プラットホーム運営会社）はこれを軽々とやってのけた。同社のロク・プレーヤーはホッケーのパックより少し大きく、ボタンがない。これを使うとたった2分でストリーミングを設定でき、何万件ものビデオタイトルを視聴できる。

ボーズも努力軽減のアイデアを得た家電メーカーの1つだ。スピーカーを鳴らすのに何をしなければならなかったか、思い出してほしい。どれも同じに見える大量のワイヤーをいじりまわした挙句、何をどこにつなげばいいものやらさっぱりわからない。ボーズの製品ならこんな面倒は不要だ。ワイヤーを色分けして、同じ色のジャックに接続するだけでいい。実に簡単だ。

購入経験における顧客努力

2012年の春、CEBの2人の同僚、パトリック・スペナーとカレン・フリーマンが、顧客の購入行動に関する画期的な調査結果を『ハーバード・ビジネス・レビュー』に寄稿した。「To Keep Your Customers, Keep It Simple（顧客をつなぎとめたければ、物事を簡単に）」と題した記事のなかで、スペナーとフリーマンは、マーケターは購入プロセスを複雑にしすぎる傾向があり、技術的な情報を顧客に浴びせてしばしば購入を阻止していると主張している。

マーケターは、昨今の消費者はネットに詳しく、モバイルによって得られたデータを駆使して、最良の取引を提供するブランドや店舗にすぐに飛びつくと思っている。つまり、ブランドロイヤルティは失われているのだと。そのため企業は、消費者との接触や情報提供を強化すれば、移り気でロイヤルティが低くなる一方の消費者を引き留められると期待して、さまざまなメッセージを発信してきた。ところが多くの消費者にしてみれば、マーケティングに関するメッセージが増えても購入判断に役立つわけではなく、むしろあまりの量に辟易（へきえき）している。顧客を迎え入れるどころか、ロイヤルティを高めようと賢明さに欠ける取り組みをしつこく続け、顧客を離反させてしまっている［4］。

彼らは世界中の7000人を超す消費者を対象にさまざまな調査をおこない、顧客を「定着」させる、つまり、購入し、時間の経過とともに購入額を増やし、製品や企業について肯定的な口コミを広める可能性を高める要因をつきとめようとした。定着を促すと思われる要因は数々あるが、最も重要なのは「選択のしやすさ」であることがわかった。「製品について信頼できる情報を容易に集められ、購入の選択肢を自信を持って効率よく検討できること」が大切なのだ。

判断を簡素化するのは難しい話ではない。スペナーとフリーマンは、消費者の購入判断を簡素化するには3つの方法があることを発見した。それは、**ブランドについての情報を簡単に検索できること**（たとえばボーズは、消費者をコンテンツの情報源に誘導し、確信を持たせて離反の可能性を低くしている）、**信頼できる情報を提供すること**（たとえば、ディズニーでは「マムズ・パネル」というフォーラムを開設して、子ども連れの訪問者に情報を提供している）、**選択肢を簡単に比較できること**（デビアスはダイヤモンドの評価基準「4C」を考案し、どれも同じに見える他の石との比較を簡単にしている）、である。この調査によると、「上位4分の1にランクされるブランドは、下位4分の1にランクされるブランドよりも、検討中の顧客が購入する確率が86％高い。また再購入の確率が9％、他人に勧める確率が115％高い」

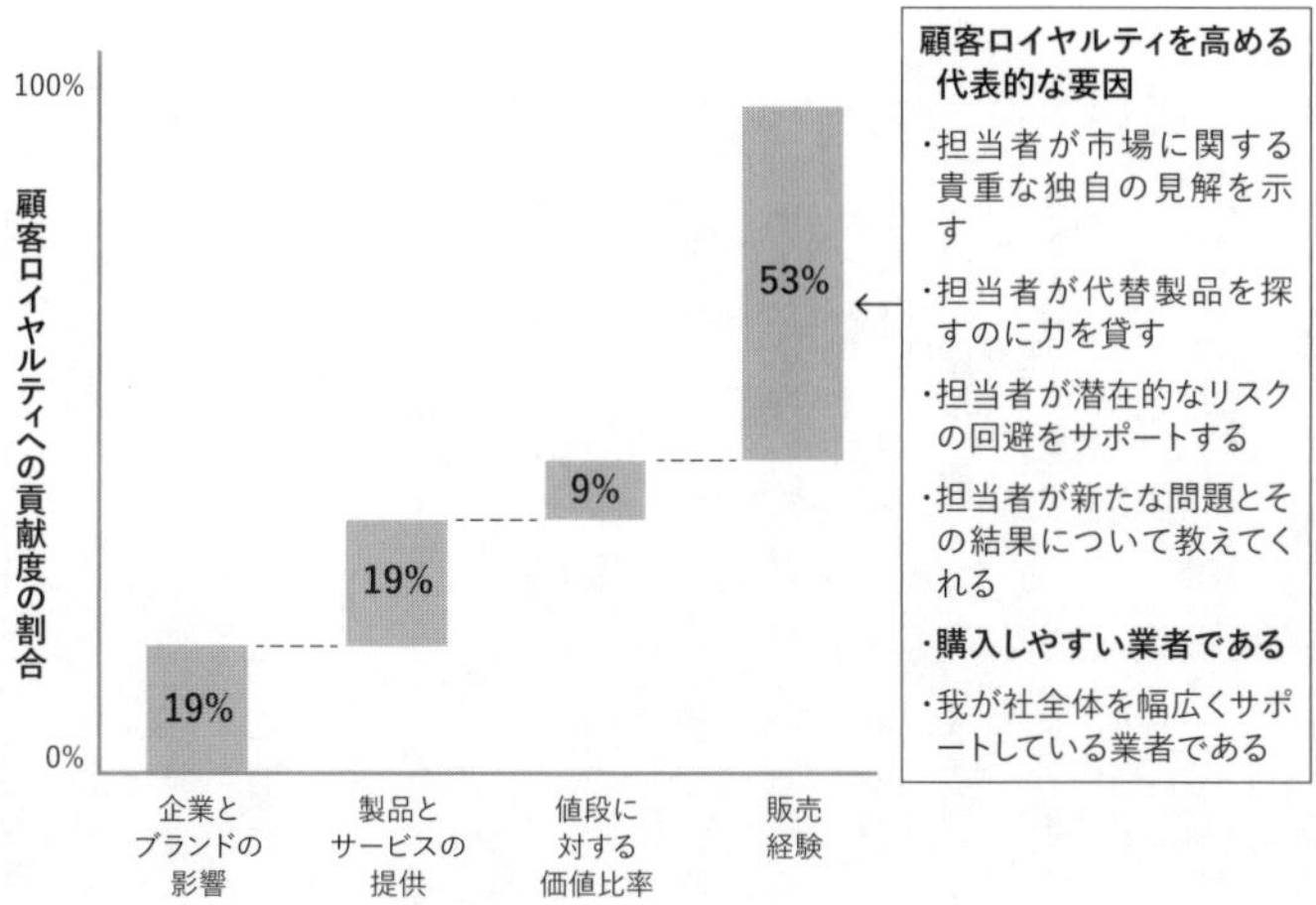

出典：CEB、CEBセールス・リーダーシップ・カウンシル、2013

図 8.1　B2B の顧客ロイヤルティを高める要因

この現象は、B2Cブランドだけで見られるものではない。CEBのセールス・リーダーシップ・カウンシルは、B2Bの顧客ロイヤルティの53%が購入経験によって決まる——業者のブランド、製品やサービスの質、価格に対する価値比率をびっくりするほど上回る——ことを明らかにした（図8・1参照）。購入経験の最も重要な要素を分析した結果は、本書の終盤になった今なら、何ら驚くに値しないはずだ。**最大の顧客ロイヤルティを得ている企業とは、「取引しやすい相手」なのである。**

必要以上に購入を複雑にしている企業は、新しいアイデア（新しい解決策）を迅速かつ効果的に顧客に伝えている企業に追いつくのに必死で頑張らなければならない。

顧客努力は、コンタクトセンター戦略というよりむしろ包括的なビジネスコンセプトである。

使いやすい製品を製造し、顧客が簡単に購入できるようにサポートし、努力がそれほどいらないサービスを提供できる企業は、顧客ロイヤルティという大きなリターンが得られるだろう——「厄介ごと係数」の高いできごとが、例外ではなく頻繁に起きる世界ならなおのことだ。

本章のまとめ

- 顧客ライフサイクルを通して努力を軽減しなければならない。私たちの調査によると、販売前および販売後の顧客との接点において顧客努力を軽減すると、顧客ロイヤルティに大きく影響することは明らかだ。製品やサービスについての理解、購入、アフターサービスやサポートが容易だと、ブランド差別化の飛躍的な機会にも結びつく。
- 優れた企業は、努力がそれほどいらない経験を顧客に提供している。トップブランドは、製品設計から販売経験にいたるまでのビジネスのあらゆる側面に努力のいらない経験の原則を取り入れている。このような企業は、あたりまえになっている現状にも容赦なく異論を唱える。顧客は商品を買うのに列に並ぶべきか？　ワクワクするような新しい商品を買ったのに、使う前に1時間もかけてマニュアルを読むべきなのだろうか？　優秀な企業なら、そんなことは断じて理不尽だと主張する。

謝辞

主要な貢献者

本書の表紙には著者として3名が掲載されているが、CEBのあらゆる調査研究と同様に本書はチームの多大な尽力の産物である。貢献者リストの筆頭には、著者とともに本書の調査研究チームの核となってくれた方々の名前をあげたい。

ララ・ポノマレフ

ララは現在、当社のカスタマーサービス・プログラムであるカスタマー・コンタクト・リーダーシップ・カウンシルのリサーチ・ディレクターである。彼女は本書で詳細に述べた2つの調査、すなわちコントロール指数（CQ）を発見した調査と、カスタマーサービスのチャネル選好に関する調査でチームのリーダーを務めた。また、本書の裏づけとなる他のいくつかの極めて重要な調査——最も注目に値するのは2008年の顧客努力の軽減という概念を初めて提示した調査——においても、補佐役の要となってくれた。そのすべてにおいて、ララはリサーチャー、プロジェクト・マネジャー、コーチ、そして彼女とともに仕事をする幸福を味わった人々の友人として、目覚ましい活躍をしてくれた。まさに逸材と呼ぶにふさわしい人であり、企業として私たちが希求するあらゆる価値——アイデアの力、メンバーへの影響力、寛大な精神、たぐいまれな才能に対する後援——を体現している。

ピーター・スリース

ピートがチームに加わったのは、ちょうど私たちが「努力いらずのエクスペリエンス」が持つ力に関する最初の発見を発表したときだったが、この数年、彼はこのコンセプトとその意味を、誰よりも多くの企業に導入してきた。当社のエグゼクティブ・アドバイザーとして仕事をしながら、何度も世界各地を飛び回り、努力のいらないプロセスのあらゆる段階を対象とする戦略設定セッションやワークショップをおこなってきた。ピートはスキル——彼は元カスタマーサービス・リーダーであるとともに元教師でもある——と経験、さらには当社がおこなった調査についての途方もない知識をすべて兼ね備えている希有な人物で、これまでともに仕事をしてきた数千人のCEBメンバーだけでなく、本書の3人の著者にとってもかけがえのない存在だ。私たち3人はみなピートを、チームメイトとしても友人としても、真に非凡な人だと考えている。

ローレン・プラゴフ

ローレンは、顧客努力というコンセプトだけでなく、我が社のカスタマーサービス・リサーチプログラムそのものの、CEBで言うところの「創造の場に存在」した。ローレンはこのプログラムの調査助手として出発し、今では調査担当取締役となり、主要な成果物とメンバーの関与に年間を通して責任を負っている。長年当社の実務に携わり、ほとんどすべての調査研究や本書で取りあげた発見で役割を果たしてきた。そのうえ、ローレンはコーチとしてもリサーチャーの人材育成に関しても実に優秀だ。過去5年間でこのプログラムを体験したリサーチャーのほとんど全員が、社内での個人的な成長と進歩はローレンのおかげだと述べている。

カレン・フリーマン

カレンはＣＥＢのカスタマーサービス・リサーチチームの創立メンバーであり、２００７年から２００８年にかけてグループの調査担当取締役を務め、顧客努力に関する初期の調査研究を支えたけん引役であり主要なソートリーダー（訳注：特定の分野で革新的なアイデアをいち早く示してリーダーシップをとっていく人）だった。また、２０１０年『ハーバード・ビジネス・レビュー』に掲載された、調査に関する記事「Stop Trying to Delight Your Customers（顧客を喜ばせようとするのはやめよう）」の共著者でもある。現在は当社の学習・能力開発部門であるＣＥＢユニバーシティの業務執行取締役を務め、何にも増して、新しいＣＥＢメンバーに最新のトレーニングと成長体験を提供する責任を負っている。カレンはＣＥＢ社員に与えられる最高の名誉である「アイデアの力賞」を２０１０年に受賞した。私たちは彼女の非凡なビジョンと調査におけるリーダーシップに心から感謝している。

心からの感謝

この研究の主要な貢献者だけでなく、たくさんの人たちと組織の献身とサポートがなければ、この研究も本書も日の目を見なかったに違いない。

まず、CEBのリーダーたちにとても感謝している。とくに、会長兼CEOのトム・モナハン、そしてCEBセールス・アンド・マーケティング・プラクティスのジェネラルマネジャー、ハニエル・リンの、この研究と本書への揺るがぬサポートに心から感謝したい。

カスタマーサービス・プログラムにおいて、私たちは長年にわたり多くの才能あるリサーチャーやエグゼクティブ・アドバイザーの方々とともに仕事をしてきたが、彼らみな、本書に掲載した調査研究の誕生と実行に力を貸してくださった。私たちは現在のチームのメンバーにお礼を言いたい。ブレント・アダムソン、クリス・ブラウン、マーク・ドイゴイ、ジョナサン・ディートリッヒ、トム・ディザンティス、ブラッド・フェイガー、クリス・ハーバート、ワシム・カビール、ジョナサン・キルロイ、パトリック・ロフタス、ルチナ・マッケンジー、ヤン・ク、キャロル・シン、ガウリ・サブラマニ、ジュディ・ワン。また、元チームメンバーにもお礼を言いたい。ルフィノ・チョン、ダン・クレイ、ショーナ・ファーガスン、レイチェル・グリーンブラット、マット・ホフマン、マイケル・ハッブル、ジェシカ・クラーフェルド、ベン・コッフェル、ビクトリア・コーヴァル、マット・リンド、ピーター・ラモット、デイヴ・リュー、リズ・マーティン、アナスタシア・ミルグラム、ダリア・ナアマニ=ゴールドマン、メリッサ・シュナイダー、コリエル・スタウト、ジョン・タッデイ、ルイーズ・ウィギンス、ジェイコブ・

ウィンクラー、ピーター・ヤン。

私たちの調査研究は独自の方法によるもので、最高の手腕を持ったＣＥＢの人材のソートリーダーシップとメンターシップをおおいに頼りにしている。エリック・ブラウンは研究責任者で、顧客努力の調査に初期の段階から密接に関与してきた。彼はこの調査研究のいたるところで采配をふるい、そのおかげではるかに良い結果が得られた。エリックがこの役割を担う以前は、私たちは光栄にもポープ・ワード、ティム・ポラード、デレク・バン・ビーバー、クリス・ミラーら調査のレジェンドや、「ＣＥＢ方式（ウェイ）」の達人たちのもとで調査研究をおこなっていた。過去数十年間、いろいろな場面で、彼らからはメンバーの時間と注目に値する調査や見識を提供するとはどういうことかを教えられた。

最後になるが、私たちはＣＥＢの商業チームにも感謝する。彼らはメンバーが調査から価値を引き出し行動を起こせるよう手助けすることに、最終的な責任を負っている。これまでカスタマーサービス・プログラムを代表していた多くの才能ある献身的なプロフェッショナルのなかでも、クリステン・ラシンスキー、クリスティ・シフレット、ルーシー・ブレイスウェル、エリカ・ヘイマン、キャット・エバーソン、モリー・マゴネグル、キャサリン・ムーアにお礼を申し上げる。

ＣＥＢ以外では、もちろんダン・ハースにこのうえない謝意を捧げたい。彼は私たちの考え方に自分の仕事で挑戦しただけでなく、本書にすばらしい序文を寄せてくれた。今最も影響力を持つソートリーダーであり語り手でもある彼と親しくさせていただいたことを光栄に思う。

CEBで私たちが成し遂げたことはすべて、メンバーたちに触発されたものだ。彼らが最も急を要する問題に向き合うよう促し、時間を惜しみなく使ってくれたおかげで、私たちはメンバーやその組織においてこうした問題がどのように出現するのかを知り、彼らの担当者、監督者、顧客さえも調査することができる。また、依頼に応じて、他のメンバーが一からやり直さなくてすむように、彼らのベストプラクティスや戦術をまとめることもできる。

メンバーは今や数百の企業と数千のカスタマーサービス・リーダーに及ぶが、なかでもとくに、現在および元メンバーの何人かにこの調査研究に対する予想をはるかに超える貢献にお礼を言いたい。

・タイム・ワーナー・ケーブルのジョン・ボウデンとそのチーム
・リライアント・エナジーのビル・クレイトンとそのチーム
・セントリカ／ブリティッシュ・ガスのジョン・コノリーとそのチーム
・アメリカン・エキスプレスTRSのデリック・デラバリエールとそのチーム
・ロイヤルティワンのシャーマネ・グッド、ファウズィーヤ・ドレイクスとそのチーム

・ブルー・トレイン・コンサルティングLLPのマーク・ハルムラスト（以前はターゲット）
・アースリンクのエリザベス・オースとそのチーム
・ホームアウェイのダン・ローク（以前はケイデンス・デザイン・システムズ）

本書が出版にこぎつけるまでにさまざまな場面で手を貸してくれた、多くの有能で献身的なプロフェッショナルのみなさんのサポートを忘れるわけにはいかない。代理人のマルシャル＝リヨン社のジル・マルシャル、極めて優秀な編集者マリア・ガグリアーノ、編集助手ジュリア・バタヴィア、マーケティング責任者ウィル・ヴァイサー、発行者アドリアン・ザックハイムをはじめとするポートフォリオ社の優秀なチーム、実に忍耐強いCEBのグラフィックデザイナー、ティム・ブラウン、そしてロリー・チャナー、イアン・ウォルシュ、アーシャ・クマル・フラハティ、ローズマリー・マスターソン、マット・スティーブンズ、ローラ・メローラ、レスリー・トゥリオ、シャノン・エックハルトをはじめとする卓越したCEBマーケティング／PRチーム。最後に『ハーバード・ビジネス・レビュー』シニア・エディターのガーディナー・モースには、本書を広いビジネスの世界に発表するのに力を貸してくれたことに感謝したい。

最後にいちばん大切な人にお礼を言おう。この研究も本書も、家族のサポートと励ましがなければやり遂げることはできなかった。マットは彼の妻であり親友であり最高のサポーターであるアミー・ディクソンと、4人の美しくてすばらしい子どもたち、エイダン、イーサン、ノラ、クララに感謝を捧げる。カスタマーサービスの喜びは過大評価されることもあるだろうが、家族が与えてくれる喜びほど価値のあるものはない。

ニックは、本書が世に出るまでの長年の研究生活を支えてくれた妻のエリカの励ましと忍耐、そして愛と幼い子どもにしかできないマンガでの息抜きを与えてくれた息子のエバンに感謝する。兄弟のジェレミーとマイキー（彼らは今も私たちがエグゼクティブのためのマンガを描いていると信じている）、そして両親のヴァーンとキャシーには、その多大なサポートに感謝したい。

そして最後に、リックは妻のジニー（英語の修士号を持つ才能ある教師で、彼女の夫よりはるかに優れたライターである）と、息子のクリス（父の母校シラキュース大学でコミュニケーションとマーケティングを学んでいる。ゴー・オレンジ！〈訳注：オレンジはシラキュース大学のスポーツチーム名で、「ゴー・オレンジ！」は応援の言葉〉）、また、フロリダ州スプリングヒルに住む両親のドンとスー・デリシ、バージニア州フェアファックス郡に住む兄のジョンとその家族、ミシガン州セントジョセフ郡に住む姉のドナとその家族（ＱＴＩＰのエピソードは彼女の功績）にお礼を言う。

注釈

序文

1. Alaina McConnell, "Zappos' Outrageous Record for the Longest Customer Service Phone Call Ever," Business Insider, December 20, 2012, http://www.businessinsider.com/zappos-longest-customer-service-call-2012-12
2. Amy Martinez, "Tale of Lost Diamond Adds Glitter to Nordstrom's Customer Service," Seattle Times, May 11, 2011, http://seattletimes.com/html/businesstechnology/2015028167_nordstrom12.html.

第1章　顧客ロイヤルティを巡る新たな戦場

1. Jessica Sebor, "CRM Gets Serious," CRM Magazine, February 2008, http://www.destinationcrm.com/Articles/Editorial/Magazine-Features/CRM-Gets-Serious-46971.aspx.

2. Mae Kowalke, "Customer Loyalty Is Achievable with Better Support," TMCnet.com, February 29, 2008, http://www.tmcnet.com/channels/virtual-call-center/articles/21858-customer-loyalty-achievable-with-better-support.htm.

3. Frederick F. Reichheld, The Ultimate Question: Driving Good Profits and True Growth (Cambridge, MA; Harvard Business School Press, 2006).（『顧客ロイヤルティを知る「究極の質問」』(HARVARD BUSINESS SCHOOL PRESS) フレッド・ライクヘルド著、堀新太郎監訳、鈴木泰雄訳、ランダムハウス講談社、２００６年）

4. ANZMAC Conference 2005: Broadening the Boundaries (Fremantle, Western Australia, December 5-7,2005), 331-37.

第2章　なぜ顧客はあなたと話したがらないのか？

1. S. S. Iyengar and M. Lepper, "When Choice Is Demotivating: Can One Desire Too Much of a Good Thing?" Journal of Personality and Social Psychology, 79 (2000): 995–1006.

2. "Make It Simple: That's P&G's New Marketing Mantra—and It's Spreading,"

BusinessWeek, http://www.businessweek.com/1996/37/b34921.htm.

第6章　ディスロイヤルティを見つけ出せ——顧客努力指標V2・0

1. Frederick F. Reichheld, "One Number You Need to Grow," Harvard Business Review, December 2003; https://hbr.org/2003/12/the-one-number-you-need-to-grow
2. M. Dixon, K. Freeman, and N. Toman, "Stop Trying to Delight Your Customers," Harvard Business Review, July 2010;
https://hbr.org/2010/07/stop-trying-to-delight-your-customers
3. A. Turner, "The New 'It' Metric: Practical Guidance About the Usefulness and Limitations of the Customer Effort Score (CES)," Market Strategies International, January 2011, http://www.marketstrategies.com/user_area/content_media/Customer%20Effort%20Score%20Ver%201.0.pdf.

第8章　コンタクトセンター以外での努力

1. Ron Johnson, "What I Learned Building the Apple Store," HBRBlog Network, November 21, 2011, https://hbr.org/2011/11/what-i-learned-building-the-ap

2. George Anderson, "New Look Drives Comp Sales at Old Navy," RetailWire, July 13, 2011, https://www.retailwire.com/discussion/new-look-drives-comp-sales-at-old-navy/
3. Ayad Mirjan, "An Examination of the Impact of Customer Effort on Customer Loyalty in Face-to-Face Retail Environments," Henley Business School, University of Reading (UK), March 30, 2012.
4. Patrick Spenner and Karen Freeman, "To Keep Your Customers, Keep It Simple," Harvard Business Review, May 2012.

CEB
WHAT THE BEST COMPANIES DO

音声自動応答装置（IVR）によるセルフサービス	
前提となる質問	はい／いいえ
1. 会社はこの問題をIVRで解決するための機能を提供していますか？	
2. 顧客の大多数は、IVRによってこの問題を完全に解決できますか？	
3.サービス組織は、このタイプの問題をウェブサイト上でセルフサービスによって解決する割合を変更することができますか？	
上記の質問の答えがどちらも「はい」の場合は、質問3～13に進んでください。 1つでも「いいえ」があれば、IVRはこの問題に適していません。ステップ3に進み、IVRのセルフサービスの適性スコアを「1」としてください。	
解決のための顧客努力 以下の質問の答えが「はい」ならば、この問題にとってはIVRが努力のそれほどいらない経験であることになります。	はい／いいえ
3. IVRを利用して正確かつ効果的に解決できるくらいシンプルで単純な依頼ですか？	
4. 限られた数のステップで（例：解決にたどりつくまでに選ぶメニューオプションの数は3つ以下）、IVRによって依頼を効果的に解決できますか？	
5. どの顧客にとっても同一の、標準的な対応およびプロセスによって依頼を満足させることができますか？	
6. 顧客によってその問題から、担当者が直接対応する必要のある関連する質問または問題が引き出されることはまれですか？	
7. 会社は依頼（込み入った説明が必要な依頼ではない）を解決するのに必要な情報を簡単かつ簡潔に説明することができますか？	
8. 顧客はIVR技術を使って依頼を解決することに慣れていますか（とくに話しことばや自然言語処理の可能なIVR）？	
9. 詳細な情報の提供を顧客に求める依頼の場合、顧客は電話のキーパッドのみを使ってそうした情報を入力することができますか？	
10. それは現時点でウェブサイトにおけるセルフサービスで解決できない依頼ですか？	
その他の努力に関連する質問 すべての問題や組織に該当するわけではありません。	**はい／いいえ**
10. 法律的な観点から、依頼をセルフサービス・サイトを通じて解決することは可能ですか？	
11. セキュリティ上の観点から、顧客は依頼をセルフサービス・サイトを通じて解決するのに必要な個人情報の共有に不安を感じていませんか？	
12. 顧客の大多数はインターネットに確実にアクセスできますか？	
解決コスト 以下の質問の答えが「はい」ならば、このタイプの問題にとってIVRは相対的にコストの低いチャネルであることになります。	はい／いいえ
11. この依頼をIVRで対処するために、会社は実証ずみのツールに投資しましたか？	
12. 顧客から必要な情報を正確に得ることを含め、IVRは依頼を処理できるだけの確実な能力がありますか？	
13. IVRは会社がこの問題に関して顧客に質の高いサービスを提供できる最もコストのかからないチャネルですか？	
チャネル適性スコアの計算 ステップ2の答えを元にチャネル適性スコアを計算してください。 ほとんどの質問の答えが「はい」の場合、以下の努力影響とコスト影響のスコアが高くなります。	

努力影響	**コスト影響**	**IVRのチャネル適性スコア**
努力の程度がきわめて低い 努力の程度がきわめて高い	コストがかからない コストがとてもかかる	（努力影響×コスト影響） ステップ4でこのスコアを使用します。
×	=	

※拡大してお使い下さい

使い方：
このツールを使用し、顧客努力と組織のコストの両方を考慮に入れながら顧客の問題を解決するのに最適なチャネルを見つけてください。

ステップ1：問題のタイプの決定
あなたの組織に最もよく起きる問題／依頼（参考のために、119ページで説明したマスターカードの問題のフィルタリング方法を確認）のタイプを分類する。

ステップ2：チャネルの適性評価
ステップ1で特定された個々の問題／依頼のタイプを、チャネルごとに定められた質問に「はい／いいえ」で回答し評価する。

ステップ3：チャネル適性スコアの計算
ステップ2のはい／いいえの質問に対する答えを元に、それぞれのタイプの問題の解決にとってのチャネルの適性を計算する。各チャネルにつき、ステップ2と3を繰り返す。

ステップ4：結果の評価
ステップ3で計算した個々のチャネル適性スコアを比較して、その問題のタイプに最もふさわしいチャネルを決定する。

特定された問題のタイプそれぞれについて上記の2〜4のステップを繰り返す。

イシュー・トゥー・チャネル・マッピング

問題のタイプ ＿＿＿＿＿＿＿＿＿＿＿＿＿＿＿＿

スクリーニングの質問を活用してチャネルへの適性を評価してください

ウェブサイトにおけるセルフサービス	
前提となる質問	**はい／いいえ**
1. 会社はこの問題をウェブサイト上でセルフサービスによって解決するための機能（例：オンライン支払ツール）を提供していますか？	
2. 顧客の大多数は、ウェブサイト上のセルフサービスによってこの問題を完全に解決できますか？	
3. サービス組織は、このタイプの問題をウェブサイト上でセルフサービスによって解決する割合を変更することができますか？	
上記すべての質問の答えが「はい」の場合は、質問4〜15に進んでください。 1つでも「いいえ」があれば、ウェブサイトにおけるセルフサービスはこの問題に適していません。ステップ3に進み、ウェブサイトのセルフサービスの適性スコアを「1」としてください。	
解決のための顧客努力 以下の質問の答えが「はい」ならば、この問題にとってウェブサイトのセルフサービスが努力のそれほどいらない経験であることになります。	**はい／いいえ**
4. ウェブサイトを経由して、この問題を解決するためのリソースに比較的容易にアクセスすることができますか（たとえば知識基盤や検索機能によって、それらのリソースに簡単にたどりつけますか）？	
5. 限られた数のステップで（例：答えを見つけるまでの画面のクリック回数は3回以内）、セルフサービスによって依頼を効果的に解決できますか？	
6. どの顧客にとっても同一の、標準的な対応およびプロセスによって依頼を満足させることができますか？	
7. 会社は依頼（込み入った説明が必要な依頼ではない）を解決するのに必要な情報を簡単かつ簡潔に説明することができますか？	
8. 顧客によってその問題から、担当者が直接対応する必要のある関連する質問または問題が引き出されることはまれですか？	
9. 顧客はアカウントにサインインしたりその他具体的な情報を提示したりすることなく、セルフサービスで依頼を解決することができますか？	
その他の努力に関連する質問 すべての問題や組織に該当するわけではありません。	**はい／いいえ**
10. 法律的な観点から、依頼をセルフサービス・サイトを通じて解決することは可能ですか？	
11. セキュリティ上の観点から、顧客は依頼をセルフサービス・サイトを通じて解決するのに必要な個人情報の共有に不安を感じていませんか？	
12. 顧客の大多数はインターネットに確実にアクセスできますか？	
解決コスト 以下の質問の答えが「はい」ならば、このタイプの問題にとってウェブサイトのセルフサービスは相対的にコストの低いチャネルであることになります。	**はい／いいえ**
13. この依頼にオンラインで対処するために、会社は実証ずみのツールに投資しましたか？	
14. ウェブのセルフサービスには依頼を処理できるだけの確実な能力がありますか？	
15. ウェブのセルフサービスは、会社がこの問題に関して顧客に質の高いサービスを提供できる最もコストのかからないチャネルですか？	
チャネル適性スコアの計算 ステップ2の答えを元にチャネル適性スコアを計算してください。 ほとんどの質問の答えが「はい」の場合、以下の努力影響とコスト影響のスコアが高くなります。	

努力影響 努力の程度がきわめて低い 努力の程度がきわめて高い	**コスト影響** コストがかからない コストがとてもかかる	**ウェブサイトのセルフサービスのチャネル適性スコア** （努力影響×コスト影響） ステップ4でこのスコアを使用します。
	×	=

問題解決を失敗させる要因を把握する

2 ……続いてQAモニタリングをおこない、顕在化した問題と隣接する問題の根本原因をあぶり出す

- 問題分類の正確性を向上させる
- 担当者のパフォーマンスをモニタリングし、コーチング機会とプロセスの失敗を正確に把握する
- 「正しい理由のある」再問い合わせを解決に失敗した問題のスコアから除外する機会になる

＋

3 ……電話後の顧客調査とフィードバック・セッションにより、解決に失敗した感情的な原因を明らかにする

- 顧客と企業それぞれの問題解決に対する見解の相違を理解する機会となる
- 再問い合わせの感情面の理由を明確にする
- 顧客の声を集めて分析し、改善機会のある領域を特定する方法がわかる(ナショナル・オーストラリア・グループの実践例を参照)

顧客の認識に合っているか 1=合っていない 5=合っている	インフラの必要性 1=高い 5=低い	平均スコア	順位	カウンシルの見解	実行のためのヒントと秘訣
3	1	3.7	1	•顕在化した問題、潜在的な問題の再問い合わせの両方を明らかにすると同時に、人的なコーディングエラーを軽減する。 •現在問題解決を追跡管理するシステムが整備されていない場合は、リソース集約的である。 •再問い合わせの追跡管理はあらゆる問題の再問い合わせを対象にしているため、解決率が正しく報告されていないが、時間の経過とともに正常化する。	☑測定方法を一貫して適用し、(成果管理のためではなく)コーチング機会の特定のためにのみ結果を活用することで、担当者の不公平感を軽くする。 ☑大半の顧客が最初の電話から時をおかずに再問い合わせの電話をしていることから、追跡管理の実施は短期間(5～14日間)とする。これによってより効率的なコーチングが可能になる。 ☑解決のプロセスはそれぞれのケースでおのずと異なるので、幅広い再問い合わせを追跡管理する。 ☑担当者が理不尽な、または手に負えない再問い合わせの電話に注意を払えるようにし、そうした電話が担当者の評価を下げないようにする。 ☑最初の「この問題についてのお問い合わせは初めてですか?」という質問は初回解決(FCR)、「(何らかの理由で)30日以内に弊社にお電話をいただきましたか?」は次の問題回避を対象とする。
3	2	3.3	2		
4	3	3.2	3		
2	4	3.2	3	•多くの場合顕在化した問題の解決失敗は明らかになるが、単独で使用された場合は潜在的な問題は特定されない。 •「正当な理由のある」再問い合わせを解決に失敗した問題のスコアから排除する機会となる。	☑再問い合わせの追跡管理のような他の測定方法と組み合わせて、データを複合的に測定し、顕在化した問題と潜在的な問題の根本原因を分析する。
5	2	2.7	5	•顧客の感情的な問題解決を最も正確に把握できるのは顧客自身なので、重要な顧客認識が含まれている。しかし、顧客は隣接する問題を理解することはめったになく、たいていは電話のあとある程度の時間がすぎるまでは顕在化した問題解決の状況はわからない。 •音声分析は新しい技術なので、解決を正確に評価する能力は実証されていない。	☑電話後すぐの調査では電話対応に対する顧客満足度しかわからない。対して数日後の調査なら問題解決の状況をより明らかにすることができる。 ☑とくに数日後の調査の場合、調査対象のサンプル数は少ない。顧客の多くが調査を希望しないからである。 ☑調査の正確さは、問題解決に対する顧客認識を一貫して把握するための質問を明確かつ容易に解釈できるかに応じて決まる。 ☑QA報告や再問い合わせの追跡管理などといった他の手法と併用し、補足的な手法として活用する。
3	1	2.5	6		
3	2	2.2	8		
2	3	2.0	9		
1	3	2.3	7	•システムを利用せずにほとんどの電話の解決失敗率の追跡管理を可能にする。 •主観的な答えになりやすい。 •自分の手に余る電話に注意するよう担当者に促せる。	☑他の測定方法とともに、不公平さに対する担当者の認識を緩和するのに活用する。 ☑再問い合わせの追跡管理システムが利用可能でない場合は、QA報告や顧客報告のデータと併用する。

※拡大してお使い下さい

題解決測定のためのツールキット

次の問題回避測定方法

解決失敗の重要度を把握する

1 再問い合わせの電話を追跡管理して、次の問題回避の傾向を明らかにする

解決についての幅広い認識が得られる
個人のパフォーマンスと、「健全な」変域内での水準以下の／低いパフォーマンスの傾向がわかる
QAモニタリングおよび電話後の顧客主導の原因分析に注力する材料となる

＋

測定法選択決定のルール

測定カテゴリー	測定方法	顕在化した問題[1] 1=判明 5=判明しない	潜在的な問題（隣接）[2] 1=判明 5=判明しない	潜在的な問題（感情）[3] 1=判明 5=判明しない	サンプルサイズ 1=小 5=大	担当者にとっての公平さ 1=不公平 5=公平	内在する偏見 1=偏見がある 5=偏見がない	根本原因の導出 1=非効率的 5=効率的	コーチング機会の特定 1=特定不能 5=特定可能
再問い合わせの追跡	アカウント番号による追跡	5	5	5	5	2	5	2	4
	電話番号による追跡	4	4	4	4	2	5	2	3
	担当者がまず顧客に「30日以内に弊社にお電話をいただきましたか?」とたずねる	3	3	4	4	4	4	2	1
QAの報告	QAは電話をモニタリングし問題解決を評価する	4	3	2	3	3	2	3	5
顧客の報告	電話後の調査（後日）	3	1	4	1	2	3	3	3
	音声分析	1	1	4	5	1	4	2	3
	電話後の調査（直後）	2	1	3	2	3	2	2	2
	担当者が電話の最後に「本日お客様の問題は解決されましたか?」とたずねる	2	1	1	3	3	2	2	1
担当者の報告	担当者が問題を解決ずみとする	2	2	1	4	5	1	2	2

[1] **顕在化した問題**：顧客が訴える元々のニーズ。たいていは顧客の自己診断によるもので、会社が解決する。
[2] **潜在的な問題**：顧客が訴えるニーズから派生する問題。ほとんどの場合顧客は後日まで気づかないため、顧客自ら診断することはできない。潜在的な問題の1つが**隣接する問題**で、これは一見別の問題のようでいて、わずかに関連がある派生的な問題のことである。
[3] **潜在的な問題**：顧客が訴えるニーズから派生する問題。ほとんどの場合顧客は後日まで気づかないため、顧客自ら診断することはできない。潜在的な問題の1つが**感情の問題**である。解決したという経験を求める感情的な引き金のことで、解決したことを確認するために再問い合わせをするよう顧客に促す。

CES V2.0スターターキット

組織における顧客努力を測定する方法

以下の実践のヒントを、CES V2.0のスコアを顧客の声にまとめるのに役立てる。

- CES V2.0を使用して、解決プロセスにおける顧客努力の全体像をつかむ。
- より詳細な、努力ベースの調査を実施し、解決プロセスを通した個々の努力原因を分析する。
- 努力ベースの質問の文末を変えて、顧客の依頼の理由のタイプに合わせて調整することを考える(例：「……販売を完了させるためですか？」)。
- 問題が未解決、または依頼が実行されていない顧客を把握するために、対応の選択肢に「(該当なし)依頼は解決していない」を追加する(電話の直後に調査をおこなう場合を除く)。
- 顧客努力のより総合的な分析と、先を見越した働きかけを目指すために、顧客のことばを一字一句そのまま使う。

顧客努力指標V2.0――標準的な質問

次の記述にどの程度同意しますか？

	まったく同意しない (1)	同意しない (2)	あまり同意しない (3)	ちらとも言えない (4)	やや同意する (5)	同意する (6)	強く同意する (7)
会社のおかげで問題の対処が容易になった。	☐	☐	☐	☐	☐	☐	☐

パフォーマンスの比較

会社のCES V2.0スコアの分布

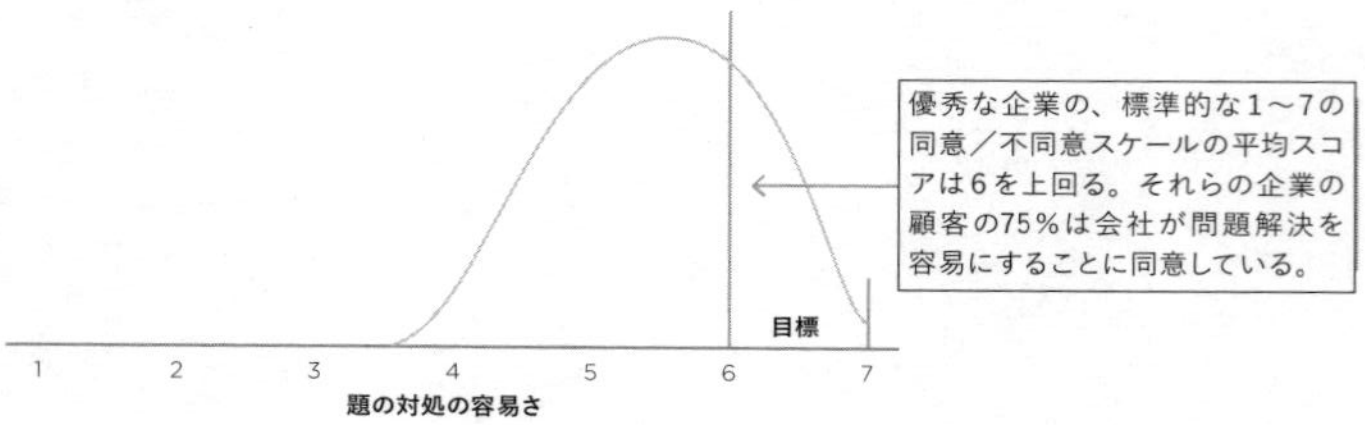
優秀な企業の、標準的な1〜7の同意／不同意スケールの平均スコアは6を上回る。それらの企業の顧客の75％は会社が問題解決を容易にすることに同意している。
目標
1
2
3
4
5
6
7
題の対処の容易さ

出典：CEB、2013

付録

指導者用ツールキット：組織で最も頻繁に発生する、否定的な言葉づかいのシナリオのリストを作成する

否定的な言葉づかいのシナリオ・テンプレートの作成

自分の会社で最もよく見られる否定的な言葉づかいのシナリオがどういうものかを考えることは、より効果的なスタッフ・トレーニングの一助となるでしょう。また、業界で頻発する一番問題の多いカスタマーサービスの状況を特定すれば、どのような会話が否定的な言葉を導き出すのかを考えるうえでも役立ちます。

チェックリスト：講じるべき措置		確認対象者	目標とする完了日
• 優秀な現場担当者数人に、よくある問い合わせの電話のなかで最も対処が難しいのはどういうものかたずねる。厄介な電話につながる問題のタイプがあるかどうか確認し、もしあれば、そうした状況で使われる否定的な言葉づかいの特定に注力する。電話分類データがあればそれを利用する。	❑		
• 現場担当者と最も対処の難しい電話のロールプレイ・エクササイズをおこない、どんなときに否定的な言葉が使われているか、どんなフレーズが使用されているかに注意して聞く。	❑		
• 可能な場合、よく使われる否定的なフレーズのリストをＱＡチームに渡し、それらをよく耳にする電話のタイプを記録するよう依頼する。チームが特定した電話の録音を聞き、スタッフがいつどのように否定的な言葉を使っているかを把握する。	❑		
• このデータを活用して、否定的な言葉を引き出す最もよくあるシナリオのリストを策定する。使われる言葉とフレーズのリストはシナリオごとに個別に作る。	❑		
• 否定的な言葉とフレーズのリストを、このワークブックの「使っていい言葉、ダメな言葉！」のページに組み入れる。リストの変更や追加はないか現場担当者に確認する。担当者およびＱＡチームとでブレインストーミングを実行し、否定的な言葉に代わる肯定的な言葉を考える。	❑		

セールス、マーケティング、およびコミュニケーション実践のためのカスタマー・コンタクト・カウンシルより
www.ccc.executiveboard.com

サービスエクスペリエンス全般についての次の記述に、あなたはどの程度同意しますか／同意しませんか？

	まったく同意しない	同意しない	あまり同意しない	どちらとも言えない	やや同意する	同意する	強く同意する
会社のおかげで問題の対処が容易になった	○	○	○	○	○	○	○
この問題の処理にかかる時間は予想よりも短かった	○	○	○	○	○	○	○

音声自動応答装置(IVR)

<会社名>の音声自動応答システムを使用した経験の以下の側面について、どの程度同意する／同意しないかを評価してください。

システムを利用していない	まったく同意しない	同意しない	あまり同意しない	どちらとも言えない	やや同意する	同意する	強く同意する
利用可能な選択肢がたいへんわかりやすかった	○	○	○	○	○	○	○
システムを簡単に操作することができた	○	○	○	○	○	○	○

サービス担当者との直接のやりとり

あなたが話をした<会社名>のカスタマーサービス担当者についておたずねします。

担当者と話をしていない	まったく同意しない	同意しない	あまり同意しない	どちらとも言えない	やや同意する	同意する	強く同意する
すぐに話をすることができた（担当者につながるまで長い時間待つ必要はなかった）	○	○	○	○	○	○	○
こちらの発言に対する担当者の反応は迅速だった	○	○	○	○	○	○	○

Eメール

会社とのEメールのやりとりの以下の側面について、あなたはどの程度同意する／同意しないかを評価してください。

Eメールしていない	まったく同意しない	同意しない	あまり同意しない	どちらとも言えない	やや同意する	同意する	強く同意する
返信が来るまでの時間は妥当だった	○	○	○	○	○	○	○
返信は台本に沿った／型通りの内容だったようだ	○	○	○	○	○	○	○

※拡大してお使い下さい

[付録E：顧客努力評価——サンプル調査の質問]

CEB
WHAT THE BEST COMPANIES DO

顧客努力評価

サンプル調査の質問

主要なロイヤルティ測定基準

あなたが友人や同僚に<会社名>を推薦する可能性はどれくらいですか？

- ○ 0－まったくない
- ○ 1
- ○ 2
- ○ 3
- ○ 4
- ○ 5
- ○ 6
- ○ 7
- ○ 8
- ○ 9
- ○ 10－きわめて高い

以下の記述に対するあなたの同意レベルを、1～7の段階で答えてください。

	まったく同意しない	同意しない	あまり同意しない	どちらとも言えない	やや同意する	同意する	強く同意する
今後も<会社名>から購入するつもりだ	○	○	○	○	○	○	○
<会社名>の新製品の購入を検討しようと思う	○	○	○	○	○	○	○
<会社名>が提供する価値に満足している	○	○	○	○	○	○	○

カスタマーサービスエクスペリエンスの結果

前に<会社名>のカスタマーサービス／サポート部門に連絡したのはいつですか？

- ○先週
- ○先月
- ○2カ月以内
- ○半年以内
- ○1年以内
- ○1年以上前
- ○連絡したことはない

以下のリストから、あなたがカスタマーサービスに連絡した主な理由に最も近いものを選んでください。

- ○製品またはサービスの問題解決
- ○苦情
- ○アカウント状況の確認または変更
- ○アカウント情報の入手
- ○製品またはサービスの返品
- ○購入
- ○一般的な問い合わせ
- ○上記のいずれでもない

問題を解決するために最初に使ったのは、次のカスタマーサービス／サポート・リソースのどれですか（該当するものすべてを選択）？

- ○会社に**電話をした**
- ○会社の**ウェブサイト**で解決策を探した
- ○会社の**ウェブチャット・サービス**を利用した
- ○会社に**Eメール**した
- ○その他

CEB
WHAT THE BEST COMPANIES DO

顧客努力評価ツール

はじめに

顧客努力評価ツールは、顧客が最大の努力を払っているチャネル（ウェブサイト、IVR、電話など）の特定を可能にし、顧客努力の軽減に役立つリソースを明らかにします。このツールを使用すれば、以下のような重要な質問の答えが判明するでしょう。

1. チャネル別に顧客努力を軽減するために、何ができるか？

2. 顧客努力を減らせる最もよい機会を提供するのはどのチャネルか？

使い方

1. 選択したチャネルに関する質問に、「はい」または「いいえ」で答えてください。答えが「いいえ」なら、それは手直しを検討すべき領域です。
2. 各チャネルの特性カテゴリーを次の2つの基準に従って1～5のスコアで評価してください。
   a. この領域は顧客にどのくらいの努力を負担させているか？
   b. この特性を変えるのはどれくらい難しいか？

一般的なフィードバック／人口統計学的属性

その他の情報またはフィードバックがあればご記入ください。

<会社名>の顧客になって何年ぐらいですか？

何年のお生まれですか？

IVR

診断のための質問に「はい」か「いいえ」で答えてください。回答が「いいえ」の場合、その領域は多大な顧客努力を要する可能性があります。		
特性	特性ごとの努力程度を診断するための質問	回答：はい／いいえ
操作性	どんな目的のためにIVRを使うことができるか顧客に説明していますか？	
	サービス担当者はIVRの使い方がわかるよう顧客をサポートしていますか？	
	どの選択肢を選べばいいか、顧客は簡単にわかりますか？	
	選択肢は顧客が直観的に判断できるようにまとめられていますか？	
	IVRでは（会社ではなく）顧客の言葉が使われていますか？	
	顧客は自分の問い合わせに関係ない情報を飛ばして先に進むことができますか？	
	IVRは操作を進める前に重要な情報（例：センターは閉まっているなど）を顧客に伝えていますか？	
	音声認識システムを使用している場合、顧客にタッチトーンを使用する選択肢を与えていますか？	
	複数の選択肢から選ばなければならない場合、顧客は問題に特化したサービス担当者に振り分けられますか？	
	選択肢メニューのツリーをウェブサイトまたはパンフレットで確認できるようにしていますか？	
	問い合わせ件数の多い問題（例：製品のリコール、注意喚起など）を優先していますか？	
	提示される選択肢の数を顧客に伝えていますか？	
	メニューを読むのにどれくらいの時間がかかるか事前に測定しましたか？	
	IVR経験についてのフィードバックをサービス担当者に依頼しましたか？	
情報の質	IVRで顧客にFAQを提供していますか？	
	どんなFAQを見つけることができるかを顧客にわかりやすく提示していますか？	
	FAQの情報は（会社ではなく）顧客の言葉で作られていますか？	
	FAQを定期的に更新し、最も重要な情報を盛り込んでいますか？	
機能性	ゼロアウト（訳注：メニューを聞かずに「ゼロ」をプッシュしてオペレーターにつなごうとすること）は可能ですか？	
	何度も必要になる情報（例：銀行口座残高、メニューオプションなど）について、オプトアウト（訳注：IVRにかけた顧客が、選択肢のわかりにくさなどからメニュー選択をせずにオペレーターとの通話を選ぶこと）を認めていますか？	
	顧客がIVRを優先する傾向、または好みの取引を保存することはできますか？	
	IVRで得た情報をCTIシステム（訳注：コンピューターと電話の機能を統合するシステムのこと）によりサービス担当者に伝えていますか？	
	繰り返し電話してくる顧客をIVRから転送、または「迅速な処理」で対応していますか？	
測定方法（これらの要素を追跡管理しているか）	ゼロアウト率	
	ルーティングの正確さ（例：転送数）	
	完了率	
	平均的な顧客がIVRで問題を解決するのにかかる時間	
	音声認識ルーティングの精度	
	IVR経験についての顧客のフィードバック	

出典：CEB、2013

ウェブサイトのルール

診断のための質問に「はい」か「いいえ」で答えてください。回答が「いいえ」の場合、その領域は多大な顧客努力を要する可能性があります。

特性	特性ごとの努力程度を診断するための質問	回答：はい／いいえ
操作性	情報は（会社ではなく）顧客の言葉で書かれていますか？	
	サイトのナビゲーションはそれを使用してほしい顧客のために設計されていますか？	
	顧客は（イベントベース、製品ベース、質問ベースなど）さまざまな方法で情報にアクセスできますか？	
	ウェブサイトへのアクセスは容易ですか（例：認証またはログインが簡単）？	
	最も活用されているコンテンツがウェブサイトで埋もれていませんか（ユーザーがほとんどのコンテンツを見つけられ、比較的すばやく大半の機能にアクセスできる）？	
	ウェブサイトを経由してカスタマーサービスに容易に連絡できますか？	
	カスタマーサービスの電話番号は直観的に認識しやすいように作られていますか？	
	適切な数の電話番号が顧客に見えるように配置されていますか？	
情報の質	適切な数の知識基盤がウェブサイトで利用可能ですか？	
	情報は顧客のために直観的に優先順位がつけられていますか？	
	情報の質は高いですか？	
	ウェブサイトを使ってほしい顧客に合わせた用語を使用していますか？	
	場合によって、季節による差をふまえてサービス情報の優先順位を決めていますか？	
	電話の回数を増やす要因をふまえてサービス情報の優先順位を決めていますか？	
機能性	顧客はサイトで相応にシンプルなサービスタスクをすべて完了することができますか？	
	サイトの機能はそれを使ってほしい顧客に合うように適切に作られていますか？	
	顧客が取引を完了したとき、先を見越して、関連する取引または情報を提供していますか？	
	顧客は問題のステータスまたはオンライン購入のステータスを追跡管理できますか？	
	可能な場合は常に、顧客情報の自動入力または保存機能を提供していますか？	
	ディスカッション・ボードはありますか？	
	ディスカッション・ボードがある場合、それらの品質をモニタリングしていますか？	
	ディスカッション・ボードがある場合、従業員を参加させていますか？	
	「パワーユーザー」にディスカッション・ボードに参加するインセンティブを与えていますか？	
測定方法（これらの要素を追跡管理しているか）	ページ間のクリック数	
	検索の回数	
	ウェブサイトの滞在時間	
	訪問したページ数	
	パスワード再設定の容易さ	
	ログイン失敗の回数	
	知識基盤にある記事の古さ	
	顧客によるステータス追跡管理の頻度	
	ウェブサイトにおける問題解決：まずサイトで問題を解決しようと試みた、ライブチャネルの顧客数	

出典：CEB、2013

電話

診断のための質問に「はい」か「いいえ」で答えてください。回答が「いいえ」の場合、その領域は多大な顧客努力を要する可能性があります。

特性	特性ごとの努力程度を診断するための質問	回答：はい／いいえ
解決	サービス担当者に問題解決を促すインセンティブを提供していますか？	
	問題解決の重要性に対する担当者の認識を定期的に強化していますか？	
	担当者が問題を正確に診断するかモニタリングしていますか？	
	2回目（またはそれ以上の回数）の電話をかけてきた顧客に優先的に対応していますか？	
	何度も連絡してくる原因をつきとめようとしていますか？	
	顧客の性格のタイプに応じた異なる対応（感情的な側面の解決）を担当者に許可していますか？	
	（組織の他の部門の関与が求められる場合でも）それぞれの問題を責任を持って解決するよう担当者に義務づけていますか？	
	顧客へのコールバックを担当者に許可していますか？	
	適切な関連する問題を、先を見越して解決することを担当者に奨励していますか？	
	社内ポリシーを監査し、解決しなければならない問い合わせが発生しないようにしていますか？	
	担当者は補足情報を顧客にEメールで提供することはできますか？	
	顧客に「ノー」と言わざるをえない場合、担当者は代わりとなる妥当な解決策を提供していますか？	
	ある問題がいつ解決できるか、解決できないかを顧客に伝えていますか？	
転送	必要に応じて顧客は常に適切なスペシャリストに振り分けられますか？	
	必要な場合はウォーム転送（訳注：最初に電話を受けたオペレーターが転送先の担当者とまず話をしてから電話を転送するシステム）を提供していますか？	
	していない場合、顧客が情報を繰り返し述べなくてもいいようにしていますか？	
電話プロセス	担当者がいつ、どういう理由で「だめです」や「それはできません」と言ったかを、担当者の上司は把握していますか？	
	解決の障害になるものを変えるために行動していますか（適切な場合）？	
	すぐに必要な情報だけを顧客にたずねていますか？	
	IVRですでに提供された情報を顧客に聞かないようにしていますか？	
	社内資料から得られる情報（例：口座情報、現場情報）を顧客に聞かないようにしていますか？	
	顧客の手間を省くため、代わりに他のステークホルダーに電話しますか？	
	どうしても必要な場合に限って、顧客にフォームへの記入を要求しますか？	
	概して、フォームは（会社ではなく）顧客のことばで書かれていますか？	
	フォームに使用されている言葉について、担当者からのフィードバックを集めていますか？	
	顧客は他のチャネル（ファックス、Eメール、ウェブサイト）によってフォームを返送することはできますか？	
	情報を受け取ったことを確認していますか？	
待ち時間／保留時間	対応待ちの人数とおおよそどれくらいの時間がかかるかを顧客に伝えていますか？	
	ピーク時に顧客にコールバックする機能はありますか？	
	保留時間が過剰に長くならないかモニタリングしていますか？	
	解決までの時間についての顧客の期待を設定していますか？	
測定方法（これらの要素を追跡管理しているか）	問題解決率	
	再問い合わせ率	
	再問い合わせのタイプの分析	
	転送率	
	ウォーム転送率とコールド転送率の比較	
	顧客努力指標――CEBの顧客努力の測定基準	
	顧客が費やした時間の測定（例：保留時間、IVRに要した時間、待ち時間など）	
	品質保証：情報の正確性	
	品質保証：問題の診断	

出典：CEB、2013

おもてなしの未来

米国から日本のサービス業への挑戦状

「おもてなし幻想」という自国批判とも受け取れる強烈なタイトルを冠した本書を読み終えた今、「これはサービス業従事者すべてに対する挑戦状」だと私は受け止めた。東京オリンピックを目前に控え、日本が世界に誇る「オ・モ・テ・ナ・シ」をはたして幻想と結論付けていいものだろうか。米国からのチャレンジに潔く立ち向かい、読者の皆様とともに考察を深めていきたいと思う。

最初に思い浮かんだことは、ＥＣ（電子商取引）市場におけるアマゾンと楽天の対比である。２０１６年に「アマゾン・ドット・コム」が「楽天市場」を抜いて、日本におけるＥＣ市場のシェアトップに立った。同じＥＣサイトでも両者のサイトの作り方はまったく異なる。アマゾン・ドット・コムではストレスなく時間を掛けずに購買決定まで進むのに対し、楽天市場ではこれでもかというくらいの商品PR文が続き、なかなか購買まで辿り着かない。前者がディスロイヤルティを低下し顧客努力を最大限軽減した、本書で言うところのベストプラクティスであり、後者はロイヤルティ向上のために、サイト内の文章によって差別化する典型例だと言えよう。ビジネスモデルや立ち位置の異なる両者を単純比較することは難しいものの、顧客満足度という観点に立てば、前者は顧客労力の引き算により合理的満足度を追求し、後者は顧客体験の足し算により情緒的満足度を追求していると考えられる。

顧客ロイヤリティ向上は足し算によってもたらされた

成熟化社会で競争に勝ち抜くためには、当然ながらいかに他社と差別化し、シェアを奪取するかが重要である。サービスにおける差別化競争は、顧客の期待を上回り、顧客を喜ばせ、顧客ロイヤルティを獲得することに帰結した。顧客ロイヤルティの獲得競争はサービス本来の合理性から一人歩きし、足し算的にサービス付加価値を付けていくことを助長していった。ディズニーランドに見られるような感動的な顧客エクスペリエンスは神話化され、OMOTENASHIはオリンピック誘致において重要な貢献を果たした。楽天市場の読み応えのあるサイト構成もそうした付加価値競争の先にあったものと考えれば納得がいく。

本書はそうして創り上げてきた神話を一気に揺るがしかねないインパクトをもたらした。顧客の期待値を大きく上回った時に一気に顧客ロイヤルティが高まるというホッケースティックモデルは、9万7000人を超える膨大なアンケート結果によって脅かされている。期待以上のサービスを受けた顧客と期待が満たされただけの顧客のロイヤルティには差がほとんどないどころか、カスタマーエクスペリエンスは顧客のロイヤルティよりもディスロイヤルティを促進する可能性が4倍高いという結果は、サービス業界に携わる全ての人たちに大きな驚きを与えることだろう。そして、おもてなし神話と引き換えに浮かび上がってきた強力なキーワードが「顧客努力の軽減」である。

差別化は「引き算」の時代へ

たしかにGAFA(グーグル、アップル、フェイスブック、アマゾン)と呼ばれるグローバル4強はいずれもサービスを簡素化、合理化することで、顧客努力の軽減を実現している。いずれの商品・サービスにも説明書は存在しなくてもすぐに商品に馴染むことができ、いつの間にか自在に操ることができるようになっている。顧客満足度は足し算の時代から引き算の時代へとシフトしているのだ。サービスのデジタル化ともいうべきこの事象により、サービスはシンプルで合理的な方向性へと変貌を遂げており、減らすことが他社との差を分けるものとなった。産業構造が第三次産業（サービス業）から第四次産業（情報産業）に移行していく中で、あらためて情報化社会におけるサービスのあり方を捉え直す必要があるということなのだろう。

情報化社会に伴い、顧客は3つの変化を経験してきた。1点目は情報量の洪水に巻き込まれるようになったこと、2点目は自分で何でも調べられるようになったこと、3点目は独自ネットワークを構築するようになったことである。まず情報量については一般的に知られているように、インターネットによって情報流通量が一気に膨れあがり、人間の消費可能情報量を大きく上回るようになった。情報の洪水に溺れている消費者たちはそもそも自社のサービスに辿り着くことはほとんどない。たとえばアップルストアのアプリ数は200万強あるものの、調査会社のニールセンによるとユーザーが月に1回以上利用するアプリは平均30個しかない。またホームページには2秒ルールというのがあり、サイトの読み込み速度が3秒以上かかると40%のユーザーがサイトから離脱する。つまり顧客による商品・サービスの選定はますます厳しくなっており、99・998%のアプリはそもそも選ばれず、サービス提供まで3秒も待ってくれないのである。

2点目はセルフサービス化のことであり、いわゆる自分で検索し、自ら問題解決する層がどんどん増加している現象である。ZendeskとNuanceが実施した調査によれば、「75％の人が、セルフサービス型が楽で便利」と回答し、「67％の人が、電話で企業担当者と話すより自分で解決したい」と回答している。消費者の検索リテラシーが上がっていくことで、カスタマーサポートからのサービス回避傾向が高まっているのである。

3点目の独自ネットワーク構築は、facebookやLINE等のＳＮＳやコミュニケーションツールの活用である。セルフサービスで解決できない問題も身近なコミュニティがオンラインですぐに解決してくれる。関係性の浅い企業のサービス担当者とよく知る友人のどちらの言葉を信用するかは明白である。

そのような顧客変化を鑑みると、サービスが合理化、単純化に進んでいくのは自然の摂理のように思える。サービス担当とのやり取りで余計な手間を増やすくらいなら、他のサービスを利用するか、自分で解決するか、自分のネットワークに助けを求めればいいのである。情報化社会におけるサービスとは「顧客努力の軽減」をゴールとすべきである。

「おもてなし神話」における不都合な真実

おもてなし精神は脈々と息づいてきた日本が誇るべき文化である。「顧客志向」や「顧客第一主義」を理念に掲げている日本企業は枚挙に暇がなく、多くの企業において企業文化として根付いている。それこそが日本の発展を支えてきたことに疑いの余地もない。

しかしサービスのデジタル化に伴い、あらためて立ち止まる必要があるのではないだろうか。暗黙のうちにできあがった「おもてなし信奉」の空気感の前に、異を唱えることすら憚られるまま膨れあがった顧客対応は、レガシーになってしまっていないだろうか。盲目的な「顧客第一主義」は社員努力をエスカレートさせて、「CS疲れ」を引き起こしていないだろうか。「おもてなし」という言葉を隠れ蓑に、不必要な顧客訪問や電話対応を助長させていないだろうか。そうして非合理に積み重ねていった顧客対応は逆に顧客努力を強いていないだろうか。

書店の営業コーナーに積まれた本を手にとってみると、ほとんどの内容がトップセールスの神格化された顧客満足対応エピソードである。デジタルネイティブである20代部下たちはそのような上司の武勇伝を聞きながらもしかしたら冷ややかに受け流しているかもしれない。おもてなしをこのように論ずること自体がタブーのように受け止められる一方、日本が誇るもう一つの文化である「ものづくり」の現場においては、ねじを一本増やすことについても徹底的に論議される。であるならば、サービスにもエンジニアリングの視点をあてはめることで、一つ一つ見直すことができるのではないだろうか。

このサービスエンジニアリングの発想こそ、昨今の働き方改革を成功させるための切り札であると考える。つまり、「顧客満足度向上」という大義名分のもとに聖域化された顧客対応に踏み込み、リエンジニアリングすることで、日本の生産性は著しく向上できる。

結び：「おもてなし神話」の再構築へ

米国からの挑戦状について率直に答えるならば、残念ながら「情報化社会において、おもてなしは幻想である」と言わざるを得ない。業種によって緊急性は異なるものの、サービスのデジタル化にともない、遅かれ早かれ「顧客努力の軽減」の実現は避けられないだろう。とはいえ、何から着手すればいいだろうか。今までと180度異なる方針のため、アクションに移すことは容易ではない。現状把握をしようにも今までのCSアンケートは、サービスによる付加価値向上を前提としているため、顧客努力を確認するような質問はそもそも設定すらされていない。

弊社の支援事例に基づいてお伝えすると、まずは本書でも紹介されていたＣＥＳ（顧客努力指標）のようなアンケートを実施し、それぞれの顧客接点における顧客努力についての課題を明確にすることからはじめることをお勧めする。膨れあがっていた顧客対応について、アンケートから導き出された定量指標を基に、エンジニアリングの視点から引き算することにより、顧客満足度と社員満足度と生産性向上を同時に実現することができる。

最後に、「おもてなしの未来」についても言及したい。おもてなしの本質的な意味合いが、顧客が真に求めることに応えていくことならば、おもてなしの概念自体が陳腐化したわけではない。現在の課題は情報化社会で求められている顧客ニーズに応えられず、自己満足になってしまったことであろう。であるならば、本来の顧客志向の強みに立ち返り、情報化社会における顧客ニーズである「顧客努力の軽減」にしっかりと向き合っていく先にこそ、おもてなしの未来があることを信じて疑わない。

読者の皆様にとって、本書が顧客満足を見直すきっかけとなり、真のおもてなしを実現していく一助になることを期待したい。

株式会社リブ・コンサルティング
常務取締役　権田　和士

Profile
著者プロフィール

マシュー・ディクソン (Mattew Dixon)

CEBのセールス・アンド・サービス・プラクティス部門エグゼクティブ・ディレクター。『ハーバード・ビジネス・レビュー』誌にたびたび寄稿している他、著書『チャレンジャー・セールス・モデル』は『ウォール・ストリート・ジャーナル』紙のベストセラーとなり、「何十年も先を行く営業の最も重要な進歩」(ニール・ラッカム)、「今後10年多くの営業組織を席巻するであろう新たな波が起きている」(ビジネスインサイダー)といった高い評価を受けた。

ニック・トーマン (Nick Toman)

CEBセールス・アンド・サービス・プラクティス部門リサーチ担当シニア・ディレクター。『ハーバード・ビジネス・レビュー』誌にたびたび寄稿している。

リック・デリシ (Rick DeLisi)

CEBセールス・アンド・サービス・プラクティス部門アドバイザリー・サービス・シニア・ディレクター。講演家、ファシリテーターとしても知られる。

CEBは会員制の大手顧問企業。数千の会員企業のベストプラクティスにその最新のリサーチ手法と人的資本分析を結びつけ、CEBは経営陣とそのチームに業務を変革するための洞察と実行可能なソリューションを提供する。

Profile
日本語版監修者プロフィール

神田昌典（かんだ・まさのり）

経営コンサルタント・作家。株式会社ALMACREATIONS代表取締役。

一般社団法人Read For Action協会代表理事。上智大学外国語学部卒。ニューヨーク大学経済学修士（MA）、ペンシルバニア大学ウォートンスクール経営学修士（MBA）取得。大学３年次に外交官試験合格、４年次より外務省経済部に勤務。その後、米国家電メーカー日本代表を経て経営コンサルタントとして独立。ビジネス分野のみならず、教育界でも精力的な活動を行っている。

主な著書に『ストーリー思考』（ダイヤモンド社）、『成功者の告白』（講談社）、『非常識な成功法則』（フォレスト出版）、翻訳書に『伝説のコピーライティング実践バイブル』（ダイヤモンド社）、『2022ーこれから10年、活躍できる人の条件』（PHPビジネス新書）など多数。

リブ・コンサルティング

マーケティングやセールス領域のコンサルティングを得意とする経営コンサルティング会社。「成果創出」にこだわり、戦略から実行までのトータル支援を強みとする。中でも、住宅や自動車といった高級商材業界や、BtoBビジネスにおけるマーケティング・セールスのコンサルティングは、年間300プロジェクト以上の支援実績を有している。近年、海外への事業展開も積極的に行い、韓国、タイ、マレーシア、ベトナムにて、主に現地企業向けにマーケティング・セールスのコンサルティングを行っている。

代表・関厳の出版物に『経営戦略としての紹介営業』（あさ出版）等。

日本語版監修担当者：関厳、権田和士、大島奈櫻子

翻　訳：安藤貴子
翻訳協力：岡村桂、バートン久美子、元村まゆ
株式会社トランネット（www.trannet.co.jp）

おもてなし幻想《げんそう》

デジタル時代《じだい》の顧客満足《こきゃくまんぞく》と収益《しゅうえき》の関係《かんけい》

2018年 7月18日 初版第1刷発行
2018年10月26日 初版第3刷発行

著　者　マシュー・ディクソン、ニック・トーマン、リック・デリシ
訳　者　安藤貴子
日本語版監修者　神田昌典、リブ・コンサルティング
発行者　岩野裕一
発行所　株式会社実業之日本社
〒107-0062
東京都港区南青山5-4-30
CoSTUME NATIONAL Aoyama Complex 2F
電話03-6809-0452(編集部)
03-6809-0495(販売部)
URL http://www.j-n.co.jp/

印刷・製本　大日本印刷株式会社

装幀 アートディレクション　熊澤正人

ブックデザイン DTP組版　清原一隆(KIYO DESIGN)

ISBN978-4-408-33803-3(編集本部)